PHILIPPE ERLANGER

# ISABELLA
## DIE KATHOLISCHE

Von Glaubenseifer, Machtpolitik
und Abenteurertum
der ersten Königin von Spanien

**Aus dem Französischen
von Susanne Bally**

Bastei-Lübbe-Taschenbuch
Band 61234

Bildnachweis:
Alle Abbildungen:
Archiv für Kunst und Geschichte, Berlin

Titel der französischen Originalausgabe:
ISABELLE LA CATHOLIQUE
Ins Deutsche übersetzt von Susanne Bally
© für die französische Ausgabe 1987 by
Librairie Académique, Paris
© für die deutsche Ausgabe 1990 by
Casimir Katz Verlag, Gernsbach
Lizenzausgabe im Gustav Lübbe Verlag GmbH,
Bergisch Gladbach
Printed in Germany, Juni 1992
Umschlaggestaltung: Roberto Patelli
Titelbild: Gemälde von Madrazo,
19. Jhd. Arch. f. Kunst und Geschichte
Satz: hanseatenSatz-bremen
Druck und Bindung: Clausen & Bosse, Leck
ISBN 3-404-61234-5

# Inhaltsverzeichnis

Erstes Kapitel

# Heinrich der Impotente?

König Heinrich IV. von Kastilien erhielt zu seinen Lebzeiten den Beinamen »der Impotente«, der ihn bis in die heutigen Geschichtsbücher verfolgt. Außerdem wurde ihm, allerdings erst nach seinem Tod, Homosexualität vorgeworfen. Es macht den Eindruck, als hätten die Spanier mit allen Mitteln nach einer wenn auch noch so widersprüchlichen Erklärung für einen Makel gesucht, hinter dem sich in ihren Augen nur ein ebenso beschämendes wie unverzeihliches Gebrechen verbergen konnte.

Diese Beurteilungen müssen jedoch mit derselben Zurückhaltung betrachtet werden, die z. B. auch bei Sueton angebracht ist, wenn er gegen Kaiser Tiberius Anschuldigungen vorbringt, um sich bei der neuen Dynastie in ein günstiges Licht zu setzen. Kein Zweifel, der an Heinrich IV. verübte Rufmord begünstigte Isabellas Thronbesteigung in auffallender Weise.

Heinrich trat mit neunundzwanzig Jahren das Erbe seines Vaters, Juans II. von Kastilien, an, eines hochgebildeten und künstlerisch begabten, aber in Regierungsfragen unfähigen Monarchen, gegen den er sich mehrere Male aufgelehnt hatte. Seine Mutter war früh verstorben, und Juan II. heiratete in zweiter Ehe Isabella von Portugal, eine jener schönen, aber gefährlichen Infantinnen, die den Keim der »Melancholie«, oder besser gesagt der Geistesgestörtheit, in alle führenden Höfe pflanzten.

Am 22. April 1451 wurde Heinrich eine Halbschwester, die Infantin Isabella, geboren, ohne daß bekannt ist, wo genau sie das Licht der Welt erblickte. Mehrere Städte streiten sich um diese Ehre. Pulgar*, ihr offizieller Geschichtsschreiber, spricht sich für Madrigal in Alt-Kastilien aus.

Ein jüngerer Bruder, Alfonso, kam kurz vor dem Tod des Vaters zur Welt. Zur Witwe geworden, vergrub sich Königin Isabella mit ihren Kindern in dem düsteren Schloß von Arevalo, und schon bald nahmen die Zeichen ihrer geistigen Umnachtung in beängstigendem Maße zu.

Zur gleichen Zeit umjubelte Kastilien seinen jugendlichen Herrscher Heinrich IV., der damals nicht »der Impotente«, sondern »der Freisinnige« genannt wurde. Er war eine athletische Erscheinung mit üppigem Haarwuchs und einem blonden, wenn auch reichlich ungepflegten Bart. Sein sonst ebenmäßiges Gesicht war durch eine gebrochene Nase entstellt, was jedoch der überraschend sanfte Blick aus zwei leuchtend blauen Augen rasch vergessen ließ. Nichts an seinem schlichten Wesen erinnerte an seine frühere, knabenhafte Aggressivität. Sein Chronist und Beichtvater Castillo schreibt: »Er war ein König ohne jeden Eigendünkel, jedem Tand abhold, Freund der kleinen Leute, während er die Hochmütigen geringschätzig behandelte. Überaus gütig, wohlwollend, verständnisvoll, ja von einer erstaunlichen Toleranz, sogar in religiösen Fragen, obgleich er zahlreiche Klöster und Kirchen gründete.«

Castillo, der später auch in Isabellas Diensten stand, fügt noch hinzu: »Sanft und keineswegs grausam, bedeutete ihm die Liebe der Seinen mehr als zu kämpfen

---

* Hernando del Pulgar, *Chronik der katholischen Könige*

oder gar das Blut seiner Untertanen zu vergießen. Darum pflegte er zu sagen, daß das Leben eines Menschen, da es einzigartig sei, keinesfalls unnütz aufs Spiel gesetzt werden dürfe.« Ein anderer beschrieb ihn so: »Er fiel durch seine Milde auf und konnte niemandem ein Leid zufügen, noch jemanden leiden sehen.«

Aber er lebte in einer Zeit politischer Machtkämpfe, der Grausamkeit und des Fanatismus, in der seine Eigenschaften einem regierenden Fürsten eher schadeten als nützten. Wie viele seiner Zeitgenossen war er ein leidenschaftlicher Jäger, dem nichts größeres Vergnügen verschaffte, als Feld und Wald zu durchstreifen. Heinrich, ungleich anderen, vernachlässigte sein Äußeres und haßte höfischen Pomp. Der Chronist Palenica, sein übelster Verleumder, von dem sich die späteren Historiker weitgehend beeinflussen ließen, berichtet:

»Er gefiel sich darin, in Kleidern von ärmlichstem Aussehen, ohne jegliches Zeichen seiner königlichen und militärischen Würden, herumzulaufen und dazu grobe Strümpfe und ausgetretene Stiefel zu tragen . . . Wenn er ausritt, umgab ihn weder Glanz noch Gepränge und überhaupt zeigte er für alles Großartige nur Verachtung.«

Am Hofe machte er sich dadurch unbeliebt, daß er sich weigerte, die ihn umgebenden Persönlichkeiten zu duzen oder gar den Großen des Landes mit hohlen Liebenswürdigkeiten und Schmeicheleien Ehre anzutun. Auch widerstrebte es ihm, seine Hand zum Kuß zu reichen, wie es dem allgemeinen Brauch entsprach. All diese Eigentümlichkeiten brachten ihm bald den in sich widersprüchlichen Ruf ein, gleichzeitig arrogant und ganz unköniglich demütig zu sein.

Trotz dieser kleinen Schwächen rief seine Thronbesteigung allerseits Freude und Begeisterung hervor. Seine erste Sorge bei Regierungsantritt galt dem Abschluß einer zweiten Ehe, über die er bereits seit längerem verhandelte. Die Geschichte seiner ersten Heirat gibt den Historikern einige Rätsel auf. Sie bildet gewissermaßen das Vorspiel zu einer ganzen Reihe von Dramen, die in die Thronbesteigung Isabellas münden.

Im fünfzehnten Jahrhundert stellten die fürstlichen Eheschließungen vielfach das Pfand eines Waffenstillstands von mehr oder weniger kurzer Dauer zwischen zwei unversöhnlichen Feinden dar. Das hatte auch Heinrich IV. in jungen Jahren zu spüren bekommen. 1434 beschloß Juan II. von Kastilien, seinen elfjährigen Sohn Heinrich mit Blanca, der Tochter seines Vetters,. des gefürchteten Juan II. von Aragon, König von Navarra, zu verheiraten, da er selbst die Erbin dieses Königreiches geehelicht hatte.

Die Idee einer spanischen Nation oder gar einer spanischen Einheit existierte damals noch nicht. Im Gegenteil, jeder einzelne der Machthaber auf der Halbinsel versuchte, sich in die Angelegenheiten der anderen zu mischen und einen gegen den anderen zum eigenen Vorteil auszuspielen. Juan von Aragon, dem schlauesten unter ihnen, gelang es, nacheinander alle anderen an die Wand zu drücken. Die dynastischen Heiraten paßten ausgezeichnet in das Konzept der politischen Streitereien, die sich laufend zwischen Portugal, Kastilien, Aragon und Navarra abspielten.

Die Chronisten, die später so eigensinnig auf die Impotenz Heinrichs IV. pochten und gleichzeitig andere geschichtliche Tatsachen vertuschten, also Palencia, Valera und Hernando del Pulgar, behaupteten dann auch noch, daß die Impotenz des Jungverheirateten — er war elf Jahre alt — bereits ein offenes Geheimnis darstellte! Dabei erscheint das Gegenteil dadurch erwiesen, daß die öffentliche Meinung, vor allem aber Juan von Aragon, auf einem baldmöglichen Vollzug der Ehe bestanden. Er fand im Jahr 1440 statt, als die beiden Vermählten das fünfzehnte Lebensjahr erreicht hatten, und wurde in Valladolid unter dem Jubel des Volkes mit großer Pracht gefeiert.

Was mag danach vorgefallen sein? Fest steht einzig, daß Blanca in zwölf Ehejahren kein Kind zur Welt brachte und daß dieser ungewöhnliche Tatbestand zum Ausgangspunkt der Verleumdungen wurde. Hätte der Prinz tatsächlich in seiner Jugend schon als impotent gegolten, so wäre er längst zum Gespött der Spanier geworden und Juan von Aragon hätte ihn für seine Dynastie als unwürdig erachtet.

Statt dessen galt er von Jugend auf als überaus beliebt bei seinem Volk und war, im Gegensatz zu seinem späteren Verhalten, ausgesprochen draufgängerisch, ungestüm, ja streitlustig. Mehr als einmal lehnte er sich gegen seinen tatenlosen Vater auf. Dann wieder sah man ihn Seite an Seite mit dem König auf dem Schlachtfeld. Bei Olmedo kämpfte er gegen die Verbündeten von Aragon und trug maßgeblich zu ihrer Niederlage bei. Die Granden verlangten seine Beteiligung an den Regierungsgeschäften.

Nach der Schlacht von Olmedo, als Heinrich weniger von seinem streitsüchtigen Schwiegervater zu befürchten hatte, reichte er beim Bistum von Segovia einen Antrag auf Scheidung ein. Seine Wahl für eine zweite Ehe war bereits auf seine Cousine, die Infantin Juana von Portugal, eine nahe Verwandte von Isabella, gefallen.

In dem Scheidungsbegehren erläuterte er, daß es ihm während der zwölf Ehejahre mit seiner Gattin »nie möglich gewesen sei, noch künftig möglich sein werde, sie ehelich zu erkennen, obwohl er über drei Jahre mit ihr zusammengelebt und sich unter Aufbietung aller denkbaren Liebe und Treue bemüht habe, den fleischlichen Akt der Ehe zu vollziehen . . .« Er versuchte, dieses Phänomen durch eine Absonderlichkeit der Natur zu erklären, einer »Ligature«, die es bei anderen Frauen nicht gebe. Aber er wünsche sich Kinder und bitte daher darum, »die Auflösung oder die Scheidung seiner Ehe auszusprechen« und ihm die Erlaubnis für eine neue Bindung zu erteilen.

Prinzessin Blanca antwortete in Form eines gerichtlichen Geständnisses, in welchem sie ihre jungfräuliche Unberührtheit »wie am Tage ihrer Geburt« bekannte und auf die unglückselige »Ligature« hinwies, die wie ein Unstern auf ihrer Ehe gelastet habe und die weder durch Gebete noch durch medizinische Hilfsmittel zu beseitigen gewesen sei. Auch sie ersehne eine Wiederverheiratung.

Es dauerte nicht lange, bis sich die Geschichtsschreibung des Geschehens bemächtigte und die Behauptung aufstellte, der Prozeß sei reine Formsache gewesen. Die unerklärliche »Ligature« wurde zum Gespött des ganzen Landes. Dabei ging der Kirchenrichter, Don Luis de Acuna, der Sache mit ebenso peinlicher wie kleinlicher Genauigkeit auf den Grund.

Das gegenseitige Einverständnis der Betroffenen genügte ihm bei weitem nicht, und er bestand darauf, daß sie ihre Aussagen auf dem Kruzifix beschwor, was zur damaligen Zeit alles andere als eine Formsache bedeutete. Außerdem verlangte er greifbare Beweise: Zwei ebenso tugendsame wie erfahrene Respektspersonen untersuchten die Prinzessin und bestätigten ihre Jungfräulichkeit.

Gleichzeitig begab sich ein Priester in Segovia auf

die Suche nach Damen, die als Mätressen des Prinzen galten, was sie auch unter Eid bekräftigten. Einstimmig lobten sie die Männlichkeit ihres Liebhabers und gaben ihrer Aussage mit einer Unverblümtheit Ausdruck, die sich noch heute im Urteilsspruch widerspiegelt.

Doch Don Luis de Acuna war noch immer nicht zufrieden. Sieben anerkannte Persönlichkeiten, geistliche Würdenträger sowie Edelleute und Offiziere des königlichen Hauses und des Rats, beeidigten vor Gott, daß der Prinz »in Anbetracht seiner Unbescholtenheit, seiner Ritterlichkeit und seiner Taten« die Wahrheit gesagt habe. Blancas Beichtvater und die ihrem Haus zugeordneten Offiziere bürgten ihrerseits für die Aussagen der Prinzessin.

Der Kirchenrichter, endlich überzeugt, gab nach und annullierte die Ehe. Der Papst ermächtigte den Erzbischof von Toledo, Carrillo, in seinem Namen den Konsens zu geben. Wenn Betrug im Spiel war, so unter Beteiligung höchster Kirchenfürsten.

Alle Welt wußte, daß der Prinz die Scheidung anstrebte, um mit einer neuen Bindung den Fortbestand seiner Dynastie zu sichern. Wenn er so lange gezögert hatte, so aus Furcht vor der Reaktion seines Schwiegervaters, Juans II. von Aragon, der bei Olmedo endlich besiegt worden war. Es ist absurd, aus diesem berechtigten Wunsch und aus der Eile, mit der er ihn verfolgte, den Beweis seiner Impotenz abzuleiten, wie es später geschah.

Was die berühmte »Ligature« anbetrifft, über die sich die Geister der damaligen Zeit den Kopf zerbrachen und ausgiebig spotteten, so handelte es sich wahrscheinlich um die beschönigende Umschreibung einer im 15. Jahrhundert völlig unverständlichen, heute psychologisch erklärbaren gegenseitigen, unüberbrückbaren innerlichen Hemmung.

Die unglückliche Blanca kehrte nach Aragonien zurück und war dort, gleich ihrem Bruder, den Quälereien eines unausstehlichen Vaters ausgesetzt, der zudem ihr mütterliches Erbe, Navarra, usurpiert hatte. Heinrich gegenüber war sie so wenig nachtragend, daß sie zehn Jahre später »ihm und seinen Nachfolgern« ihre sämtlichen Rechte übertrug und damit einen weiteren Beweis erbrachte, daß sie an seine Zeugungsunfähigkeit nicht glaubte.

*\*\**

Heinrich IV. war viel zu gutmütig, nach seinem Thronantritt seine beiden Halbgeschwister länger bei ihrer geistesgestörten Mutter verkümmern zu lassen. Isabella kam also an den Hof und wurde mit wachsender Intelligenz Zeugin der Intrigen und Wirren, von denen Kastilien damals heimgesucht wurde. Gewiß waren weder sie noch die an diesen Unruhen Mitwirkenden in der Lage zu erkennen, daß sich eine historische Umwälzung anbahnte, daß sowohl in Spanien als auch in anderen europäischen Ländern das Feudalsystem sich seinem Ende zuneigte und unaufhaltsam auf die autoritäre Monarchie zusteuerte, die später im Absolutismus gipfelte. Noch viel weniger konnte Isabella ahnen, daß sie es sein würde, die in ihrem Land dereinst diese Revolution vollziehen sollte.

Vorläufig lebten die Granden Kastiliens nach altem Brauch, teilten die Ländereien unter sich, monopolisierten Reichtum und Macht, unterhielten gegen ihren König eine dauernd schwelende Rebellion und schmiedeten, von Aragon unterstützt, eine nie enden wollende

Reihe von Komplotten und Unruhen. Dieser Zustand hatte während der Regierungszeit von Juan II. von Kastilien beängstigende Ausmaße angenommen. Daß sein Thron überhaupt noch bestand, verdankte er dem Konnetabel Alvaro de Luna, den er kurz vor seinem eigenen Tod auf Betreiben seiner zweiten Frau, Königin Isabella, der Irren von Arevalo, hinrichten ließ.

Heinrich IV. fand sein Land in einer kritischen Situation vor. Anläßlich seines Regierungsantritts verkündete er seine Absicht, den Krieg gegen das maurische Königreich von Granada wieder aufzunehmen — ein populäres Vorhaben — und veröffentlichte einen Erlaß, den wir heute eine Generalamnestie nennen würden.

»Es ist mein Wunsch und Wille«, erklärte er, »meinem Volk ein gütiger König zu sein, menschlich gegen diejenigen, die sich schuldig gemacht haben, liebevoll gegenüber den Ehrlichen, Freund der Edlen und Guten. Dieser Wille leite mein Handeln.«

Das war unklug, ja tollkühn. Die Granden respektierten nichts außer roher Gewalt und Niedertracht. Ein »menschlicher König« konnte ihnen, so schlossen sie, zu gegebener Zeit eine leichte Beute sein.

Vorläufig jedoch stand der junge Monarch auf der Höhe seiner Macht, genoß allgemein großes Ansehen und verfügte über Verbündete im Ausland, vor allem aber über erhebliche Reichtümer. So folgten ihm die Granden mit fliegenden Fahnen in den Krieg gegen die Mauren. Er währte drei Jahre lang und brachte außer der Einnahme von Gibraltar keinen entscheidenden Erfolg, eben weil nach einer so langen Zeitspanne die Egoismen seiner Gefolgsleute wieder die Oberhand errungen hatten.

Heinrich erkannte die Gefahr und versuchte, ihr mit

einem klassischen Mittel zu begegnen, das auch von den englischen und französischen Königen immer wieder erprobt wurde: als Gegengewicht zum alten, aufmüpfigen Adel einen neuen heranzuziehen und seinen Vertretern die wichtigsten Ämter im Staat anzuvertrauen. Der berühmteste unter ihnen, Don Beltran de la Cueva, stieg zum einflußreichen Posten des königlichen Oberhofmeisters auf, was ihm den Ruf eines ersten Günstlings einbrachte, wahrscheinlich nicht zu Unrecht. Jedenfalls fiel ihm im Ablauf der Ereignisse später eine unverdient wichtige Rolle zu.

Ein weiterer Beschluß Heinrichs IV. führte zur Gründung eines kleinen, auf seine Person eingeschworenen Heeres, womit er dem Beispiel Karls VII. von Frankreich folgte, um sich wie dieser von den Launen des Hochadels unabhängig zu machen.

Die Wut der Granden über diese Maßnahmen kannte keine Grenzen. Sie spiegelt sich in den haßerfüllten Worten wieder, die Palencia dreißig Jahre später einem ihrer Vertreter, Don Pedro de Velasco, in den Mund legt:

»Öffentliche Schande ... Sturzbach von Verbrechen ... namenlose Ungerechtigkeit ... Nur der Tod dieses hassenswerten Untiers, das mit einem Menschen nichts mehr gemein hatte, könnte den allgemeinen Untergang verhindern.«

Tatsächlich beschlossen sie, sich dieses humanen Königs durch Mord zu entledigen, was ihnen wohl auch gelungen wäre, wenn nicht Inigo Lopez de Mendoza den Anschlag verraten hätte. Heinrich reagierte in einer völlig unfaßlichen Weise: Er ließ die Angelegenheit auf sich beruhen und ging gegen keinen der Rädelsführer vor.

Die Antwort des Adels konnte nicht ausbleiben:

Verachtung und Verleumdung. Die neuen Würdenträger des Landes, Lucas, Cueva, Valenzuela, Barrasa und vor allem Beltran de la Cueva, wurden mit Schmutz beworfen. Der König, so ging es von Mund zu Mund, gab sich in ihrem Kreis unwürdigen Lüsten hin. Außerdem warf man ihm nicht ohne Hintergedanken vor, daß er es sich angewöhnt habe, in Schnürstiefeln maurischer Mode herumzulaufen und sich nach Sitte der Mauren — wir würden heute sagen: im Schneidersitz — hinzusetzen.

Solange Heinrich reich genug war, die Granden gegeneinander auszuspielen, indem er einmal den einen, dann wieder den andern mit Geld und Geschenken bestach, hatten diese Intrigen keine allzu schweren Folgen. Er besaß jedoch weder die Gabe noch die Standhaftigkeit, die Lage von Grund auf zu ändern, ihre Ursachen zu beseitigen und durch die Einrichtung neuer Institutionen die Voraussetzung zu schaffen, die ihre Macht brechen würde. So blieb immer wieder alles beim Alten, ihr Einfluß unangetastet und sogar Juan de Pacheco, Marquis de Villena, der trotz seines Doppelspiels das uneingeschränkte Vertrauen des Monarchen besaß, nahm weiterhin eine Schlüsselstellung im Königreich ein.

Die Hochzeit Heinrichs mit Juana von Portugal hatte sich durch den Tod Juans II. von Kastilien und die Thronbesteigung verschoben. Sie fand im Jahr 1455 unter prächtigen, von Zwischenfällen gestörten Feierlichkeiten statt. Dem Brauch entsprechend, war die fünfzehnjährige Königin von einer ganzen Schar bezaubernder junger Damen aus höchsten Adelskreisen begleitet und fiel durch ihre Schönheit auf. Der Erzbischof von Tours, Gesandter König Karls VII. von Frankreich, der zum Abschluß eines Bündnisses bei

Hofe weilte, beglückwünschte den ahnungslosen König, daß er in »einem Land herrsche, in welchem seine Autorität von niemand angefochten werde« und erteilte dem jungen Paar seinen bischöflichen Segen.

Wie mag die Hochzeitsnacht verlaufen sein? Vermutlich ganz normal, obwohl Valera später die Behauptung aufstellte, daß Juana »zum Mißvergnügen aller unberührt geblieben sei«. Außer dieser Bemerkung ist in keinem Bericht der anwesenden ausländischen Gesandten dieses angeblich allgemeine Mißvergnügen erwähnt. Im Gegenteil, die Reise, die das jungvermählte Paar durch die Städte seines Reiches antrat, war von Freudenfesten und Vergnügungen aller Art begleitet, und vor allem die Aufenthalte in Cordoba und Sevilla verliefen unter unbeschreiblichem Jubel und eitel Sonnenschein.

Unglücklicherweise hatte Heinrich einen schweren Fehler begangen, der ihn teuer zu stehen kam: Er hatte es unterlassen, wie es sonst üblich war, am Morgen der Hochzeitsnacht dem Volk das berühmte postnuptiale Laken zu zeigen. Das hinderte jedoch Papst Calixt III. nicht daran, Geschenke und seinen apostolischen Segen zu schicken und Heinrich den besten König der Christenheit zu nennen. Die Affäre um das fehlende postnuptiale Laken wurde erst zehn Jahre später aufgetischt.

Im Jahre 1455, zur Zeit ihrer Eheschließung, so berichtet uns Castillo, waren König und Königin unzertrennlich, sogar in den Krieg zogen sie gemeinsam, und kein Schatten schien das Dasein des Paares zu trüben. Mit der Zeit jedoch zeigte es sich, daß sich Heinrich, der angeblich Impotente, wenigstens in einem Punkt von anderen Königen und Fürsten nicht unterschied: Er nahm es mit der ehelichen Treue nicht sehr genau.

18

Eines Tages verliebte er sich heftig in eine Dame der höchsten Gesellschaft, Catalina de Sandoval, und entbrannte darob in derart blinder Eifersucht, daß er ihretwegen das einzige blutige Verbrechen beging, das ihm anzulasten ist: Er ließ einem Rivalen, Alonso de Cordova, den Kopf abschlagen. Später kühlte seine Leidenschaft ab, und er ernannte seine ehemalige Mätresse zur Äbtissin eines Klosters. Ein seltsames Abschiedsgeschenk, durch das er seine große Liebe dem Zugriff anderer Männer endgültig entzog.

Danach fiel sein Auge auf eine der portugiesischen Hofdamen seiner Frau, die sehr schöne Guiomar de Castro, Tochter des Grafen von Monsanto, und dieses Mal war es an Königin Juana, rasender Eifersucht anheimzufallen. Die Liebesgeschichte wuchs sich zum Skandal aus, und der Hof spaltete sich in zwei unversöhnliche Lager. Der intrigante Marquis de Villena führte das der Königin an, Bischof Fonseca den Clan der Favoritin. Eines Tages kam es zu einem Zwischenfall. Juana, heißblütig wie alle portugiesischen Infantinnen, schlug ihrer Rivalin mit ihrem Fächer so wütend ins Gesicht, daß er zerbrach und das Opfer des Zornesausbruchs stark blutete. Es blieb König Heinrich nichts anderes übrig, als seine Geliebte vom Hof zu entfernen und sie reich beschenkt dem Herzog de Najera zu vermählen.

Diese Geschichte paßt schlecht in das Bild eines impotenten Herrschers. Palencia, der sich dieses Widerspruchs bewußt war, ließ deshalb verbreiten, daß es sich bei dem Skandal um einen Schwindel handelte. Der König habe die ganze Sache nur eingefädelt, um »die aller Ehren werten Absichten seiner Gattin lächerlich zu machen« und sie dazu zu bringen, unter dem neuen Adel einen Liebhaber zu wählen, was sie auch sehr rasch getan habe. Die öffentliche Meinung sei von diesem Tatbestand fest überzeugt gewesen. Pulgar übernahm Palencias absurde Behauptungen kritiklos.

Das erstaunlichste an der Sache ist, daß die Nachwelt, ohne zu zögern, solche Fabeln als glaubhaft hingenommen hat, obwohl sie sich einzig auf die Behauptungen von ein paar durch ihre Parteilichkeit verblendeten Chronisten stützte: Ein König liefert seine Gemahlin seinen Günstlingen aus, um sich einen Thronfolger zu sichern.

Der Wahrheit entspricht lediglich, daß die Ehe bald aus den Fugen geriet, daß Juana von Portugal einen Vetter ihres Gatten liebte, eingesperrt wurde, hochschwanger aus dem Gefängnis entfloh und nacheinander mehrere uneheliche Kinder gebar. Diese Ereignisse fallen aber in eine viel spätere Zeit.

Nach der Vermählung der schönen Guiomar de Castro fand Heinrich zu seiner Frau zurück. »Der König vergnügte sich sehr mit der Königin«, berichtet uns Castillo, »denn er liebte sie sehr.« Trotzdem blieb der ersehnte Thronerbe aus. Boshafte Gerüchte begannen im Volk umzugehen, und die unzufriedenen Granden fingen an, auf diesen unverhofften Glückszufall bauend, neue Pläne zu schmieden. Einige von ihnen erinnerten sich plötzlich der beiden jungen Infanten Alfonso und Isabella und beglückten sie mit ihrer Aufmerksamkeit. Könnte die Krone am Ende nicht einem der Geschwister zufallen?

Der Erzbischof von Toledo, Carrillo, nahm die Ernennung von Catalina de Sandoval zur Äbtissin des Klosters der Dueñas zum Vorwand, den Hof unter Protest zu verlassen, womit ein gefährlicher Unruhestifter das Weite gesucht hatte.

Langsam reiften die Pläne der verschiedenen Parteien heran, als ein Ereignis eintrat, mit dem niemand mehr gerechnet hatte: Königin Juana war schwanger! Man schrieb das Jahr 1462. Heinrich war so beglückt, daß er seiner Gemahlin die Villa Aranda zum Geschenk machte. Man kann sich kaum einen größeren Kontrast zwischen den Geschehnissen, die nun folgten, und den Berichten vorstellen, die Jahre später aus den Federn der Geschichtsschreiber Palencia und Pulgar flossen.

Eine seit Jahren unbekannte Bewegung von Loyalität, Zusammengehörigkeit und Herrschertreue erfaßte das Land. Sogar eingefleischte Unruhestifter wie Admiral Enriquez und der Erzbischof von Toledo redeten von Rückkehr an den Hof, was der Marquis de Villena eilends und hocherfreut dem König ankündigte.

Der damaligen Sitte entsprechend entband die Königin öffentlich im Alcazar von Madrid, im Beisein desselben Adels, der sich bald darauf gegen ihr Kind verschwören sollte. Man nannte die anwesenden Adligen mit Recht die »heiligen Weisen des Verrats«. Das Neugeborene, eine Tochter, erhielt den gleichen Vornamen wie seine Mutter, Juana. Die Taufe wurde mit großem Pomp und unter unbeschreiblicher Begeisterung beim Volk begangen. Ritterspiele und Stierkämpfe bildeten den Höhepunkt der Feierlichkeiten. Selbst der Erzbischof von Toledo ließ es sich nicht nehmen, der kleinen Infantin, assistiert von zahlreichen anderen Prälaten, die Taufsakramente zu erteilen und sie vor Gott als Tochter König Heinrichs und der Königin Juana zu erklären. Der Marquis de Villena und der Graf von Armagnac, Sonderbeauftrager König Ludwigs XI. von Frankreich, zeichneten als Paten, die elfjährige Infantin Isabella übernahm die Verantwortung der weiblichen Patenschaft.

Dem herkömmlichen Protokoll folgend wurde die Prinzessin den versammelten Cortes durch den Erzbischof vorgestellt. Infanten, Bischöfe, Adel, Vertreter aus Stadt und Land schworen der Kronerbin Treue (das Dokument, das diesen Staatsakt belegte, wurde vernichtet). Wäre ein derartiges Zeremoniell vorstellbar, wenn, wie später behauptet wurde, die außereheliche Geburt des Kindes als offenkundig gegolten hätte? Ein Passus aus den Schriften des Chronisten Castillo beweist, daß der Ruf der Königin damals noch völlig unangetastet war. Er lautet: »Hätte sie sich weiterhin mit der gewohnten Zurückhaltung und Ehrenhaftigkeit verhalten, die alle an ihr kannten und schätzten, so wäre der Adel ihrer Persönlichkeit weithin gerühmt worden . . .«

Hier nun die Darstellung aus der Feder Palencias:

»Es gab weiterhin keinen intelligenten Menschen, der nicht begriffen hätte, daß man kein Mittel scheute, um der Kinderlosigkeit der Königin ein Ende zu setzen. Was den wahren Vater des Kindes anbetrifft, so wies die öffentliche Meinung auf Don Beltran, ein Standpunkt, der durch folgende Umstände erhärtet wurde: Er war der Favorit des Königs und hatte ausschließlich dessen Zielen zu dienen. Es ist daher verständlich, daß sich der Verdacht hauptsächlich auf ihn richtete . . . Von allen, die in der Sache ganz explicit diese Ansicht vertreten haben, ist in erster Linie der Erzbischof von Toledo zu nennen, obwohl der sich zunächst den Befehlen des Königs gefügig gezeigt hatte.« Der letzte Satz dieser Darstellung ist eine eindeutige Lüge, denn der Abfall des Erzbischofs fand etliche Jahre später statt. Aus dem übrigen Text wird klar, daß der Chronist seine Verleumdungen schlau mit einem Mäntelchen von Hypothesen drapiert. Pulgar greift seine The-

22

sen auf, geht aber ähnlich vorsichtig zu Werke. Überraschend, ja, befremdend daran ist, daß die meisten Historiker der Neuzeit diese Darstellung als bare Münze nehmen und als absolut erwiesen ansehen. Unter den Ausnahmen sind J. B. Sitges, Gregorio Maranon und vor allem Orestes Ferrara* zu nennen.

Was kann zu den Beziehungen von Don Beltran de la Cueva zu der Königin gesagt werden? Kann an den Verleumdungen etwas Wahres sein? Es liegen keine Beweise dafür vor, es sei denn der, daß der Oberhofmeister kurz nach der königlichen Niederkunft in den Stand eines Grafen de Ledesma erhoben wurde, gewissermaßen zur Belohnung für seine Dienste.

Indessen steht einwandfrei fest, daß sich Königin Juana während ihrer Schwangerschaft verschiedentlich für eine Heirat von Don Beltran mit einer Mendoza einsetzte. Ein erstaunliches Verhalten, falls es sich um ihren Liebhaber handelte. Noch erstaunlicher ist die Tatsache, daß Don Beltran während der kommenden Ereignisse nie einen Finger zugunsten seiner angeblichen Tochter rührte, noch jemals Kontakt mit ihr pflegte!

Wie dem auch sei, der angebliche Ehebruch ging in das Gedankengut der Geschichte ein. Juana erhielt den Beinamen »la Beltraneja«. Dieses Märchen ebnete den Weg zu Isabellas Regierungsantritt und machte damit den Übergang vom Feudalismus zum modernen spanischen Staatswesen möglich.

---

* Orestes Ferrara, *Die Thronbesteigung Isabellas der Katholischen*

Zweites Kapitel

# Verrat und Anarchie

Bis zum Jahr 1464 herrschte eine gewisse Ruhe in Kastilien, obwohl sich die Umrisse einer neuen Bedrohung abzuzeichnen begannen. Seit 1458 regierte Juan von Aragon, nachdem er seine Kinder um das Königreich Navarra betrogen und möglicherweise ihren Tod verschuldet hatte, unter dem Namen Juan II. über Aragonien. Juan II.* war ein außergewöhnlicher Mensch. 1464 war er bereits siebenundsechzig Jahre alt und verwaltete sein Land mit eiserner Hand. Obwohl er in späteren Jahren fast erblindete, gab er bis zu seinem Tod 1479, also bis in sein dreiundachtzigstes Lebensjahr, auch nicht einen Fingerbreit seiner Herrschergewalt aus den Händen. Seine Furchtlosigkeit und Ausdauer wurden nur noch durch seine Bosheit und Abgefeimtheit übertroffen. Im Laufe seiner Regierungszeit stand er an der Spitze seines kleinen Reiches oft einer vielfachen Übermacht gegenüber, ohne je nachzugeben. In seinem Charakter einten sich List und Grausamkeit, sein Ehrgeiz wuchs ins Unermeßliche, seine Habgier war sprichwörtlich. Der Zufall der Geschichte wollte es, daß gerade sein ungezügelter Machtwille die Grundlagen schuf, auf denen später ein geeintes Spanien entstehen sollte.

---

* Juan II. von Aragon, nicht zu verwechseln mit Juan II. von Kastilien (dem Vater von Heinrich IV. und Isabella der Katholischen) und Juan II. von Portugal.

So kann man ihn mit gewissem Recht als den Urheber dieses Reichsgedankens betrachten, obgleich er dieses Ziel vermutlich nie bewußt verfolgt hat.

In zweiter Ehe hatte er eine junge, energische und an Ehrgeiz ihm ebenbürtige Frau namens Joana Enriquez* geheiratet; sie war eine Tochter des Admirals Enriquez von Kastilien, eines der wohl berüchtigtsten Unruhestifter dieses Landes, dem es an Persönlichkeiten ähnlichen Kalibers wahrhaftig nicht mangelte. Der Verbindung entsprang ein Sohn, Ferdinand, den Juan so abgöttisch liebte, wie er die Kinder seiner ersten Gattin, Blanca von Navarra, haßte. Es entsprach durchaus seinem Charakter, daß er diesen Haß auf seinen Schwiegersohn Heinrich IV. von Kastilien übertrug und nichts unversucht ließ, ihm das Leben schwer zu machen. Dabei wurde er von seinem Schwiegervater, Admiral Enriquez, und dem Erzbischof von Toledo eifrig unterstützt. Aber 1463 bot der Gegenstand ihrer Intrigen keine Angriffsfläche.

Heinrich befand sich auf dem Weg nach dem erst kürzlich den Mauren entrissenen Gibraltar, um seinen Schwager König Alfons V. von Portugal, genannt »der Afrikaner«, zu treffen. Die Unterredungen, die gemäß Palencia von Festen und Volksbelustigungen begleitet waren und unter der »Bevölkerung größten Anklang fanden«, zogen sich über mehrere Tage hin. Ziel der Verhandlungen war eine Vereinigung der Königreiche von Kastilien und Portugal, um ein gemeinsames Bollwerk gegen die feindlichen Feudalherren des Landes zu errichten. Zur Besiegelung des Vertrages sollte der verwitwete Alfons V. trotz des Altersunterschieds die In-

---

* In den Adern der Joana Enriquez rollte auch jüdisches Blut, das sie sowohl den Habsburgern als auch den Bourbonen übertrug.

fantin Isabella von Kastilien und sein Sohn und Thronerbe Juan die erst einjährige Infantin Juana, die Erbin des Königreichs Kastilien, heiraten. Alfons Costa, damals noch Bischof von Edora, bekräftigte die geplante Doppelhochzeit durch einen feierlichen Eid.

Palencia behauptet in seiner Chronik, Alfons V. habe sich während der Verhandlungen durch seine Lobhudeleien gegenüber Beltran de la Cueva, der seinen Herrn als erster Ratgeber begleitete, selbst erniedrigt. Dem aber widerspricht, daß der portugiesische König gerade wegen seines Edelmuts und seines Ehrgefühls von seinen Zeitgenossen hoch geachtet wurde. Ist es vorstellbar, daß er die Hand seines Thronfolgers einer Prinzessin versprechen konnte, die einem angeblich weithin bekannten Seitensprung seiner Schwester entsprossen war? Und daß er sich ausgerechnet bei dem Urheber dieses Ehebruchs einschmeicheln wollte? Er hätte ihn nicht einmal in seiner Nähe geduldet.

Einige Monate später fand eine weitere, nicht weniger wichtige Begegnung statt. Kastilien und Aragon stritten sich seit Jahren um die Oberherrschaft über Katalonien. Schließlich war man übereingekommen, die Angelegenheit dem Schiedsspruch des Königs von Frankreich zu unterwerfen. Vor Eröffnung der Verhandlungen hatte Heinrich IV. den unglückseligen Einfall, ausgerechnet den Marquis de Villena und den Erzbischof von Toledo, dessen Onkel, beide dem König von Aragon verschworen, als Sonderbeauftragte vorauszuschicken. Ein folgenschwerer Fehler.

Die beiden Spitzbuben manövrierten so geschickt, daß Ludwig XI. bei dem Monarchentreffen an der Bidassoa eine Entscheidung zu Gunsten des Königs von Aragon fällte. Allerdings hatte er sich dabei das Roussillon als Pfand für eine riesige Anleihe aushändigen lassen, die Juan II. niemals zurückzahlen konnte.

Heinrich mußte die Kränkung hinnehmen und sich als Ehrenmann dem Schiedsspruch beugen, was die Katalonier nie taten. Es dauerte auch nicht lange, bis er entdeckte, daß er die Niederlage seinen eigenen Gesandten, den höchsten Mitgliedern des königlichen Rats, zu verdanken hatte, was zu ihrer Entlassung führte. Ihre Sitze wurden Don Beltran de la Cueva und Gonzales de Mendoza, dem Bischof von Calahorra, anvertraut. Der eine ein Mann ohne den nötigen politischen Weitblick, der andere ohne Erfahrung.

Bald hallte das ganze Land vom Protest des Erzbischofs von Toledo wider, während Villena es vorzog, seine Wut hinunterzuschlucken: Er rechnete trotz allem mit seiner Ernennung zum Großmeister des Santiago*-Ordens. Die meisten Granden der Iberischen Halbinsel träumten davon, dieses hohe Amt zu bekleiden, dessen außerordentliche Befugnisse den jeweiligen Auserwählten fast dem Monarchen ebenbürtig machten. Im allgemeinen fiel es den Infanten zu; seit seiner Thronbesteigung verwaltete Heinrich den Orden allerdings noch immer persönlich. Er beging einen neuen Fehler, als er gerade zu diesem Zeitpunkt Don Beltran die umstrittene Würde übertrug. Empört legte der Erzbischof von Toledo beim Papst Einspruch ein, den dieser mit der Bestätigung der Wahl des Königs beantwortete.

Das war der Tropfen, der das Gefäß zum Überlaufen brachte. Ein erstes Komplott gegen die königliche Familie schlug fehl. Gleichzeitig gelang es Heinrich, Ad-

---

* Santiago, span.: Jakobus

miral Enriquez aus Valladolid zu vertreiben, als dieser zum Aufstand gegen den Monarchen aufrief. Villena, in geradezu sträflicher Arglosigkeit nach seinem Anteil an diesen Umtrieben befragt, wies empört jeden Verdacht von sich und verließ den Hof. »Von da an,« schreibt Castillo, »war sein ganzes Sinnen und Trachten darauf ausgerichtet, den König zu entehren und seinen Untergang herbeizuführen.«

Die Persönlichkeit des Marquis de Villena, der eine so entscheidende Rolle in der Geschichte Spaniens spielen sollte, dabei jedoch nie im Hinblick auf höhere politische Ziele, sondern stets zugunsten seiner persönlichen Interessen handelte, verdient es, näher betrachtet zu werden. Er war portugiesischer Herkunft und hatte, wie Königin Joana von Aragon, jüdisches Blut in den Adern. Bedauerlicherweise stellte er seine überragende Intelligenz ausschließlich in den Dienst seiner moralischen Niederträchtigkeit. Er verstand es meisterhaft, seine Mitmenschen, in erster Linie seinen Onkel, den Erzbischof Carrillo, zu manipulieren, und erreichte immer, was er wollte.

König Heinrich, an dessen Hof er als Page gedient hatte, vertraute ihm den höchsten Posten der Regierung an, ehrte ihn mit Geldgeschenken, Grundbesitz und Stadtverwaltungen. Das hielt diesen geborenen Verräter jedoch nicht davon ab, einen Treuebruch nach dem anderen zu begehen und mit unbekümmerter Leichtigkeit von Partei zu Partei, von Freund zu Feind und wieder zurück zu wechseln.

Der Monarch durchschaute das Spiel durchaus, reichte ihm aber immer wieder die Hand zur Verzeihung. Wiederholt haben sich die Historiker über dieses seltsame, ja unverständliche Verhalten des Königs, das so gar nicht in das Zeitbild paßte, den Kopf zerbrochen. Des Rätsels Lösung mag darin liegen, daß Heinrich IV. von Kastilien eben nicht dem Herrschertyp seiner Zeit entsprach. Wild und hitzig in seiner Jugend, hegte er in späteren Jahren eine geradezu krankhafte, an Ängstlichkeit grenzende Friedensliebe. Er fürchtete Villena, und gleichzeitig schenkte er ihm ein ganz unnatürliches Vertrauen. Er kannte ihn als berechnend, kalt und leidenschaftslos, als einen, den nichts interessierte als sein persönlicher Reichtum. So gelang es ihm manches Mal, den schlauen Intriganten durch Bestechung aus dem gegnerischen Lager in einen Ausgleich zu locken und dadurch für sich selbst das Schlimmste zu vermeiden.

Als er freilich Don Beltran zum Großmeister erhob und den Marquis aus dem Rat ausschloß, hätte er wissen müssen, daß er den Bogen überspannt hatte und daß von jetzt an der Preis für einen Ausgleich ins Unermeßliche steigen würde; um so höher, als der Aragonier im Hintergrund das Feuer schürte.

Obwohl es zu diesem Zeitpunkt keinen ernsthaften Streitpunkt zwischen Monarch und Adel gab, gründete Villena in Burgos eine Koalition, eine Art Adelsjunta, deren Teilnehmer sich zum Ziel setzten, »der Tyrannenherrschaft und den Machtmißbräuchen Heinrichs IV. ein Ende zu bereiten« und die Krone Kastiliens dem jungen Infanten Alfonso zu übertragen. Anstatt nun gegen die Verschwörer vorzugehen, ließ sich Heinrich wieder zu einem für die Zeit typischen Vergleich herbei: Alfonso sollte seine Cousine Prinzessin Juana heiraten, wodurch die Krone automatisch auf die beiden Infanten überging. Sie würden gemeinsam nach seinem, Heinrichs, Ableben die Regierung übernehmen.

Der Plan scheiterte an der Forderung Villenas und

seiner Junta, ihnen den Thronanwärter Alfonso auszuliefern, was der König ablehnte. Darauf entschlossen sich die Verschwörer zur offenen Revolte.

Der Marquis war zu intelligent, um nicht die Unhaltbarkeit der Vorwände zu erkennen, die dem Aufstand zugrunde lagen. Wie konnte man ernsthaft die Tyrannei eines Fürsten anprangern, der immer wieder Kompromißbereitschaft zeigte und seinen Widersachern verzieh? Nein, um die Volksmeinung aufzurütteln, bedurfte es anderer Mittel. Es galt, Gründe der öffentlichen Moral ins Feld zu führen, um die Ehre eines Monarchen zugrunde zu richten, der an allen Höfen Europas und selbst beim Vatikan großes Ansehen genoß. Alles deutet darauf hin, daß es der teuflische Villena war, der nun die haarsträubende Geschichte eines Ehebruchs durch die Königin und seiner Folgen in Umlauf brachte.

Die Verschworenen von Burgos begannen damit, eine Art Protestakte gegen den König aufzusetzen, die eine lange Liste von Anschuldigungen enthielt. Man wies auf die Gunst hin, der sich bei Hof Ketzer und Ungläubige erfreuten. Man empörte sich über die maurische Garde des katholischen Königs. Man erging sich in Schmähtiraden über angebliche Währungsmanipulationen, Steuererhöhungen und Rechtsbeugungen, für die keinerlei Beweise erbracht wurden, und wies darauf hin, daß Gerechtigkeit nach der Ausübung des rechten Glaubens die erste Tugend der Könige zu sein habe. Ganz allgemein lamentierte man über den beklagenswerten Zustand des Reiches und ging elegant darüber hinweg, daß die Anführer der Revolte, Villena und der Erzbischof von Toledo, bisher verantwortliche Posten in seiner Verwaltung bekleidet hatten.

Bis hierhin kann man fast von einer rituellen Stilübung sprechen, derer sich die Granden immer befleißigten, wenn sie den Monarchen zu einem Vergleich in einer Sache zwingen wollten. Das Dokument von Burgos aber schloß mit einer Passage, die sich in ihrer Scheinheiligkeit und Unverschämtheit kaum überbieten läßt:

»...Was es im Augenblick am dringlichsten zu beheben gilt, ist die Unterdrückung, welche die Person Eurer Königlichen Hoheit durch die Allmacht des Grafen von Ledesma (Don Beltran) erleidet, welcher mit der Gottesverachtung und Undankbarkeit, die ihn ziert, Eure erlauchte Familie entehrte ... Nämlich indem es ihm gemeinsam mit Eurer Hoheit gelang, von den Granden und Stadträten im Reich den Treueeid für Madame Juana zu erzwingen, als sei sie eine Prinzessin, Rangälteste und Anwärterin auf den Thron von Kastilien, was sie nicht ist. Denn sowohl Eure Hoheit wie Graf Ledesma sind sich der Tatsache bewußt, daß sie nicht die Tochter Eurer Majestät sein kann.«

Des weiteren wurde Don Beltran bezichtigt, die Infanten Alfonso und Isabella beseitigen zu wollen, um den Thron der kleinen Juana zu sichern, und sich das hohe Amt des Großmeisters von Santiago angeeignet zu haben, das rechtens Alfonso zugekommen wäre.

Moderne Historiker bezweifeln die Echtheit dieses Textes und vermuten, daß Palencia den die außereheliche Geburt der Prinzessin Juana betreffenden Paragraphen zur Regierungszeit Isabellas hinzugefügt habe. Wie dem auch sei, Palencia selbst erhielt von den Verschwörern den Auftrag, die Protestakte dem Papst zu überreichen; der schenkte ihr jedoch keine Beachtung. Der Chronist Pulgar geht soweit zu behaupten, daß die Revolte bereits einige Tage nach dem angeblich erzwungenen Treueid der Granden auf die Infantin Juana ausgebrochen sei. In Wirklichkeit lagen zweieinhalb Jahre zwischen den beiden Ereignissen, dem Treueid und der Abfassung des Manifests.

Castillo, vertrauenswürdiger als seine beiden Kollegen, befand sich zu dieser Zeit in der engsten Umgebung des Königs. Er berichtet, daß Heinrich das Schreiben in seinem Beisein erhalten und gelesen habe. Es habe »so wenig Eindruck . . . wie nur irgend etwas« auf den König gemacht.

Dieses Verhalten könnte die Auffassung bestätigen, daß der Name der Prinzessin in dem Schriftstück nicht erwähnt wurde und daß sich Villena zu diesem Zeitpunkt darauf beschränkte, ein Gerücht zu verbreiten und durch die Niederschrift einer Akte zu untermauern. Jedenfalls ging alles von diesem Gerücht aus.

Heinrich versammelte seinen Kronrat. Dessen Ältester, Don Lope de Barrientos, Bischof von Cuenca und ehemals Erzieher des Königs, ergriff als erster das Wort:

»Eure Hoheit darf auf keinen Fall mit den Rebellen Verbindung aufnehmen, es sei denn auf dem Schlachtfeld. Aus vier Gründen (die er einzeln aufzählte) ist Euch der Sieg gewiß.«

Dieser Vorschlag entsprach keineswegs den Wünschen Heinrichs, der heftig erwiderte:

»Ihr wollt, ehrwürdiger Vater und Bischof, daß ich eine Schlacht liefere und damit den Tod zahlloser Menschen auf beiden Seiten verursache? Man erkennt wohl, daß es nicht Eure Söhne sind, die man in den Kampf schickt! Ich wünsche, daß diese Angelegenheit auf völlig andere Weise behandelt wird.«

»Wie Eure Majestät belieben,« erwiderte der Bischof. »Aber ich versichere Euch, daß Ihr binnen kurzem der kraft- und machtloseste König sein werdet, der je auf spanischem Boden existiert hat.«

Er sollte recht behalten. Heinrich kapitulierte und unterzeichnete eine »Konvention« mit dem aufständischen Adel. Darin wurde der Infant Alfonso als Prinz und Thronerbe des Reiches anerkannt und an Villena ausgeliefert. Zu gegebener Zeit würde er seine Cousine Juana heiraten und mit ihr gemeinsam die Regierungsgeschäfte übernehmen. Don Beltran legte sein Amt als Großmeister des Sankt-Jakobs-Ordens zugunsten des Marquis de Villena nieder, wofür er mit dem Titel des Herzogs von Albuquerque entschädigt wurde. Der verräterische Marquis hatte wieder einmal erreicht, was er wollte: Er bekleidete die höchste Würde im Land und besaß in der Person des elfjährigen Thronfolgers eine willenlose Geisel.

Es fällt auf, daß Prinzessin Juana ausdrücklich als spätere Gattin dieses Thronfolgers und somit als künftige Königin bezeichnet wird. Wäre das möglich, wenn sie von der Allgemeinheit als Bastard angesehen worden wäre und wenn dieser Makel tatsächlich der Anlaß der Revolte gewesen wäre?

Was nun folgte, grenzt an einen Vaudeville. Die Komplizen Villenas, in erster Linie der Erzbischof von Toledo und Admiral Enriquez, brauchten nicht lange, bis sie bemerkten, daß sie von diesem als alleinigem Nutznießer der Verschwörung übers Ohr gehauen worden waren. Sie ließen sich bei Hofe melden, unterwarfen sich dem König und versprachen, gegen einige Gunsterweise versteht sich, den Infanten Alfonso freizugeben. Aber welche Gunstbeweise!

Gutgläubig wie immer belohnte Heinrich die reuigen Verräter großzügig mit Gütern, Geld und Waffen. Erzbischof Carrillo erhielt die Stadt Avila zu Lehen sowie den Sold für vierzehnhundert Lanzen. Enriquez wurde mit Valladolid belohnt.

In dieser neuen Konstellation glaubte sich der König stark genug, die übrigen Verschwörer in die Knie zu zwingen. Eine vergebliche Hoffnung. Seine Bitte um Unterstützung durch die vierzehnhundert Lanzen beantwortete Carrillo mit Hohn, während Enriquez den Infanten Alfonso in Valladolid zum König proklamieren ließ: das war die Antwort der »Bundesgenossen«. Eine neue Revolte kündigte sich an, weit gefährlicher als die erste.

Als eine bewaffnete Auseinandersetzung unvermeidlich schien, brachte Heinrich seine Gattin, seine Tochter und seine Halbschwester in Sicherheit nach Segovia. »Ich vertraute meine Sache der göttlichen Weisheit an«, schrieb Isabella später.

In Avila, dem neuen Lehensbesitz des Erzbischofs, verschanzt, suchten die Aufständischen inzwischen fieberhaft nach einem juristisch vertretbaren Vorwand, dem Monarchen die Krone ganz einfach abzusprechen. Carrillo erinnerte daran, daß der erste König aus der Familie der Bastarde von Trastamare, Heinrich II., vor gut hundert Jahren seine Berufung durch die Granden Kastiliens erhalten hatte. Man brauchte nur diesem Beispiel zu folgen und einen Trastamare durch einen anderen, seinen Halbbruder, zu ersetzen.

\*\*\*

Auf einer Wiese unter den Mauern von Avila war ein monumentales Gerüst errichtet worden. »Darauf stellte man«, berichtet Valera*, »einen mit allem Prunk und den üblichen Königsinsignien ausgestatteten Thron, auf dem eine Statue König Heinrichs saß, die Krone auf dem Haupt, das Zepter in der Hand . . .«

---

* Valera, *Erinnerungen, Ereignisse, Taten*

Eine große Menschenmenge war vor die Stadt zum Schauplatz des ungewöhnlichen Ereignisses geeilt und rief:

»Hoch lebe König Alfonso!«

Der Knabe erschien zu Pferd zwischen Villena und Carrillo, dem Erzbischof, der sich zeremoniös seiner Rüstung entledigte und eine Messe zelebrierte. Danach verlas ein ganz in Schwarz gekleideter Ritter eine Liste der von Heinrich IV. begangenen »schweren Mißbräuche, Verbrechen und Delikte«. Der Prälat riß der Statue die Krone vom Kopf, Villena schlug ihr das Zepter, der Graf von Plasencia das Schwert aus den Händen. Der Großmeister von Alcantara sowie die Grafen von Benavente und von Paredes stürzten sie unter dem Ruf »Nieder mit dir, Elender!« zu Boden.

Man hätte annehmen können, daß dieses Schauspiel die anwesende Menge zu neuen Beifallsrufen für Alfonso hingerissen hätte. Aber das Gegenteil war der Fall: Jammern und Wehgeschrei begleiteten den Sturz der Königsstatue. Unberührt von dem, was um sie hervorging, riefen die Verschwörer den Infanten Alfonso zum König von Kastilien aus. Den Chronisten zufolge fand dieses Ereignis im Juni oder Juli des Jahres 1465 statt.

Burgos, Toledo, Cordoba und Sevilla schlossen sich an und huldigten dem jungen König, der in Wirklichkeit nichts anderes war als ein völlig verschüchtertes Kind in den Händen einer Gruppe brutaler und verräterischer Lehensherren, das sich zehnmal lieber unter den Schutz dessen gestellt hätte, dessen Krone ihm aufgezwungen worden war. Trotz dieser Tragikomödie gab es offiziell keine zwei Könige auf dem Thron von Kastilien. Alfons wurde nie anerkannt und erscheint auf dem Stammbaum der spanischen Königshäuser stets nur unter dem Titel Infant.

Heinrich nahm die erniedrigende Kunde mit der für ihn charakteristischen Sanftmut auf, die seinem Ruhm so schädlich war:

»Nackt und bloß bin ich auf die Welt gekommen, und ebenso wird mich die Erde wieder empfangen,« kommentierte er resigniert.

Zu seinem Glück begannen die Rebellen von neuem, sich untereinander zu streiten. Einige von ihnen liefen wieder zu ihm über, Kastilien blieb auf seiner Seite, Don Beltran führte Truppen heran. Das rüttelte Heinrich aus seiner Lethargie, und bald stand er an der Spitze eines beachtlichen Heeres. In Simancas spielte sich dieselbe Posse wie in Avila ab, nur unter umgekehrten Vorzeichen. Hier war es der niederträchtige Erzbischof, den man absetzte.

Heinrich verfügte in diesem Moment zweifellos über genügend Mittel, seine Feinde zu vernichten. Dennoch ließ er sich erneut von seinem weichen Herzen in die Irre leiten. Villena, der seine Schwächen nur zu gut kannte, spiegelte ihm das Wunschbild eines allgemeinen Landfriedens vor; der König unterzeichnete prompt einen Waffenstillstand und entließ seine Armee.

Freilich war der Waffenstillstand durch eine ganze Reihe von Forderungen an die Krone untermauert, denen sich Heinrich kleinmütig unterwarf. Eine der unverschämtesten betraf seine Halbschwester Isabella, und niemand weiß zu sagen, welchen Lauf die Geschichte Spaniens genommen hätte, wäre sie zur Ausführung gelangt. Villena verlangte nichts weniger als die Hand der Infantin für seinen zum Glück betagten Bruder Don Pedro Giron, der so rücksichtsvoll war, seinen Geist auf dem Weg zu seiner jungen Braut aufzugeben.

Darauf folgte, was die rebellischen Granden im Grunde immer angestrebt hatten: eine lange Periode totaler Anarchie, die ihren Interessen zugute kam. Nicht einmal die blutige Schlacht von Olmedo im Jahr 1467 setzte ihr ein Ende, denn der unentschiedene Ausgang des Treffens erlaubte es allen Beteiligten, die Siegespalme für sich zu reklamieren.

In diese Wirren fiel die Entstehung einer Bruderschaft, die unter dem Namen »Heilige Hermandad« bekannt wurde und bald nationalen Charakter annahm. Ursprünglich bildete sie sich zur Verfolgung der Diebes- und Räuberbanden, die das Land heimsuchten, entwickelte sich dann aber zu einem mit allen Rechten ausgestatteten Seitenarm der königlichen Justiz. Heinrich selbst, der die Zustände in Kastilien beklagte, weil sie »anständigen Menschen ein Hohn, Reisenden ein Schrecken und in den Augen des Auslands ein Schandfleck waren«, unterstützte die Ausbreitung der Bruderschaft, womit er einen weiteren Beweis seiner eigenen Schwäche und der seiner Regierung erbrachte.

Aber in das Jahr 1467 fiel noch ein anderes Ereignis, dessen Auswirkungen keiner der Beteiligten voraussah.

Königin Juana, ihre Tochter und die Infantin Isabella hielten sich in Segovia auf, als Alfonsos Parteigänger die Stadt angriffen, worauf die Herrscherfamilie Zuflucht im Alcazar suchte. Die Herrscherfamilie, das heißt die Königin und die kleine Prinzessin. Zum fassungslosen Erstaunen aller weigerte sich Isabella, die bisher treu zur Sache des Königs gestanden hatte, sie zu begleiten. Der Gouverneur Moncaraz beschränkte sich darauf, den Alcazar mit seinen kostbaren Insassen zu verteidigen — die Feste wurde auch nie genommen — und überließ die königstreuen Stadtbewohner ihrem Schicksal.

Wenig später sah man Isabella an der Seite ihres willenlosen Bruders »im Triumph in die eroberte Stadt einreiten«. Was mag sie zu diesem Schritt bewogen haben? Erkannte sie, daß der König unfähig war, sein Land zu befrieden und die aufständischen Vasallen zu bezwingen, und daß es vielleicht für die Zukunft klüger war, mit der gegnerischen Seite gemeinsame Sache zu machen? Niemand hat eine Antwort auf diese Frage gefunden.

Für Heinrich war der Verrat seiner Schwester ein schwerer Schlag. Doch bildete er nur den Anfang. Der Verrat der Geschichtsschreibung sollte folgen, denn der unbestechliche Chronist Castillo geriet in Segovia in Gefangenschaft, seine Manuskripte wurden beschlagnahmt. Der skrupellose Palencia bediente sich ihrer und schrieb sie in schamloser Weise in seinem Sinne um.

Trotz dieser Schicksalsschläge hätte es der König wiederholt in der Hand gehabt, Vergeltung zu üben und das Kriegsglück zu wenden. Seine Feinde waren wie immer zerstritten, und nur der Schlauheit des Königs von Aragon, der im Hintergrund die Fäden zog, hatten sie es zu verdanken, daß eine scheinbare Einheit herrschte. Eine seiner Kreaturen, der Bischof von Coria, konnte sich an Unverfrorenheit durchaus mit ihm messen. Eines Tages fiel er den Streitkräften des Königs in die Hände:

»Wohin führt Euch Euer Weg, mein Onkel?« fragte ihn Heinrich.

»Irgendwohin!« lautete die kühne Antwort.

»Gott schütze Euch auf Eurer Reise,« entgegnete der Monarch in seiner unverbesserlichen Milde und ließ den Intriganten ziehen. Wie hätte er die Aufstände des Adels mit diesen Methoden zügeln können?

Dann plötzlich, am 5. Juli 1468, starb Alfonso im Alter von vierzehn Jahren. Damit hatte niemand gerechnet, und Villena, der wieder einmal mit dem König zwecks eines neuen Abkommens in Verhandlung stand, sah sich beschuldigt, den Knaben vergiftet zu haben. Jedenfalls wird diese Ansicht, für die keinerlei Beweise vorliegen, von Palencia und Valera vertreten.

Nun stand unerwartet Isabella im Rampenlicht der Geschichte. Sie war siebzehn Jahre alt und bisher im Rahmen der Komplotte und Machtkämpfe um den Thron der Trastamare ohne Bedeutung gewesen. Von einem Augenblick zum andern lag nicht nur die Zukunft Kastiliens, sondern auch die von Spanien und ganz Europa in den Händen dieses jungen Mädchens.

Drittes Kapitel

# Eine ungewöhnliche Verlobung

Die Infantin Isabella hatte in dem finsteren Schloß von Arevalo keine glückliche Jugend verbracht, aber das furchtbare portugiesische Erbe blieb ihr selbst, der Tochter einer geistesverwirrten Mutter und späteren Mutter einer wahnsinnigen Königin, erspart. Bei ihr gab es nicht die geringste Spur von geistiger Umnachtung oder psychischer Anfälligkeit. Isabellas Charakter erwies sich im Gegensatz zu dem ihres Halbbruders schon früh als streng bis hart, energisch und resolut. Schwäche und Unentschlossenheit waren ihr fremd. Die von den damaligen christlichen Prinzipien geprägte Erziehung gab ihr einen unerschütterlichen Gottesglauben.

Dagegen hatte man es unterlassen, sie mit dem geistigen Kulturgut ihrer Zeit vertraut zu machen, wie es sonst bei Prinzessinnen üblich war. Glücklicherweise entdeckte sie im Schloß Arevalo einen Schatz von unsagbarer Kostbarkeit: die von ihrem Vater, Juan II. von Kastilien, einem Liebhaber und Gönner von Kunst und Schrifttum, zusammengetragene Bibliothek. Sobald sie durch Unwetter am Ausritt auf dem kleinen Araberhengst gehindert war, den sie dem traditionellen Maultier vorzog, vertiefte sie sich in die prächtigen Folianten und machte sich ein Vergnügen daraus, die Miniaturen zu kopieren. Auf diese Weise lernte sie Homer, Vergil, Plutarch und vor allem die *Cancioneros*, die alten Legenden und Heldengedichte ihrer Heimat, kennen. Es wird gesagt, daß sie aus diesen Cancioneros die Liebe zu ihrem späteren Königreich schöpfte.

Der Schloßverwalter von Arevalo hatte eine Tochter, Beatrix de Bobadilla, mit der sie bald eine unzertrennliche Freundschaft verband. Zwei- oder dreimal im Jahr wurden die Kinder auf den Jahrmarkt von Medina del Campo geführt, eine ausgezeichnete, wenn auch unbeabsichtigte Gelegenheit für Isabella, sich mit dem bunt zusammengewürfelten Volkscharakter ihrer späteren Untertanen vertraut zu machen.

Unter die armseligen, aber stolzen und verschlossenen Bauern der umliegenden Dörfer mischten sich Händler aus allen Teilen des Reiches, Mauren mit ihrem Turban und Juden im schwarzen Kaftan. Keiner der damals regierenden Fürsten hatte je solch engen Kontakt zu den Menschen gepflegt, über die sie »in Weisheit zu herrschen« berufen waren. Diesem Kontakt verdankte die Infantin ihre frühe Popularität und später eine bemerkenswerte Unbefangenheit inmitten jeder noch so großen Volksmenge.

Nach der Thronbesteigung Heinrichs IV. an den Hof gerufen, erhielt sie endlich auch Unterricht in Geschichte, Grammatik, Musik und Malerei. Noch als Königin brachte sie sich selbst Latein bei, um mit den ausländischen Gesandten ohne Dolmetscher verhandeln zu können.

Trotz der sprichwörtlichen Güte des Königs mag die seltsame Atmosphäre bei Hofe oft befremdend auf sie gewirkt haben, selbst wenn von der schwülen Lasterhaftigkeit, welche Verleumder dem »Impotenten« anhängen wollen, keine Rede sein konnte. Palencia widersteht der Verlockung nicht, eine skandalumwitterte Beschreibung der Zustände abzugeben:

»Die Königin war von einem Schwarm junger Mädchen edelster Abstammung und erlesenster Schönheit umgeben, die sich jedoch in der Verführungskunst besser auskannten, als es ihrem Alter und ihrer Herkunft zuträglich war. Sie suchten jedmögliche Gelegenheit, ihre Anbeter anzulocken. Ihre schamlose Kleidung reizte die jungen Leute, und ihre provozierende Redeweise machte sie immer dreister. Die Säle hallten von schallendem Gelächter wider, und in den Gängen begegneten sich unaufhörlich die ordinärsten Kupplerinnen mit schlüpfrigen Botschaften und Anträgen, die selbst den törichten Jungfrauen die Schamröte ins Angesicht getrieben hätten.«

Die unglaublichsten Legenden rankten sich bald um dieses verzerrte Bild. Hofdamen hätten dem Infanten Alfonso gezeigt, wie Don Beltran bei der Königin eintrat; ein Erzieher habe versucht, den Prinzen sittlich zu verderben. Von seiten der bösen Stiefmutter sei nichts unversucht geblieben, um Isabella in ihre Orgien einzubeziehen, und Alfonso habe sich mit gezogenem Schwert rettend vor seine Schwester geworfen; ein wahrlich frühreifes, neunjähriges Kind!

Ihre Unschuld hatte die Infantin wohl kaum zu verteidigen. Viel eher galt es, den Fallstricken auszuweichen, die von den Hofintriganten ausgelegt wurden und die tiefe Verachtung für deren Urheber in ihr hinterließen. In dieser Atmosphäre mag sie sich ihre Verstellungskunst und wohl leider auch ihre unbeugsame Intoleranz angeeignet haben. Gleichzeitig wird ihr Selbstbewußtsein wie auch das Gefühl ihrer Überlegenheit gewachsen sein. Niemals sollte es Isabella in den Sinn kommen, in geleisteten Diensten mehr zu sehen als eine Pflicht gegenüber einer gerechten Sache. Bis an ihr Lebensende wird sie ausschließlich ihrer persönlichen Eingebung folgen, ohne sich um die Ansicht der anderen zu kümmern, nicht einmal um die ihres Mannes.

»Nur die großen Einzelgänger sind fähig, wirkliche Erfolge davonzutragen. Da sie weder egoistischen noch kleinlichen Zwecken folgen, richten sie ihren ganzen Willen auf ein einziges Ziel, in dem ihre Ideale mit ihren Interessen verschmelzen«, schreibt Orestes Ferrara.*

Wie alle Fürstenkinder weiblichen Geschlechts sah sich auch Isabella von Jugend an vor das Problem ihrer zukünftigen Heirat gestellt. Der weitblickende Juan II. von Aragonien beanspruchte sie als erster für seinen Lieblingssohn Ferdinand. Heinrich IV. bevorzugte für seine Stiefschwester Don Carlos, Prinz von Viane, Erbe des Königreichs von Navarra und verhaßter Sohn aus der ersten Ehe des Aragoniers. Aber Don Carlos starb in jungen Jahren, zweifellos an Gift, woraufhin der König von einer Verbindung mit Aragon Abstand nahm und eine Vereinigung der Königreiche Kastilien und Portugal anstrebte. Diese Absicht forderte den intriganten Erzbischof von Toledo, Juan II. treu ergeben, auf den Plan, und es gelang ihm, Alfons V. von Portugal der Infantin regelrecht zu vergraulen. Er stand zwar im Ruf höchster Tugenden, doch schienen ihr diese ein allzu hoher Preis für seine Fettleibigkeit und einen Altersunterschied von fast zwanzig Jahren.

Carrillo beriet Isabella aber auch in den Verhandlungen mit ihrem Bruder, die sie unangenehm an das Gesetz erinnerten, demzufolge Verlöbnis und Heirat der Infantinnen der Zustimmung der versammelten Cortes bedurften. Wie sollte es ihm möglich sein, in den herr-

---

* Orestes Ferrara, Op. cit.

schenden Wirren das Parlament einzuberufen? Die im Jahr 1463 in Gibralter beschworenen Vereinbarungen zwischen Kastilien und Portugal verliefen im Sande.

Kaum war über diesen Plan Gras gewachsen, da meldete sich der altersschwache, von Gicht geplagte Bruder Villenas, Don Pedro Giron, zur Einlösung des gegebenen Worts. Als die treue Beatrix de Bobadilla davon hörte, soll sie einen Dolch gepackt und den Eid abgelegt haben, sie werde die Ehe mit dem »abscheulichen Alten« mit allen Mitteln, notfalls mit Mord, zu verhindern wissen. Isabella reagierte weniger theatralisch. Sie begnügte sich mit Tränen, Fasten und Stoßgebeten, die offenbar Gehör fanden, denn wie bereits erwähnt, segnete Don Pedro auf dem Weg zur Hochzeit das Zeitliche.

Es blieb nicht bei diesen Heiratsanwärtern, seit Isabella nach dem frühen Tod ihres Bruders Alfonso zur Zentralfigur des rebellierenden Hochadels aufgestiegen war. Insgeheim gab Alfons V. seine Wünsche nach einer Verbindung mit Kastilien nie auf. Juan II. von Aragon noch viel weniger. Dazu kamen nun noch Eduard IV. von England, der seinen Bruder als Gemahl anbot, und Ludwig XI. von Frankreich, der den seinen, einen unermüdlichen Unruhestifter, in allen Ehren abzuschieben trachtete. Die »araigne universelle«*, wie man den französischen König wegen seiner sprichwörtlichen Schlauheit gern nannte, nahm wie seine Nachfolger an allen Ereignissen in Spanien regen Anteil und hätte den Herzog von Berry am liebsten jenseits der Grenzen seines Landes gesehen.

Bevor sie jedoch ihre Heiratspläne weiter verfolgen

---

* zu deutsch etwa: »die Riesenspinne«

konnte, stand der Infantin eine noch viel schwerwiegendere Entscheidung bevor.

Wenn man den Beschreibungen von Pulgar in diesem Punkte Glauben schenken darf, so war die Siebzehnjährige »von mittlerer Größe, in jeder Hinsicht wohlgestaltet und gut proportioniert. Ihre Haut war sehr hell, ihre Haare leuchtend blond, ihre Augen von grünblauer Farbe. Ihre ebenmäßigen Gesichtszüge strahlten Anmut, Ehrlichkeit und Frohsinn aus.«

»Sehr hell und sehr blond« lautete also die Beschreibung, die bei den Spaniern und noch viel mehr bei den Trastamare etwas ganz Besonderes gewesen sein mußte und die durch eine weit zurückliegende Verwandtschaft mit den Plantagenets erklärt wurde. Des weiteren ließen sich aus den Zügen der Prinzessin eine den Plantagenets eigene, außergewöhnliche Energie und eine an Eigensinn grenzende Willenskraft lesen.

Das Erstaunlichste daran ist, daß sich gerade dieser Ausdruck auch im Antlitz der unglücklichen Juana, Isabellas Rivalin und Opfer mit dem beleidigenden Beinamen »La Beltraneja« wiederfindet. Tante und Nichte, später tödlich verfeindet, hatten eine fast verwirrende Ähnlichkeit.

Nach der Einnahme von Segovia, in deren Verlauf sich die Infantin auf die Seite ihres Bruders Alfonso schlug, hatte dieser die Stadt verlassen müssen. Isabella zog sich zu den Dominikanerinnen im Heiligkreuzkloster zurück. Der Prior dieser Glaubensgemeinschaft trug einen Namen, den die Welt nie mehr vergessen sollte. Er hieß Thomas von Torquemada, wurde ihr Beichtvater und gewann bald einen Einfluß auf sie, der das Land Tausende von Opfern kosten sollte.

Auch nach dem Tod ihres Bruders blieb Isabella, in Kutten gekleidet, abwartend in ihrer klösterlichen Zurückgezogenheit. Trotz ihrer Jugend hatte sie Gelegenheit gehabt, die Falschheit und Hinterlist, die Habgier und Eitelkeit sowie die kriecherische Unterwürfigkeit der Männer kennenzulernen, die ihr Schicksal in den Händen hielten.

Um die Absichten der ehemaligen Drahtzieher ihres Bruders zu ergründen, teilte sie ihnen seinen Tod in einem Schreiben mit, in dem sie es vermied, sich des Königstitels zu bedienen, der ihr nach ihrer Auffassung rechtens zustand. Sollte das etwa heißen, daß es für sie an der außerehelichen Geburt ihrer Nichte keine Zweifel gab? Wohl kaum, denn einige Jahre später schlug sie derselben Nichte vor, ihren ältesten Sohn zu heiraten und mit ihm gemeinsam das Thronerbe anzutreten.

Die Granden straften Isabellas Schreiben mit Schweigen, waren jedoch in fast allen wichtigen Punkten zerstritten. Villena bereitete hinter ihrem Rücken einen neuen Frontenwechsel vor und feilschte mit dem König, der sich unterdessen eines großen Zulaufs erfreute, um den Preis seiner Unterwerfung: Carillo bestand darauf, Isabella anstelle des verstorbenen Alfonso zur Herrscherin auszurufen, wogegen Villena zunächst Einspruch erhob, dann aber zum Schein nachgab.

Sofort suchte der Erzbischof mit einigen Adelsvertretern Isabella in ihrem Kloster in Segovia auf, um ihr »dringend« nahezulegen — gemäß Palencia soll er ihr sogar den Befehl erteilt haben —, umgehend den Titel der Königin von Kastilien und León anzunehmen. Heinrich IV., fügte er verächtlich hinzu, habe sich der Krone als unwürdig erwiesen. Doch Isabella lehnte ab. In ihren Augen stand ihr nur der Titel einer Erbprinzessin zu, und von diesem Standpunkt wich sie auch nicht ab, als es zu einem erbitterten Wortgefecht mit Carrillo kam. »Euren Wünschen zu willfahren«, beharrte sie, »hieße dem König zuwiderhandeln. Wie könnte ich dann je diejenigen tadeln, die sich mir widersetzen?« Mit diesen Worten brach sie das Gespräch ab und erbrachte damit einen weiteren Beweis ihrer Intelligenz und ihrer politischen Geschicklichkeit. Wahrscheinlich war sie von Villenas zögernder Haltung unterrichtet worden und wußte, daß Vorsicht am Platze war. Später erläuterte sie in einem Schreiben an den Erzbischof, daß sie zwar von ihrem Recht auf die Krone überzeugt sei, davon jedoch keinen Gebrauch zu machen gedenke.

Villena triumphierte und machte sich unverzüglich auf den Weg zu einem Treffen mit den beiden Gesandten des völlig niedergeschlagenen Königs, der um des lieben Friedens Willen zu jeder Konzession bereit war. Während der neuen Verhandlungen wurde Isabella unter dem Schutz von zweihundert Lanzen zuerst nach Avila, dann nach Cebreros gebracht. Geisel oder Gefangene? Die Frage blieb offen.

Die Vertreter der beiden Parteien, die man »weder als Freunde noch eigentlich als Feinde bezeichnen konnte«, erzielten bald eine Einigung. Die Bekanntgabe der Vereinbarungen erfolgte am 18. September 1468, also sechs Wochen nach Alfonsos Tod. Am nächsten Tag standen sich Heinrich und Isabella gegenüber.

Schauplatz des Treffens war ein Ort unter freiem Himmel, den man Los Toros de Guisando nannte, weil die Natur dort vier riesige Felsbrocken in Form von Stieren aufgetürmt hatte. Am Morgen des 19. September also schritten an diesem originellen Fleckchen Erde die beiden Geschwister, umgeben von einem zahlreichen Gefolge, aufeinander zu. Sie hatten sich seit über einem, an politischen Wenden reichen Jahr nicht mehr gesehen. Beide handelten unter dem Zwang der Ereignisse und auf Rat von zwei untereinander verwandten, landesweit bekannten Intriganten: Villena kam an der Spitze des königlichen Geleits daher, und ihm gegenüber führte sein Onkel Carrillo das Maultier der Infantin am Zaum.

Ehrerbietig beugte sich Isabella über die Hand des Königs, der dieses Zeichen der Unterwerfung abwehrte. Nach Palencia forderte sie Carrillo zur gleichen Geste auf, soll von dem störrischen Erzbischof jedoch angeblich eine Weigerung erhalten haben, »bis der Akt unterzeichnet sei«. Wieder einmal nahm es Palencia mit der Wahrheit nicht genau, denn die Unterzeichnung hatte am Vortag stattgefunden. Das Original der Urkunde ging verloren, und nur eine Kopie überdauerte die Jahrhunderte bis in unsere Zeit. Zweifellos enthält diese Kopie zahlreiche Zusätze späterer Jahre, vor allem denjenigen, nach welchem der König eingestanden haben soll, keine legitimen Nachfolger zu besitzen! Als unanfechtbare Tatsache darf wohl die Formulierung gelten, daß Heinrich IV. Isabella zur Befriedung des Königreiches als Erbin des Throns von Kastilien anerkannte. Die Anerkennung stützte sich somit nicht auf eine Frage der Legimität oder der Geburt, sondern entsprach der Kompromißbereitschaft des Königs.

Als Gegenleistung verpflichtete sich die Prinzessin, wieder an den Hof zurückzukehren, sich dem Willen des Königs zu unterwerfen und sich nicht zu verheiraten, ohne seine Zustimmung sowie den Rechtsbeistand des Erzbischofs von Toledo und den des Marquis de Villena einzuholen. Das Dokument enthält noch einen erstaunlicheren Zusatz. Er lautet:

»Es ist offenkundig, daß das Verhalten der Königin Juana seit einem Jahr nicht mehr ihrer Person und ihrem Stand entspricht... Daher wird beschlossen,... daß die Königin das Land zu verlassen hat und daß der König sie, falls sie es nicht tut, mit Gewalt dazu zwingen wird... Der Königin wird das Recht abgesprochen, ihre Tochter mit sich ins Ausland zu nehmen. Diese muß binnen zwei Monaten an den Hof zurückgebracht werden, damit der König entscheiden kann, was mit ihr geschehen soll.«

Ein ungewöhnliches Schriftstück, das mehrere Fragen aufwirft. Nirgends ist darin von einer außerehelichen Geburt der sechsjährigen Tochter die Rede. Dagegen wird ausdrücklich festgehalten, daß der »liederliche Lebenswandel« ihrer Mutter erst im Vorjahr begann. Noch weniger taucht darin der Name von Don Beltran de la Cueva auf, der angeblich der Urheber des Ungemachs war.

Die möglichen Eheschließungen von Tante und Nichte wurden nur indirekt erwähnt. Es kam zu damaliger Zeit kaum jemandem und schon gar nicht einem Spanier in den Sinn, daß eine Frau allein die Regierungsgewalt ausüben könnte. Selbst eine Königin hatte ihrem Gatten zu gehorchen und ihm Kinder zu gebären. Im Jahr 1468 gaben die Granden von Kastilien einer Verbindung mit Portugal den Vorzug.

Nach der Zeremonie von Los Toros de Guisando versammelten sich die Vertreter des Hochadels, unter ihnen die mächtigen Mendoza, deren Schutz die kleine Juana »la Beltraneja« anvertraut war, in Villarejo und vereinbarten: Isabella heiratet Alfons V. von Portugal, den »Afrikaner«, wie bereits seit 1464 festgelegt, Juana dessen Thronerben. Bei Erhalt dieser Nachricht schickte der König von Portugal eine Gesandtschaft unter der Führung des Erzbischofs von

Lissabon auf den Weg nach Kastilien, um offiziell um Isabellas Hand anzuhalten.

***

Immer wieder hat man sich bemüht, die Heirat der Infantin mit romantischen Gefühlen zu verbrämen. So wurde behauptet, sie habe einen Vertrauensmann, Alonso de Coca, damit beauftragt, eine Art Rundreise zu den Anwärtern zu unternehmen und ihr dann Bericht über sie zu erstatten. Daß sie den »Afrikaner« nicht ehelichen wollte, stand für sie bereits fest. Blieben der Herzog von Berry, Bruder des französischen Königs, und Ferdinand von Aragon, dem sein Vater den Titel des Königs von Sizilien* verliehen hatte.

Alonso de Coca habe den Franzosen als »schwächlich, verweichlicht und bis zur Ungestalt mager« beschrieben, während Ferdinand »von angenehmem Äußeren, feinen Manieren und gebildetem Geist« sei. Natürlich hätten sich daraufhin die Wünsche Isabellas dem König von Sizilien zugewandt.

Derlei Legenden halten einer ernsthaften Geschichtsbetrachtung nicht stand. Niemals hätte sich eine Fürstentochter, von der womöglich das Schicksal eines Staates abhing, in ihrer Wahl von ästhetischen Betrachtungen leiten lassen. Außerdem dürfte es Coca, sollte er diese Mission tatsächlich ausgeführt haben, kaum entgangen sein, daß Ferdinand trotz seines jugendlichen Alters von siebzehn Jahren bereits eine feste Mätresse und ein uneheliches Kind hatte.

Die Wirklichkeit war viel prosaischer. Die Infantin erkannte ganz einfach, daß die aragonesische Partei un-

---

* Seit der sizilianischen Vesper 1282 aragonesische Sekundogenitur.

ter Führung von Carrillo und Admiral Enriquez die einzige war, auf die sie sich stützen konnte. Insbesondere, seit sie wußte, daß der König bereits mit dem Papst Verbindung aufgenommen hatte, um sich aus dem beeideten Vertrag von Guisando lossprechen zu lassen, und daß Königin Juana im Namen ihrer Tochter offen gegen ihn Einspruch erhob.

Eine andere, Isabellas Vorgehen beschönigende Version sieht den Grund in ihrem frühreifen politischen Genie, das bereits jetzt die glorreiche Zukunft der vereinten Königreiche von Kastilien und Aragon vorausahnte.

Auch diese Auffassung läßt sich nicht aufrechterhalten. Aragon, mit seinen meuternden Katalanen und dem an Ludwig XI. verpfändeten Roussillon, stellte keineswegs eine lockende Hochzeitsgabe für Kastilien dar. Jedenfalls war es nicht mit Portugal, der Wiege einer uralten, atlantischen Zivilisation, Hüterin eines weit nach Afrika und Übersee reichenden Weltreichs, voll von unermeßlichen Schätzen, zu vergleichen.

Isabella hat sich von diesen Reichtümern anscheinend nicht beeinflussen lassen. Als sich der Erzbischof von Lissabon mit seinem Gefolge bei ihr melden ließ und seinen Antrag vorbrachte, erteilte sie ihm eine ausweichende Antwort und wies auf die verwandtschaftlichen Beziehungen hin, die zwischen den beiden Dynastien bestanden. Eine Heirat bedürfe eines päpstlichen Dispenses. Daß religiöse Überzeugungen nicht der einzige Leitfaden ihres Verhaltens waren, liegt auf der Hand, denn der französische Gesandte, der im Namen des Herzogs von Berry um ihre Hand anhielt, wurde ebenfalls abgewiesen.

Daraus darf nicht geschlossen werden, daß sie sich bereits für eine Heirat mit Ferdinand von Aragon entschieden hatte. Sie war eine viel zu strenggläubige Katholikin, um sich nicht einzugestehen, daß auch diese Eheschließung der ausdrücklichen Zustimmung des Papstes bedurfte — Isabella und Ferdinand waren Verwandte dritten Grades und daß sie außerdem einen Bruch des aufs Kruzifix geschworenen Eides von Los Toros de Guisando darstellte, in dem sich Heinrich IV. ausdrücklich gegen eine Verbindung mit dem »König von Sizilien« ausgesprochen hatte. Während er mit seinem Hofstaat durch Andalusien zog, wurde Isabella Ocaña als Aufenthaltsort zugewiesen, den sie ohne die Erlaubnis des Königs nicht verlassen durfte und der bald zum Treffpunkt der heiratslustigen Fürsten Europas wurde. Pulgar, der Chronist ihrer Regierungszeit, behauptet, daß man sie damals regelrecht »belagerte«!

Der weitaus hartnäckigste unter ihren Bewerbern muß allerdings der fast erblindete Juan II. von Aragon gewesen sein. Er ließ nichts unversucht, um die Angelegenheit noch vor seinem Abtreten von der Weltbühne abzuschließen, und seine kastilischen Verbündeten, allen voran Carrillo und Enriquez, sparten keine Mühe, ihm diesen Wunsch zu erfüllen. Gutierre de Cardenas, einer ihrer erfolgreichsten Agenten, tauchte eines Tages in Ocaña auf und bedrängte die Infantin energisch. Er behauptete, daß sich das ganze Volk, die Geistlichkeit wie der Adel und die schlichte Landbevölkerung, zur aragonesischen Heirat bekenne (was nicht stimmte), daß der König nach einem Ausweg aus dem Pakt von Guisando suche (was der Wahrheit entsprach) und daß er seine Halbschwester gefangensetzen wolle (was nicht erwiesen, aber möglich ist).

Ob sich Isabella von Cardenas beeinflussen ließ oder selbst ihre Lage analysierte, es konnte ihr nicht verborgen bleiben, daß die aragonesische Partei die einzige war, die ein eigenes Interesse daran hatte, ihre Ansprüche zu unterstützen, was weder auf den Herzog von Berry noch auf den »Afrikaner« zutraf. Sollte sich Aragon von ihr lossagen, dann hatte sie auch in Kastilien nichts mehr zu erwarten, und der Weg zur Macht stand der Beltraneja offen. Nicht Isabella, sondern Juana hieße dann die Königin des Reiches. Das waren die Gründe, hinter denen die religiösen Skrupel, die ihr zu schaffen machten, zurücktraten. Niemand weiß, ob Torquemada ihr dafür im voraus die Absolution erteilte.

Dagegen weiß man sehr genau, daß Erzbischof Carrillo fähig war — und damit zeigte er sich seiner Zeit weit voraus —, die öffentliche Meinung von Ocaña auf modernste Art für seine Ideen zu mobilisieren. Die Hausmauern der Stadt bedeckten sich auf geheimnisvolle Weise mit Inschriften, in denen Heinrich IV., Alfonso von Portugal und die Beltraneja in den Dreck gezogen wurden. Gleichzeitig erklangen allerorts fröhliche Lieder zum Lob Ferdinands von Aragon. Unter dem Druck dieser Ereignisse gab Isabella eine Erklärung ab. Sie lautete gemäß Pulgar, daß sie sich, »einzig das Wohl des Königreiches im Auge, sowohl dem Wunsche der Granden, der ganz offensichtlich Gottes Wohlgefallen errege, als auch dem Willen und der Meinung der Allgemeinheit beuge«.

Damit sehen wir uns weit von einer romantischen Liebesgeschichte entfernt. Der arme König Heinrich mußte entweder von Verrätern oder unfähigen Beratern umgeben gewesen sein, denn er erfuhr von diesen Vorfällen erst, als sich Cardenas und Alonso de Palencia bereits auf dem Weg nach Saragossa befanden, um Juan II. Isabellas Einverständnis zu überbringen.

Sein erster Gedanke war, seine Schwester verhaften

zu lassen, er ließ es dann aber sein, weil er einen Volksaufstand befürchtete. Gleichzeitig verließ die Infantin auf den dringenden Rat, wahrscheinlich sogar auf Geheiß Carrillos, Ocaña und nahm in Madrigal Wohnsitz, wo sie angstvoll den Nachrichten ihrer Botschafter entgegenfieberte. Es hieß, daß Villena und der Erzbischof von Sevilla zu einer Strafexpedition gegen diese Stadt rüsteten.

In Saragossa erwartete die beiden Abgesandten Carrillos eine große Enttäuschung. Im Gegensatz zu ihrem König waren die aragonesischen Granden keineswegs von der Idee einer Vereinigung der beiden Reiche begeistert. Sie sahen voraus, was sich später tatsächlich ereignete: die langsame Auflösung Aragons in einem kastilischen Großreich und damit der Verlust ihrer Privilegien. Ebensowenig stimmten die Behauptungen Cardenas und Carrillos, daß sich der Großteil des Hochadels von Kastilien für diese Heirat ausgesprochen hätte. Das Gegenteil war der Fall. Kurz vor der Ausführung erstanden dem Heiratsplan von allen Seiten Proteste, die auch Isabellas engste Umgebung nicht verschonten: Beatrix de Bobadilla ließ ihre Freundin im Stich.

Unberührt durch die Ereignisse um ihn herum, setzte Palencia in Saragossa seine Bemühungen fort, um den Granden den Plan schmackhaft zu machen, und schwor einen heiligen Eid, daß sie um ihre Vorrechte nicht zu fürchten brauchten. Er erreichte sein Ziel, sie ließen sich bereden. Er brachte es sogar fertig, Anspruch auf eine sagenhafte Mitgift geltend zu machen. Aragoniens Schatz barg das berühmte Halsband der Königin Joana Enriquez, ein kostbares Geschmeide aus Gold, Perlen und Rubinen, das bei einer Heirat an Ferdinands Gemahlin übergehen sollte. Außerdem verlangte er zwanzigtausend Florinen. Juan II. muß sehr an dieser Verbindung gelegen gewesen sein, denn trotz seiner schwierigen finanziellen Lage löste er den Schmuck bei Pfandleihern aus, wohin er bereits gewandert war, und übergab ihn an Palencia mit einer Anzahlung von achttausend Florinen.

Dennoch stand der Vertrag auf so schwachen Füßen, daß Ferdinand es vorzog, nach außen den Unentschlossenen zu spielen. Eine Zusammenkunft zwischen ihm und Palencia fand wie eine Verschwörung im Dunkel eines Beichtstuhls statt.

Inzwischen war es Carrillo gelungen, einige Mitglieder des Adels, unter ihnen den Grafen von Alba, für seinen Plan zu gewinnen und der wartenden Infantin sechshundert Lanzen zu schicken. Unter ihrem Schutz verließ sie Madrigal und siedelte nach Valladolid, dem Lehen des Admirals Enriquez, über. Um ein Haar wäre das Unternehmen an dieser Reise gescheitert, denn ihr neuer Verbündeter Alba versuchte, ihrer habhaft zu werden und Carrillo mit leeren Händen in sein Erzbistum zurückzuschicken, ohne daß es ihm allerdings gelungen wäre.

Der Zwischenfall war beispielhaft für das Verhalten der Granden im Königreich Kastilien unter Heinrich IV. und macht die Unsicherheit der Rebellen klar. Sie mußten Zeit gewinnen, dem König gegenüber Verhandlungsbereitschaft zumindest vortäuschen. Carrillo setzte ein von der Infantin unterzeichnetes Schreiben an den Monarchen auf, in welchem sie ihrem Bruder mitteilte, daß es ihr unumstößlicher Wille sei, den König von Sizilien zu heiraten und daß sie ihn um seinen Segen für diese Verbindung bäte. Über die Tatsache, daß der Ehevertrag am 7. Januar 1469 bereits unterzeichnet worden war, schweigt sich der Brief aus.

Diese *Convenciones* beleuchten zum ersten Mal die

Vorstellung, die sich Isabella von ihrer politischen Rolle machte. Eine der Zustimmung ihres Gatten untergeordnete Regierungsgewalt kam für sie nicht in Frage: Kastilien gehörte ihr, die Herrschaft des Königreiches lag in ihren Händen. Die durch ihre Ehe herbeigeführte Verbindung von Kastilien und Aragon bedeutete keinesfalls Unterordnung oder gar Unterwerfung. Ferdinand war der Sproß einer Seitenlinie des Hauses Trastamare, während sie seinem Hauptzweig entstammte. Verglichen mit Kastilien hatte Aragon wenig Bedeutung. Sie hatte drei beachtenswerte Bewerber abgewiesen, zwei Eide gebrochen, dem Willen des Königs und einer großen Zahl ihrer Untertanen, die von einer Verschmelzung mit Aragon nichts wissen wollten, getrotzt, ihr Seelenheil durch eine Verwandtschaftsehe aufs Spiel gesetzt . . . diese Opfer gaben ihr das Recht zu herrschen, ohne sich von ihrem Gemahl, der das Land nicht kannte, bevormunden zu lassen. Im Vertrag ist immer wieder von den Verpflichtungen Ferdinands gegenüber Isabella und Kastilien die Rede, auf denen sie eisern beharrte. Trotzdem wurde er von Juan II. widerspruchslos unterzeichnet: Vater und Sohn hatten begriffen, daß die Beute, wie sie glaubten, nur zu diesem Preis zu erringen war! Auf lange Sicht gesehen, würde er sich lohnen. Ein erstaunliches Dokument einer Siebzehnjährigen.

Jetzt war Eile am Platz. Wenn man dem Eingreifen des Königs nicht zuvorkam, konnte der Plan noch scheitern. Die Hochzeit mußte nicht nur gefeiert und von der Kirche gesegnet, sondern die Ehe auch vollzogen sein, bevor Heinrich IV. aus Andalusien in den Norden des Reiches zurückgekehrt war. Carrillo hatte vorgesehen, daß Ferdinand unter seiner Begleitung und dem Schutz einiger hundert aragonesischer Lanzen die Grenze fürstlich als Prinz von Kastilien überschreiten sollte. Aber er irrte sich. Die

Edlen von Mendoza, Parteigänger der Beltraneja, bekamen Wind von der Sache und zogen ihre Streitkräfte an der Grenze zusammen. Abgesehen davon gab es in Aragon selbst genügend Adlige, denen diese Heirat ein Dorn im Auge war und die dem Freier am Wegrand auflauerten. Was tun? Da half nur List.

In seiner dreißig Jahre später niedergeschriebenen Chronik brüstet sich Palencia damit, »sämtliche Winkelzüge und Fußangeln des abenteuerlichen Unternehmens ausgeheckt zu haben«. Was ihm im Falle eines Fehlschlags Fluch und Schande eingetragen hätte, gereichte ihm zum Ruhm. Sein Plan wurde angenommen und glückte über alles Erwarten, wenn auch nicht ohne unvorhergesehene Schwierigkeiten. Eine prunkvoll ausgestattete Gesandtschaft machte sich ostentativ unter der Führung des aragonesischen Kanzlers auf den Weg zu König Heinrich nach Andalusien. Ferdinand seinerseits gab vor, mit seinem Vater in Katalonien einen Aufstand niederzukämpfen. In Wirklichkeit war er, als Maultiertreiber verkleidet, nach Kastilien unterwegs. In der kleinen Gruppe von sechs Personen, die nur des Nachts reiste, übernahm er die Rolle des Bediensteten, als sie in Osma zu der offiziellen Gesandtschaft, die angeblich auf dem Weg nach Andalusien war, und zweihundert von Carrillo ausgehobenen Lanzen stießen.

Das Täuschungsmanöver war gelungen, aber ganz ohne nächtliche Zwischenfälle hatte sich die Reise des Maultiertreibers doch nicht abgespielt. Zuerst ging auf unerklärliche Weise die Reisekasse verloren. Ohne Geld keine Herberge! Das bedeutete knurrende Mägen und Schlaf unter freiem Himmel. Einmal pochten sie an ein Burgtor, wurden für fahrendes Volk gehalten und mit Steinen beworfen. Ein gut gezielter Wurf hätte tödlich sein können. Was wäre dann aus Spanien oder gar Europa geworden?

Am 9. Oktober 1649 erreichten sie Dueñas, eine kleine Stadt im Königreich León, das seit 1037 Kastilien angegliedert war. Dort verwandelte sich der Maultiertreiber in einen strahlenden, in Samt und Seide gekleideten Prinzen und brach auf, in Valladolid seiner Prinzessin die Aufwartung zu machen.

Hier hatte Erzbischof Carrillo bereits das Halsband der Königin Joana sowie die achttausend Florinen in Empfang genommen. Man weiß, daß Isabella die Hälfte der Summe an Cardenas und dessen Begleitung verteilte. Über seinen eigenen Anteil schweigt sich Palencia in seiner Chronik aus.

Viertes Kapitel

# Ein Thron wird erobert

Die Begegnung der beiden jungen Menschen, Gründer einer Dynastie mit einem in der Geschichte einmalig strengen Hofzeremoniell, wickelte sich in ebenso einmaliger Formlosigkeit ab. Sie fand am Abend des 14. Oktober 1469 im großen Saal des Palastes des Bischofs von Toledo in Valladolid statt. Cardenas, später erster Kammerherr der Königin, stand der Infantin zur Seite.

Die Tür öffnete sich, und Ferdinand, König von Sizilien, trat ein. Isabella sah einen Ritter von siebzehn Jahren auf sich zukommen, den noch die Merkmale eines Halbwüchsigen kennzeichneten und dessen jugendliches Antlitz nicht recht zu dem hochgewachsenen und kraftvollen Körperbau passen wollte. Das waren nicht die Züge eines Kriegshelden. Eher die eines Gelehrten mit großer Denkerstirn, einem Paar schwarzer, lauernder Augen und einem Gesichtsausdruck, der große Selbstbeherrschung verriet. Ein aufmerksamer Beobachter hätte aus diesem Gesicht schon damals alle Eigenschaften ablesen können, die sich später in seinen verschiedenen Beinamen widerspiegelten: Ferdinand der Kluge, der Weise, der Vorsichtige, vor allem aber der Ehrgeizige, bis sich schließlich »der Verschlagene« durchsetzte.

Hochbeglückt, daß er nun endlich an das heißersehnte Ziel seiner Pläne gelangt war, rief Cardenas —

man kann ihn sich fast vor Freude hüpfend vorstellen —
begeistert aus:

»*Esse es! Esse es!*« »Das ist er! Das ist er!«

Damit löste er schallendes Gelächter bei den Anwesenden aus und erhielt später das Privileg, zwei ver-
schlungene »S« in sein Wappen aufzunehmen.

Das heitere Zwischenspiel hatte den Vorteil, den
beiden Fürstenkindern die unvermeidliche Peinlichkeit
der ersten Begegnung zu nehmen und ohne Förmlich-
keiten zum Kern der Sache zu kommen. Ihre Verhandlungen, bei denen die beidseitigen Ratgeber anwesend
waren, dauerten mehrere Stunden, und es kann als gesichert gelten, daß Gefühle nicht auf der Tagesordnung
standen. Die zähen Diskussionen kreisten um die
»Konvention«, den Ehevertrag, der, wie Palencia diesmal der Wahrheit entsprechend notiert, »darüber entschied, wer das Zepter führen sollte« und mehrere
Klauseln »sehr zugunsten der Prinzessin« enthielt.

Ferdinand verpflichtete sich, in Kastilien zu residieren und sich den Gesetzen dieses Reiches zu unterwerfen, weder im zivilen noch im militärischen Bereich allein Ernennungen vorzunehmen noch kirchliche
Schenkungen ohne die Zustimmung seiner Gemahlin
zu machen. Beide waren sich darin einig, den Kampf
gegen die Mauren bis zur völligen Befreiung des Landes fortzusetzen. Beschlüsse und Verfügungen würden
gemeinsam unterzeichnet. Selten hat ein regierender
Fürst seiner Frau derartige Vorrechte überlassen.

Nach Abschluß der Verhandlungen kehrte Ferdinand nach Dueñas zurück. Kaum hatten sich die Tore
hinter ihm geschlossen, sah sich Isabella von ihren Ratgebern bestürmt, dem Vertrag schnellstens die Hochzeit
folgen zu lassen. Aber die Infantin ließ sich nicht drängen. Es ist viel über diese unerwartete Unschlüssigkeit

geredet worden, obwohl der Grund dafür auf der Hand liegt. Wir sagten bereits, daß Isabella eine gläubige Katholikin war. Sie wußte also, daß sie Ferdinand, ihren Vetter dritten Grades, nicht ohne den päpstlichen Dispens heiraten durfte. Seit Wochen bemühten sich die Gesandten Juans II. in Rom, dem Heiligen Vater diese Zustimmung abzuringen, aber Paul II. hatte für Heinrich IV. Partei ergriffen. Sie stießen auf taube Ohren.

Der unvergleichliche Erzbischof von Toledo war nicht der Mann, der sich durch Hindernisse solcher Art — und seien sie für die Kirche noch so bedeutungsvoll — von dem eingeschlagenen Weg abbringen ließ. Er behauptete, im Besitz einer von dem Vorgänger Pauls II., Pius II., veröffentlichten Bulle zu sein, die Ferdinand ermächtigte, eine Verwandte seiner Wahl bis zum vierten Verwandtschaftsgrad zu heiraten. Der freundliche Papst war in seinem Entgegenkommen so weit gegangen, den Namen der Erwählten freizulassen. Jetzt genügte es, den Namen der kastilischen Prinzessin auf das Pergament zu malen! Später stellte sich heraus, daß die Bulle im Jahr 1464 von niemand anderem als Juan II. von Aragon angefertigt worden war.

Ist Isabella auf den Schwindel hereingefallen, wie ihre Verteidiger immer wieder betonten? Oder hat sie so getan, als schenke sie dem Schriftstück Glauben? Das jedenfalls scheint aus Dokumenten hervorzugehen, auf die wir später noch zurückkommen werden. Wie dem auch sei, ihre Bedenken müssen rasch verflogen sein, denn die Hochzeit wurde am 18. Oktober 1469 im Hause eines Vasallen namens Juan de Vivero gefeiert. Gewiß nahm die Bevölkerung von Valladolid an den Feierlichkeiten teil und bestaunte klatschend den Brautzug, doch kann man nicht behaupten, daß sich viele Große zu dem historisch wichtigen Ereignis eingefunden hätten. Außer Ferdinands Familienangehörigen, dem Erzbischof von Toledo und dem Admiral Enriquez waren nur einige Granden und Angehörige des Kleinadels zu sehen. Immerhin hatten es auch der Marquis de Villena, der Graf von Plasencia und andere (gelegentliche) Parteigänger König Heinrichs für weise erachtet, sich durch Edelleute vertreten zu lassen, die, Palencias Schriften gemäß, »äußerst traurige Mienen zur Schau trugen«.

Triumphierend wies Carrillo die angebliche Bulle von Papst Pius II. vor, verlas den Ehevertrag und einte das erlauchte Paar, das von da an den Titel König und Königin von Sizilien trug. Auf der Straße wurden Hochrufe laut. Es folgte ein fröhliches Fest, wenn auch ohne höfische Pracht, denn die Kosten der Zeremonie waren durch Anleihen gedeckt! Nach der Hochzeitsnacht beging Ferdinand nicht denselben Fehler wie sein leichtsinniger Schwager Heinrich: Er unterließ es nicht, der anwesenden Menge das postnuptiale Laken vorzuweisen.

So also verlief die Hochzeit zwischen Kastilien und Aragon, die in der Geschichte Europas einen so bedeutsamen Platz einnehmen sollte. In der ganzen Angelegenheit spielte Liebe nicht die geringste Rolle, und an eine »Einigung Spaniens« dachte kein Mensch. Kastilien und Aragon waren Nachbarn, die sich nicht mochten. Seit jeher empfanden sie eine mögliche Verschmelzung als eine Bedrohung. Isabellas Wahl war nicht deshalb auf Ferdinand gefallen, weil die aragonesische Partei die einzige war, von der sie Unterstützung erhielt, sondern in erster Linie, weil nur dieser Bewerber, im Gegensatz zu allen anderen, nicht in der Lage war, sie daran zu hindern, selbst die Regierung auszuüben. Sie war achtzehn Jahre alt, besaß einen eisernen, politischen Willen und einen unstillbaren Hunger zu herrschen.

Davon war sie jedoch weiter denn je entfernt, denn seit dem Tod ihres Bruders Alfonso war die Zahl der Aufständischen erheblich geschrumpft. Von den Kreaturen Juans II. abgesehen blieb nur der Herzog von Medina Sidonia als einziger Vertreter des Hochadels, der es wagte, sich gegen die Autorität König Heinrichs aufzulehnen, und das nur, weil er auf Tod und Leben mit Villena verfeindet war. Vielleicht sickerte auch etwas über die Affäre der gefälschten päpstlichen Bulle durch und führte viele Rebellen in Heinrichs Lager zurück.*

Isabella und Ferdinand befanden sich in einer so prekären Lage, daß sie sich veranlaßt fühlten, eine Gesandtschaft unter Pedro Vaca an den Monarchen zu schicken. Er hatte den schwierigen Auftrag, Heinrich von der Heirat »ergebenst« in Kenntnis zu setzen und nachträglich seine Zustimmung dafür mit der Begründung einzuholen, daß sie »in durchaus friedlichen und ehrenhaften Absichten« zustande gekommen sei.

Das von Pedro Vaca überbrachte Schreiben schlug fast rührende Töne an. Die Jungvermählten erklärten sich bereit, dem König »mit kindlicher Liebe, mit Respekt und Gehorsam zu dienen und ihn jeden Tag ihres Lebens wie einen Vater zu ehren«. Eine Kopie des Ehevertrags sollte belegen, daß es sich in keiner Weise um eine Unterwerfung Kastiliens unter das Königreich von Aragon handelte.

Gleich nach Beendigung der Audienz versammelte

---

* Die falsche Bulle befindet sich in den Archiven von Simancas. Sitges entdeckte in den Archiven von Aragon einen Brief, in dem Juan II. noch kurz vor der Eheschließung versucht, den Papst zum Nachgeben zu bringen.

der König den Kronrat. Wenig später ließ er Pedro Vaca mit den Worten abspeisen, daß er in Abwesenheit des Großmeisters von Santiago (Villena) und anderer Granden vorläufig keine Antwort zu formulieren gedenke. Selbst Carrillo, Villenas gerissener Onkel, der sich dem Großmeister auf Umwegen zu nähern versuchte, stieß auf Ablehnung.

Isabella und Ferdinand verbrachten einen Winter voll Angst und Ungewißheit, die spürbar auf ihre Umgebung übergriff und die Atmosphäre in Valladolid vergiftete. Der Erzbischof gab sich unbekümmert und behauptete, die Mucker in der Hand zu haben.

Ferdinand war dessen nicht so sicher und bemerkte, daß er keine Lust habe, sich nach der in Kastilien üblichen Art an der Nase herumführen zu lassen; ein unbehagliches Klima, das sich durch die hoffnungslos leeren Kassen noch verschärfte.

Heinrich ließ inzwischen die diplomatischen Verbindungen zu Frankreich in aller Heimlichkeit wieder aufleben, und bald gab Ludwig XI. seinem Bruder Heinrich IV. kund, daß er einer Ehe seines Bruders, des Herzogs der Guyenne,* mit der Prinzessin Juana zustimme.

Zum zweiten Mal quälten sich die Gesandten des französischen Königs — der Kardinal von Albi in Vertretung Ludwigs XI., der Graf von Boulogne und d'Auvergne für den Herzog —,von einer imponierenden Eskorte begleitet, über die Pyrenäen in das Iberische Hochland hinunter, um offiziell um die Hand der Infantin anzuhalten. Nur war die Versprochene diesmal nicht die Tante, sondern die Nichte! König Heinrich

---

* Dem Herzog von Berry war der Titel des Herzogs der Guyenne kurz zuvor verliehen worden.

bereitete ihnen in Medina del Campo einen fürstlichen Empfang, bei dem weder der Marquis de Villena noch einer der anderen Großen des Reiches fehlte, die Palencia in seiner Chronik so treffend als eine »Bande von hundertfach Eidbrüchigen« bezeichnet; damit trifft er ausnahmsweise den Nagel auf den Kopf.

Der Kardinal von Albi hielt eine lange Ansprache, in der er Heinrich huldigte und nicht mit abfälligen Bemerkungen über Isabella und Ferdinand sparte, wie es die politische Rhetorik verlangte. Glanzvolle Feste wurden gefeiert, wesentlich üppiger jedenfalls als die bescheidenen Hochzeitsfeierlichkeiten, die vor einem halben Jahr in Valladolid stattgefunden hatten. Selten sah man Heinrich vergnügter. So zufrieden, daß er auf einem sofortigen Vollzug der Ehe per procurationem (in Vertretung) *p. p.* bestand. Der Graf von Boulogne unterzog sich in Vertretung des Herzogs von Guyenne der rituellen Prozedur.

Auf Wunsch des Kardinals legte der König auch den Schwur ab, daß Juana seine leibliche Tochter sei und daß er Isabella seinerzeit nur um des lieben Friedens willen zur Thronfolgerin ernannt habe. Das unwürdige Verhalten seiner Schwester nehme ihr jedoch fortan jedes Recht auf diesen Anspruch.

»Wir betrachten Juana, unsere Tochter,« schloß er, »als Prinzessin und erstgeborene Erbin dieses Königreiches. Von diesem Augenblick an werden wir die erwähnte Infantin Isabella weder Prinzessin noch Erbin dieses Throns und seiner Ländereien nennen noch als solche anerkennen, was auch immer geschehe.«

Auf einen Wink des Kardinals eilten die »hundertfach meineidischen« Granden herbei, um Prinzessin Juana den Treueschwur zu leisten. Der Pakt wurde unterzeichnet. Er enthielt eine Klausel, die den Lauf der

Geschichte hätte ändern können. In ihr verpflichtete sich Ludwig XI., König Heinrich IV. gegen jede Macht Waffenhilfe zu leisten, die die festgelegte Thronfolgeordnung zu ändern trachte. Auch Juan II. von Aragon war Isabella gegenüber eine ähnliche Verpflichtung eingegangen, nur verfügte er nicht über die Mittel, Wort zu halten.

Trotz des kirchlichen Segens, der abgelegten Eide und des feierlich besiegelten Vertrags entschied das Schicksal anders. Der Herzog der Guyenne fand es vorteilhafter, um die Hand von Maria von Burgund, Tochter Karls des Kühnen, zu werben und damit zum wiederholten Male die Pläne seines Bruders zu durchkreuzen. Allerdings überlebte er diesen Verrat nicht lange. Alle Welt war überzeugt, daß er vergiftet wurde.

Während all dieser Wochen warteten Ferdinand und Isabella vergeblich auf eine Antwort des Königs. Die unverbesserlichen Feudalherren des Landes nahmen ihre Privatkriege wieder auf. In den ersten Monaten des Jahres 1470 wurde Isabella schwanger. In diesen endlosen, schwierigen, ja ernsthaft gefährlichen Wochen hat sie nie den Mut verloren oder je an ihrem Erfolg gezweifelt. Ihr Mann bewunderte sie, obwohl er seiner Sache viel weniger sicher war und ihr oft ihre »Starrköpfigkeit« vorwarf. Am 12. Oktober kam sie in Dueñas, wohin sie sich wegen beginnender Unruhen in Valladolid gerettet hatte, mit einem Töchterchen nieder, das den Namen seiner Mutter erhielt.

Im Juni richtete sie ein drittes Schreiben an ihren Bruder, der nun endlich reagierte. Isabella, hieß es in seiner Botschaft, habe den Pakt mit der Krone gebrochen, sei damit in offene Rebellion gegen sie getreten und werde dementsprechend behandelt. Außerdem sei ihre ohne den päpstlichen Dispens eingegangene Ehe null und nichtig. Mit solchen Argumenten war die Widerspenstige kaum zu zähmen. In ihrer Antwort, die sie veröffentlichte, erinnerte sie an ihre angeborenen Rechte und schloß mit den Worten: »Was die von Euer Gnaden erwähnte Angelegenheit meiner Heirat angeblich ohne päpstlichen Dispens anbetrifft, so erübrigt sich jede Stellungnahme, denn Eure Hoheit sind nicht Richter in dieser Sache. Ich habe ein gutes Gewissen, das sich auf die authentische Bulle und andere Schriftstücke stützt. Das kann jederzeit und jeden Orts erwiesen werden.«

In Wirklichkeit war ihr Gewissen längst nicht so friedvoll, wie sie vorgab, denn Papst Paul II. hat 1471 von ihr einen Brief erhalten, in dem sie ihre Sünde beichtete und um Absolution bat. Der Heilige Vater zeigte sich indessen weiterhin unbeugsam – die Verhandlungen mit ihm zogen sich nun schon über zwei Jahre hin. Aber der Zufall griff noch einmal zu Gunsten der künftigen Katholischen Könige ein. Paul II. starb am 26. Juni desselben Jahres.

Sein Nachfolger, Francesco della Rovere, der den Namen Sixtus IV. annahm, stand völlig unter dem Einfluß eines Spaniers. Er hieß Rodrigo Borgia, trug den Kardinalshut und bekleidete das hohe Amt des Vizekanzlers der Kirche. Später nahm er selbst als Alexander VI. auf dem Heiligen Stuhl Platz.

Der Machtwechsel in Rom bescherte dem König und der Königin von Sizilien die ersehnte Absolution für einen Akt, der ihnen nach bestehendem Kirchenrecht die Exkommunikation hätte eintragen können, wie sie in ihren eigenen Bittschriften bekannt hatten. Eine schwere Niederlage für Heinrich IV., der so lange schwieg, weil er fest damit rechnete, daß seine Schwester, vom kastilischen Hochadel wegen ihrer unchristlichen Ehe mit dem verhaßten Aragonier im Stich gelassen, scheitern würde. Den Sieg verdankte Isabella allein ihrer unerschütterlichen Beharrlichkeit während all dieser Monate, die Ferdinand im aufständischen Katalonien verbrachte. Ein Triumph auf lange Sicht allerdings. Vorläufig mußte sie in Alcalá de Henarés, das zum Herrschaftsbereich des Erzbischofs von Toledo gehörte, eine neue Zuflucht suchen.

Heinrich reichte beim Vatikan Klage gegen den Erzbischof ein und hätte um ein Haar erreicht, daß dieser nach Rom zitiert und vor das Gericht der Kurie gestellt worden wäre. Das wiederum war nicht nach dem Geschmack des Marquis de Villena, der die Allmacht seines Souveräns durch ein Problem im Hintergrund, wie sein Onkel eines darstellte, eingeengt sah. Sein Arm war lang genug, den Verstoß beim Heiligen Stuhl scheitern zu lassen.

Statt dessen bereitete er einen neuen Plan vor, nämlich eine Heirat der jetzt zehnjährigen Juana mit ihrem eigenen Onkel, dem ehemaligen Verlobten ihrer Tante, Alfons V. von Portugal. Die Idee dieser seit langem ersehnten Verbindung zu dem reichen Nachbarn tröstete Heinrich über die beim Papst erlittene Niederlage hinweg. Die beiden Monarchen vereinbarten eine Zusammenkunft in Badajoz, um die Einzelheiten des Vertrags zu besprechen. Aber die Mißgunst des Schicksals haftete wie ein Fluch an Heinrichs Fersen. Graf von Feria, von seinen Gnaden Gouverneur von Bajadoz, aber mit seinem königlichen Herrn wegen einer Lappalie zerstritten, verweigerte ihm den Zutritt in die Stadt. Trauriger Monarch! Wie mächtig, wie reich, wie angesehen war im Vergleich zu ihm der König von Portugal! Dem »Afrikaner« wurde die in Kastilien herrschende Anarchie, die auch vor der Person des Königs nicht halt machte, unheimlich. Er brach die Verhandlungen ab.

Man könnte endlos darüber spekulieren, wie sich eine Vereinigung der Königreiche von Kastilien und Portugal, ungleich bedeutender als Aragonien, in der damaligen Zeit ausgewirkt hätte. Eine Vereinigung zweier Länder, deren Grenzen sich bald von Amerika bis Indien ausdehnen würden. Unvorstellbar, und doch fand sie ein Jahrhundert später statt.

Es erübrigt sich fast hinzuzufügen, daß weder während der Verhandlungen um eine Eheschließung der Beltraneja noch in irgendeiner Korrespondenz mit den Brautwerbern je der entehrende Beiname genannt oder eine Anspielung auf eine außereheliche Geburt gemacht wurde. Die Bezeichnung Konkubine war für die Königin von Sizilien reserviert!

Seit vier Jahren irrten nun Ferdinand und Isabella von Festung zu Festung, meist mittellos, dauernd von der Ausweisung aus dem Königreich bedroht, von Schimpf und Schmähungen verfolgt. Carrillo, der unbeugsame Erzbischof, war ihre einzige Stütze.

Während dieser schwierigen Lebensperiode vollbrachte Ferdinand Wunder. Mit erstaunlicher Geschmeidigkeit, hinter der sich seine Verstellungskunst verbarg, hatte er sich zu einem vollblütigen, allseits beliebten Kastilier gemausert, dem es mühelos gelang, jedem nach dem Munde zu reden, den Eitlen zu schmeicheln, die Überempfindlichen zu besänftigen, Mißtrauen zu beseitigen und seine impulsive Gemahlin vor vielleicht nicht wieder gutzumachenden falschen Schritten zu bewahren. Das war und blieb seine Art vorzugehen. Sie ebnete auch demjenigen den Weg, den man ihren Retter aus der Not nennen oder genau genommen als die Taube der Arche Noah bezeichnen könnte, wenn dieser liebenswürdige Vergleich zu der Gestalt paßte, der in der Geschichte eher das Bild eines Unmenschen hinterließ. Und doch war es Kardinal Rodrigo Borgia, der ihnen den Ölzweig der Hoffnung überbrachte.

Der Wunschtraum von Papst Sixtus IV. war es, einen Kreuzzug auszurüsten, der alle Fürsten der Christenheit unter seinem Banner gegen die ottomanische Gefahr versammelte. Die Bedrohung des europäisch-christlichen Ostens war nicht abzuleugnen, nur hatten sich die Zeiten geändert. Die Hingabe und Opferbereitschaft der Völker und ihr religiöses Feuer waren erloschen und hatten einem aufkeimenden Nationalgefühl Platz gemacht.

Trotzdem hielt Sixtus IV. an seinem Plan fest und schickte seine Legaten an die Höfe Europas. Kardinal Borgia schiffte sich, mit beachtlichen Vollmachten ausgestattet, nach Spanien ein. In seinem Gepäck brachte er außer dem Kreuzzugsgedanken den Kardinalshut für denjenigen mit, der den Interessen des Heiligen Stuhls die besten Dienste zu leisten versprach. Er machte sich wenig Illusionen über seine Hauptaufgabe, den Türkenkrieg. Dafür hatte er es sich in den Kopf gesetzt, die verfeindeten Fürsten Spaniens miteinander auszusöhnen und ein gutes Wort für Juan II. von Aragon einzulegen, dessen große Mittelmeerflotte ihn zu einem wichtigen Bundesgenossen machte.

Borgia traf sich mit Ferdinand und ließ sich von dessen Charme beeindrucken. Am Hof Heinrichs IV. angelangt, besänftigte er die Gemüter und überreichte die hohe Gabe des Kardinalshuts, der auf den Rat des Königs auf dem Haupt eines Mendoza landete. Dadurch stand dieser mächtigen Familie nun auch der Weg zum höchsten Kirchenamt in Spanien offen. Später sollte

Mendoza sich seines Amtes würdig zeigen, wofür ihn das Volk dann den »dritten König Spaniens« nannte.

Als Kardinal Borgia nach einem Jahr die Heimreise antrat, hatte er zwar in der Kreuzzugsfrage nichts ausrichten können, aber die Saat für die vom Volk lang ersehnte Versöhnung war gestreut. Villena erkannte als einziger unter den Granden den Vorteil dieser Versöhnungspolitik, und er begriff, daß ihm in Ferdinand, der ihn an Hinterhältigkeit noch übertraf, ein gefährlicher Gegner entstanden war.

Trotzdem wäre vielleicht alles beim Alten geblieben, wenn sich nicht auch einige hervorstechende Persönlichkeiten der niederen Ränge eingemischt hätten; niemand kann heute sagen, ob Isabella, später eine treibende Kraft der Judenverfolgung in Spanien, ohne die Hilfe eines alten Juden namens Abraham überhaupt in den Besitz der Krone gelangt wäre. Abraham und ein *converso*, ein zum Christentum konvertierter, zudem höchst ehrgeiziger Jude, Andrés de Cabrera, ersannen einen raffinierten Plan und spannen dessen verwirrende Intrige bis in die feinsten Verästelungen.

Cabrera, der das volle Vertrauen des Königs besaß, bekleidete das Amt des Statthalters von Segovia, einem der wichtigsten und bestgehüteten Orte im Lande, weil er in seinen Mauern, im Alcazar, den Staatsschatz barg. Weiter wollte es der Zufall, daß Cabrera mit Beatrix de Bobadilla, Isabellas Jugendfreundin von Arevalo, verheiratet war! Jeder der beiden konnte also von seiner Warte aus in den Lauf der Geschichte eingreifen und einen Mechanismus ins Rollen bringen, der zwar hauptsächlich seinen Urhebern Vorteile bringen sollte und auch brachte, aber ungeahnte Auswirkungen hatte.

Zunächst galt es, Isabella von der Notwendigkeit einer Rückkehr an den Hof ihres Bruders zu überzeugen.

Dann mußte Heinrich IV.,für Gefühlsregungen immer empfänglich, die Sache so hingestellt werden, als habe sich seine Schwester zu einer reumütigen Unterwerfung durchgerungen; diese stellte in Wahrheit nur ein Glied in einem Plan dar, der eines Machiavelli würdig gewesen wäre.

Aber auch auf anderer Ebene bahnten sich Umschichtungen an. Villena hatte sich bei Hof in eine so uneingeschränkte Machtposition intrigiert, daß er den Neid einiger Rivalen weckte, die sich benachteiligt fühlten; sie fanden, daß ihm Zügel angelegt werden müßten. Das Lager teilte sich. Die Mendoza ließen insgeheim den König im Stich, liefen mit ihren Anhängern zu Isabella über und unterzeichneten am 15. Juni 1473 einen Pakt, für dessen Zustandekommen sich Cabrera die Landgebiete von Moya* übertragen ließ, die später zum Marquisat erhoben wurden.

Jetzt war die Zeit gekommen, die immer noch ahnungslose Isabella ins Bild zu setzen. Diese Aufgabe fiel der schlauen Beatrix zu. Ihre abenteuerliche Reise, in der Verkleidung einer Bäuerin auf einem Esel reitend, von Segovia nach Aranda, dem Aufenthaltsort ihrer ehemaligen Freundin, nimmt seither als Volksmärchen ein Kapitel in der spanischen Literatur ein. Beim Anblick der Jugendgespielin verzieh Isabella den vor Jahren an ihr verübten Verrat; sich Hals über Kopf in das von Beatrix beschriebene risikoreiche Unternehmen zu stürzen, schien ihr jedoch sehr gewagt. Erst auf Fürsprache Carrillos ließ sie sich zu dem Schritt bewegen, der dem Schicksal Spaniens eine neue Wende gab.

Eine unausrottbare Legende berichtet von einem triumphalen, vom Jubel des Volkes umtosten Einzug Isa-

---

* dem Stadtbezirk von Segovia zugehörig

bellas in Segovia. Die geschichtlichen Tatsachen sprechen eine andere Sprache. Im Morgengrauen des 27. Dezember 1473 schlüpfte sie verstohlen durch ein Seitentor in die schlafende Stadt. Heinrich IV., in völliger Unkenntnis der Vorgänge, ging mit einigen Freunden seiner Lieblingsbeschäftigung, der Jagd, nach. Vom Jubel der Bevölkerung konnte aber auch schon deshalb keine Rede sein, weil die Infantin allgemein als Verräterin an ihrem Bruder galt, die noch dazu in Unzucht mit dem König von Sizilien lebte. Ihr Einzug in die »feindliche Stadt« stellte ein Wagnis dar, dem Ferdinand vorsichtig fern blieb und für dessen Gelingen der königliche Statthalter von Segovia, Cabrera, bürgte; allerdings forderte er für diese Gefälligkeit ein fettes Pfand: die Übergabe des Töchterchens Isabella. Beispielhaft für die Verschiedenheit der Charaktere des Königspaares: Ferdinand war bereit, der kühnen Forderung nachzugeben, Isabella widersetzte sich.

Als Heinrich vom unerwarteten Eintreffen seiner Halbschwester erfuhr, reagierte er mit der ihm eigenen Großmut und brach die Jagd ab. Vielleicht glaubte er allen Ernstes an eine echte Versöhnung, jedenfalls kam es sehr schnell zu einem Wiedersehen der Geschwister. Im Gegensatz zu einer oft von den Chronisten vertretenen Meinung machte Isabella bei dieser ersten Begegnung sicher keinerlei Ansprüche geltend, die bei dem König, mag er noch so gutgläubig gewesen sein, sofort Verdacht erweckt hätten. Sie wußte, daß es klüger war abzuwarten, bis sich die Rädchen des Geheimpaktes in Bewegung setzten.

Heinrich gab zu Ehren seiner Schwester ein Bankett und durchschritt an ihrer Seite, die Zügel ihres Pferdes in der Hand, die Stadt. An Ferdinand, der im Hintergrund wartete, welche Entwicklung die Dinge nehmen würden, erging die Einladung, den Festlichkeiten beizuwohnen!

Nun darf aus diesen Gesten der Gewogenheit keinesfalls geschlossen werden, daß der König mit dem Gedanken spielte, Juanas beeidete Ansprüche zu schmälern. Vielmehr knüpfte er gerade zu dieser Zeit wieder Gespräche mit Alfons V. über die alten Heiratspläne mit seiner Tochter, der vollberechtigten Thronerbin, an.

Gerade diese versöhnlich-heitere Stimmung aber machte Villena, der die Menschen nach seinen eigenen Maßstäben maß, mißtrauisch. Hinter der ruhigen Fassade vermutete er das Komplott Mendoza-Cabrera und versuchte, seinem Herrn die Augen zu öffnen. Zur Unterstützung berief er sogar seinen ehemaligen Feind, Don Beltran de la Cueva, an den Hof. Wenig später wurde Heinrich nach einem Festessen, das Cabrera ihm zu Ehren gab, krank, glaubte sich vergiftet und begann nun selbst zu zweifeln. Villena bedrängte ihn, das Ehepaar Cabrera sofort töten zu lassen, Mendoza zu verbannen und Isabella mit ihrem Ehemann gefangen zu setzen. Der König schreckte vor derartig extremen Maßnahmen zurück, bevor er nicht wenigstens den Rat einberufen hatte, der dann wie immer geteilter Meinung war. Mendoza malte das Schreckgespenst eines landesweiten Aufstands an die Wand, und nichts geschah.

Kurz darauf starb Villena unerwartet, ein nie geklärtes Ereignis, welches das Land erneut in blutige Unruhen stürzte. Die Granden lieferten sich die rituellen Machtkämpfe um seine Nachfolge im Amt des Großmeisters von Santiago. Erzkatholiken und Conversos zerfleischten sich ihrerseits. Der König eilte dahin und dorthin, um die Ordnung wiederherzustellen, ohne daß es ihm je gelungen wäre. Abermals herrschte Chaos in Kastilien.

Eines Abends, Anfang Dezember 1474, als er sich in der Umgebung von Madrid aufhielt, wurde er von fürchterlichen Leibschmerzen heimgesucht. »Um den Tod König Heinrichs kreisten die verschiedensten Gerüchte«, ist bei Valera zu lesen, was bedeutet, daß man ein Verbrechen vermutete.

Was genau mag sich am Totenbett des schwer leidenden Monarchen zugetragen haben? Es wird berichtet, er habe Kardinal Mendoza auf die Frage, ob Juana seine Tochter sei, die Antwort verweigert. Palencia behauptet, seine letzten Worte seien gewesen: »Ich erkläre meine Tochter zur Erbin des Königreichs.«

Man sagt auch, er habe sein Testament hinterlassen, in dem dieser Wille schriftlich niedergelegt worden sei, und daß Ferdinand das Dokument später ins Feuer geworfen habe. Jedenfalls ist es spurlos verschwunden; die Zweifel blieben.

Heinrich IV., König von Kastilien und León, letzter männlicher Nachkomme des ältesten Zweigs der Trastamare, starb am 12. Dezember 1474, Opfer seines zu sanften Charakters in einer erbarmungslosen Zeit.

Fünftes Kapitel

# Eine merkwürdige Krönung

Ein guter Reiter brauchte fast vierundzwanzig Stunden, um die Entfernung von Madrid nach Segovia zurückzulegen.* Heinrich IV. war am 12. Dezember um zwei Uhr morgens gestorben. Ein Kurier namens Enrique de Ulloa vollbrachte die Leistung, diese unerwartete Neuigkeit bereits am folgenden Tag um die Mittagszeit in Segovia zu melden.

Ferdinand befand sich in Saragossa, ein glücklicher Zufall für Isabella, die allein zurückgeblieben war. Diesem Zufall hatte sie es zu verdanken, daß die Meinungsverschiedenheiten, die sich später unweigerlich zwischen ihrem Gatten und ihr einstellen sollten, nicht schon jetzt zum Ausbruch kamen und sie ihrer Handlungsfreiheit beraubten.

Sie war erst dreiundzwanzig Jahre alt, doch die Prüfungen, die hinter ihr lagen, hatten ihren Charakter gestählt und sie zu raschen Entscheidungen befähigt. In dieser Schicksalsstunde zauderte sie nicht eine Minute. Die Alternative stand klar vor ihren Augen: Entweder erreichte sie den höchsten Gipfel oder sie lag im Staub. Mit erstaunlicher Schnelligkeit ergriff sie die Initiative.

Nichts vermochte sie zurückhalten: Weder der Verlust eines Bruders, den sie im Grunde immer verachtet

---

* nach Angaben von Palencia

hatte, noch die Abwesenheit eines Gatten, dessen Unterstützung sie nicht brauchte, noch die Gesetze des Königreiches, die eine Zustimmung der Cortes, der Kirchenfürsten und Granden zur Voraussetzung machten, und noch viel weniger das Vorhandensein einer legitimen Thronerbin. Noch nie war die Macht von einem Monarchen ergriffen worden, der über so wenig Garantien verfügte und von derart mittelmäßigen Parteigängern wie Cardenas und Cabrera umgeben war.

Schon kurz nach Bekanntwerden der Neuigkeit zeigte sich Isabella dem Volk in Weiß, der Farbe der königlichen Trauer, begab sich in die Kathedrale von Segovia und ließ zum Gedächtnis an den Verblichenen eine Messe zelebrieren. Menschengruppen rotteten sich zusammen, und erste Beifallsrufe wurden laut. Nachdem sie den sofortigen Bau einer Tribüne angeordnet hatte, zog sie sich in den Alcazar zurück, über den Cabrera als Statthalter von Segovia und Marquis von Moya verfügte.

In den ersten Morgenstunden des folgenden Tages rief ein Trompetenstoß und der Klang von Pauken und Pfeifen die Bevölkerung auf dem Festungsvorplatz zusammen. Staunenden Auges sah sie die Tore des Alcazar sich langsam öffnen. Auf der Schwelle erschien eine Traumgestalt. Einer Feenkönigin gleich glitt die blonde Königin mit den himmelblauen Augen auf einem weißen, mit goldenem Zaumzeug gesattelten Schimmel reitend, feierlich auf sie zu, auch sie in wallende weiße Stoffe und Hermelin gehüllt. Die zauberhafte Erscheinung war über und über mit den kostbaren Juwelen des Kronschatzes geschmückt. Wie ein Schleier umhüllten die herrlichen, goldschimmernden Haare ihr Haupt und gaben dem Bild etwas fast Unwirkliches. Ihre Schönheit und ihre natürliche Majestät allein schienen ihr eine Legitimität zu verleihen, gegen die keiner der Anwesenden Widerspruch zu erheben wagte.

Beschirmt von einem goldenen Baldachin, von vier ebenfalls in Weiß gekleideten Edelleuten getragen, ritt sie zur Tribüne und erklomm die Stufen. Jetzt, in der atemlosen Stille der Menge, ergriff sie die Krone von Kastilien aus den Händen eines vor ihr knienden Herolds und setzte sie sich selbst aufs Haupt! Dann erhob sie die Hand zum Schwur, um zu beeiden, daß sie sich verpflichte, die Gesetze des Reiches — die sie mit ihrer Geste aufs Schwerste verletzte — zu erhalten und zu respektieren.

Zum zweiten Mal schmetterten die Trompeten und die Versammelten riefen: »Kastilien! Hoch! Kastilien!«

Der Tradition gemäß überreichte Cabrera der jungen Königin die Schlüssel der Stadt, worauf der Krönungszug den Rückweg zum Alcazar antrat. Entgegen späteren Behauptungen wohnte keiner der Granden dieser ungewöhnlichen Feier bei. Palencia notiert, daß Cardenas »als Einziger zu Pferd allen anderen vorausritt, mit der Rechten das Schwert der Justiz an der Spitze tragend, den Griff nach oben gerichtet, um nach spanischem Brauch allen Anwesenden, auch den am weitesten entfernt stehenden, anzukündigen, daß diejenige naht, die kraft ihres königlichen Amtes in der Lage war, schuldig Gewordene zu strafen.«

Noch nie hatte eine Frau dieses gefürchtete Symbol verkörpert.

Isabella ruhte sich nicht auf den eben geernteten Lorbeeren aus. Obgleich sie in Wirklichkeit nur über geringe Mittel und wenig Anhänger verfügte, stellte sie die Welt durch unverzüglich getroffene Maßnahmen vor vollendete Tatsachen. Noch am selben Tag ritten Boten von Segovia aus ins ganze Land, um die Kunde über die erfolgte Krönung zu verbreiten und gleich von vornherein die abzusetzen, die ihr die Anerkennung zu verweigern wagten, nebenbei ein ausgezeichnetes Mittel, den Samen der Zwietracht in die Wespennester des Hochadels und der hohen Geistlichkeit zu senken.

Erst drei Tage nach den geschilderten Ereignissen beliebte es Isabella, ihren Gemahl auf ganz beiläufige Art davon in Kenntnis zu setzen! Nachdem sie ihm kurz ein Bild der Lage gezeichnet hatte, fügte sie harmlos hinzu, daß seine Anwesenheit nicht unnütz wäre, wobei sie es ganz in seine Hände lege zu entscheiden, was unter den in Aragon herrschenden Umständen, die sie ja nicht kenne, das beste sei.

Am 17. Dezember ließ sich der Edle Gomez Manrique beim König von Sizilien in Saragossa melden und überreichte ihm »offiziell« die Nachricht vom Tod seines Schwagers und von der Thronbesteigung seiner Frau. Aber Ferdinand war längst unterrichtet. Carrillo, der Erzbischof von Toledo, durch seine Mittelsmänner auf dem laufenden gehalten und nach wie vor der aragonesischen Partei treu ergeben, war Isabella zuvorgekommen. Er drängte Ferdinand, den er mit dem Titel König von Kastilien anredete, nach Segovia aufzubrechen und dort die Dinge selbst in die Hand zu nehmen.

Palencia berichtet, er sei zugegen gewesen, als der junge Fürst die Todesnachricht erhielt und könne bezeugen, daß dieser ehrliche Trauer über den Verlust seines Schwagers empfunden habe — ganz im Gegensatz zu seiner Gemahlin. Vielleicht hatte er tatsächlich mehr Verständnis für die charakterlichen Vorzüge des verstorbenen Königs. Wahrscheinlicher ist, daß er sich mit dieser Gefühlsäußerung betont in Opposition zur neuen Königin setzen wollte.

Daß er sich bitter gekränkt, in seinem Mannes- und Königsstolz verletzt und, schlimmer noch, in seinen geheimen Ambitionen verraten fühlte, stand außer Zweifel. Die den Traditionen widersprechende Krönung empörte ihn, und der Gedanke an ein vor einer Frau hergetragenes Justizschwert war ihm unerträglich.

Aus seiner Reaktion ist deutlich abzulesen, wie sehr sich seine Persönlichkeit von der der Königin unterschied. Ferdinands erster Schritt bestand darin, Palencia und einen namhaften Juristen, Alfonso de la Caballeria, zu befragen, ob das von Isabella angewandte Verfahren überhaupt rechtskräftig sei.

Die Antwort scheint zu seinen Gunsten ausgefallen zu sein, denn sein zweiter Schritt war, Kastiliens Krone für sich zu beanspruchen, da, wie er vorgab, eine Frau die Regierung nicht ausüben könne und er, als Vertreter der Nebenlinie der Trastamare, der nächste männliche Verwandte des Verstorbenen sei. Schließlich aber sei es Sache des Mannes, in seiner Ehe das Zepter zu führen. Damit ist erwiesen, daß Ferdinand nie die Absicht hatte, die zweifach aufgestellten und beschworenen Klauseln der berühmten »Heiratskonvention« einzuhalten.

Er verließ Saragossa in strömendem Regen und nahm sofort nach Grenzübertritt den Titel eines Königs von Kastilien an. Vorsichtig, wie er war, nahm er drei Tage in Turegano, einer kleinen Stadt in der Nähe von Segovia, Aufenthalt, um die Lage zu sondieren.

Aber Isabella hatte sich wohl gehütet, tatenlos auf seine Ankunft zu warten. Seit dem 27. Dezember war es ihr durch großzügige Versprechungen gelungen, eine Art *confederatión* um sich zu scharen, welcher sich bereits der Kardinal de Mendoza, der Konnetabel de Haro, Admiral Enriquez sowie der mächtige Graf von Benavente angeschlossen hatten, letzterer aus Liebe zu Beatrix Bobadilla. Der Marquis de Santillana und Graf von Alba handelten ihren Beitritt gegen die Verleihung eines Herzogtums aus.

Am sonderbarsten war das Verhalten von Don Beltran de la Cueva. Der angebliche Vater der rechtmäßigen Königin machte keinerlei Anstalten, die Interessen seiner Tochter wahrzunehmen. Statt dessen setzte er ein Memorandum an Isabella auf, in welchem er »unsere erlauchte Königin dringend ersucht, dem Herzog von Albuquerque (sein Titel seit seinem Verzicht auf das Großmeisteramt) die Dinge zukommen zu lassen, die er rechtens beansprucht«. Es folgte eine ganze Liste von »Dingen« und Don Beltran unterwarf sich erst, als ihm diese Dinge unter Eid zugesagt worden waren.

Angesichts dieser Sachlage war für Ferdinand nichts auszurichten. Freunden, die ihm rieten, Gewalt anzuwenden, antwortete er, daß er mit Geduld zu siegen hoffe und sicherer zum Ziel zu gelangen glaube, wenn er seinen ehelichen Pflichten mit Eifer nachkomme.

Am 2. Januar 1475 traf er endlich in Segovia ein, um festzustellen, daß mit seiner Frau nicht zu reden war. Sie beharrte darauf, Herrin im Haus wie Herrin im Königreich zu bleiben. Erst als er drohte, auf der Stelle nach Aragon zurückzureisen, erklärte sie sich bereit, die Frage dem Schiedsspruch des Kardinals Mendoza und dem des Erzbischofs von Toledo zu unterwerfen. Beide ergriffen Isabellas Partei, was besonders von Carrillo überraschte, weil er seit Jahren die Interessen Aragons vertrat.

Erneut sprach Ferdinand von Abreise, und die Königin hatte alle Mühe, ihn zurückzuhalten. Sie war zwar eine heftige Natur, konnte aber auch mit Diplomatie zu Werke gehen. So machte sie ihrem Mann begreiflich, daß der Ehevertrag ihn keineswegs um seine Rechte bringe und daß er, wenn er die Frauen von der Thronfolge ausschließe, seiner eigenen Tochter den Weg zur Krone verbaue. Ferdinand ließ sich überzeugen.

Diese ehelichen Zwiste waren nicht Isabellas einzige Sorgen. Viel schwerwiegendere gingen von Prinzessin Juana aus, die damals noch kein Mensch die Beltraneja nannte, und die der junge Villena, an die feierlich beschworenen Erklärungen Heinrichs IV. anknüpfend, zur Königin von Kastilien ausrief. Von diesem Schritt hielt ihn nicht einmal die in Aussicht gestellte Großmeisterwürde ab.

Wie verhielten sich die Granden in dieser Frage? Sie hatten es sich seit Jahrhunderten zur Gewohnheit gemacht, in zwei Lager gespalten die Monarchie in die Zange zu nehmen und sich auf ihre Kosten zu bereichern. Genauso handelten sie jetzt, allerdings mit dem überraschenden Ergebnis, daß die Partei, die unlängst Isabellas Ansprüche unterstützt hatte, zu Juana und Villena hinüberwechselte, während ihre ehemaligen Gegner plötzlich auf ihre Seite traten.

Carrillo gab den Ton an. Isabella gehörte zu den Fürstinnen, die es nicht vertragen können, ihren Ratgebern Dank zu schulden, noch denen verzeihen, die alles für sie taten. Außerdem warf sie dem Prälaten vor, daß er versucht hätte, sie der Vormundschaft ihres Mannes auszuliefern. Der Erzbischof begriff sehr rasch, daß für ihn keine Aussicht bestand, über seine ehemaligen Schützlinge irgendwie Macht auszuüben. Auch die Verleihung des Kardinalshutes an Mendoza erweckte seinen Unmut. Er leitete den Bruch damit ein, daß er sieben wichtige Ämter für sich beanspruchte. Isabella weigerte sich, den unverschämten Kirchenfürsten zu einer Aussprache zu empfangen. So blieb es Ferdinand überlassen, ihm zu bedeuten, daß seine Forderungen unannehmbar seien.

»Wie?« zeterte Carrillo außer sich vor Wut. »Ich habe sie vom Spinnrocken weggeholt! Ich werde sie auch wieder dahin bringen, wo sie herkam!« Und verschwand nach Alcala.

Jetzt wurde Isabella unsicher. Sie schickte einen ihrer Vertrauten aus mit dem Auftrag, den Unversöhnlichen zu beschwichtigen. Der Botschafter kehrte mit einer Drohung an den Hof zurück. Einem zweiten Abgesandten, dem Grafen von Haro, der Carrillo den persönlichen Besuch der Königin ankündigte, erging es nicht anders. Seine Antwort lautete, daß er sich ihr mit Waffengewalt entgegenstellen werde, falls sie sich den Stadtmauern von Alcala nähere. Ihre Undankbarkeit habe alle Grenzen des Zumutbaren überschritten.

Ein letzter, ebenso vergeblicher Schlichtungsversuch wurde von dem achtzigjährigen König Juan von Aragon unternommen.

In diesen Kleinkrieg hinein platzte die Neuigkeit von König Alfons' V. Absicht, die Nichte seiner ehemaligen Verlobten, Juana, dreizehn Jahre alt, zu ehelichen und sie, trotz der Einwände des Erzbischofs von Lissabon, des Herzogs von Braganza und der meisten portugiesischen Feudalherren zur Königin von Kastilien auszurufen. Es war das Zeichen, auf das Carrillo gewartet hatte. Er ging mit fliegenden Fahnen und fünfhundert Lanzen in das portugiesische Lager über und bekannte sich offen zu Juana als der »erlauchten Königin von Kastilien«

Damit nicht genug. Burgos, León, Madrid, Toledo, Alcalá, Sevilla fielen von dem Königspaar ab und sprachen sich für die Beltraneja aus. Nur Isabellas unermüdliche Energie, gekoppelt mit Ferdinands Schlauheit, bewahrte sie damals vor dem Untergang. Ihre Lage schien so aussichtslos, daß die »treue Freundin«

Beatrix de Bobadilla auf Anregung ihres Ehemanns Cabrera zum zweiten Mal die Infantin Isabella als Pfand für die Schlüssel zum Kronschatz im Alcazar verlangte! Diesmal blieb der Königin nichts anderes übrig, als nachzugeben.

***

Alfons V. von Portugal wurde nachgesagt, der letzte König des Mittelalters gewesen zu sein, der Mut, ritterlichen Geist, Ehrgefühl, Eroberungslust und Schlachtenglück in sich vereinte. Sein weit über die Grenzen des Landes gedrungener Ruhm, seine Siege in Afrika, sein sprichwörtlicher Reichtum, vor allem aber sein wohlverdienter Beiname »der Edelmütige« machten ihn zu einem der angesehensten Herrscher Europas. Jetzt, in seiner zweiten Lebenshälfte, fand er Gelegenheit, sich als Streiter für eine gerechte Sache auszuzeichnen und nebenher noch das größte Königreich der Iberischen Halbinsel zu annektieren. Eine verlockende Perspektive.

Trotzdem fehlte es nicht an Warnungen. Konnte er sich ernsthaft auf den übergelaufenen kastilischen Adel verlassen, dem es auf einen Vertrauensbruch mehr oder weniger nicht ankam? Durfte er auf seine eigenen Vasallen zählen, von denen mehrere mit dem geplanten Unternehmen nicht einverstanden waren? Aber Alfons stellte sich taub. Bereits am 8. Januar 1475 ließ er Isabella ein Schreiben überbringen, in welchem schwarz auf weiß zu lesen stand, daß er die Prinzessin Juana, gesetzmäßige Thronerbin Heinrichs IV., zur Frau zu nehmen gedenke und somit von nun an den Titel König von Kastilien tragen werde.

Isabella war verhandlungsbereit und schlug vor, in

der Sache noch einmal einen Schiedsspruch einzuholen. Kardinal Mendoza griff als Vermittler ein, und weitere Vorstöße in Richtung des Erzbischofs von Toledo wurden unternommen. Vergebliche Liebesmüh, Alfons V. wollte Krieg. Im Mai desselben Jahres eröffnete er den Feldzug an der Spitze eines Heeres von fünftausendsechshundert Berittenen und vierzehntausend Mann Fußvolk.

Am 12. Mai 1475 zog er in Plasencia ein, wo der junge Villena ihm als Siegesgabe die Infantin Juana auslieferte. Anstatt nun den siegreichen Feldzug fortzusetzen, vertat er seine Zeit mit glänzenden Festen, die er anläßlich seiner Hochzeit mit seiner Nichte gab. Mit dem Vollzug der Ehe wartete er allerdings, gewissenhafter als seine Rivalen, auf den päpstlichen Dispens, da es sich wieder um eine Heirat unter Verwandten handelte.

Juana veröffentlichte ein langes »Manifest an ihre lieben Untertanen«, in dem sie ihre ererbten Thronrechte unterstrich und die verschiedenen, mit feierlichem Eid beschworenen, dann gebrochenen Verträge aufzählte.

Während ihre Gegner kostbare Zeit vergeudeten, zog Isabella durch das Land, von Stadt zu Stadt, von Ort zu Ort, rüttelte unermüdlich das Volk auf und warb mit glühenden Worten für ihre Sache. Damit erwies sie sich als die bessere Kennerin der kastilischen Volksseele. Überall weckte die junge Frau, die wieder hochschwanger war, mit ihrem Mut, ihrer mitreißenden Leidenschaft wie ihrer Redegewandtheit Bewunderung und Zuneigung. Ferdinand machte sich stillschweigend auf seinem Gebiet nützlich. In einem Monat hatte er vierzigtausend Mann zusammengetrommelt, schlecht ausgerüstet und unerfahren im Kampf, aber immerhin vierzigtausend Mann. Dann ging er daran, aus diesem ungeordneten Haufen eine einer Armee ähnliche Truppeneinheit zu schmieden. Ferdinand im Feld, Isabella wochenlang unterwegs oder um die Regierungsgeschäfte besorgt, die sie um keinen Preis aus den Händen geben wollte . . . Das ging über ihre Kräfte. In Tordesillas kam sie, völlig erschöpft, mit einem totgeborenen Kind nieder.

Unterdessen setzte Hernando del Pulgar eine Antwort gegen das Manifest von Prinzessin Juana auf, die sich ihrerseits Königin von Kastilien nannte. Geschickt wies er auf den früheren Schiedsspruch der Kirchenfürsten Mendoza und Carrillo hin, wodurch er die Frage auf eine moralische Ebene rückte, auf welcher Alfons V. besonders empfindlich war. »Die Stimme des Volkes gleicht der Stimme Gottes«, schrieb er. »Gott zurückweisen hieße, die Sonnenstrahlen mit dem Blick unserer Augen zähmen wollen.« Außerdem wies er den König von Portugal auf die Fragwürdigkeit seiner Verträge mit den unzuverlässigen kastilischen Granden hin. Er begäbe sich in ihre Hände, und wenn er den Sieg davontrage, müsse er sich ihren Forderungen beugen, »was nicht Art eines Monarchen ist, der herrscht und kommandiert«.

Pulgar schloß sein Schreiben, indem er die Schrekken des Krieges in den düstersten Farben heraufbeschwor. »Krieg bringt Feuer und Zerstörung, Diebstahl und Plünderung, Vergewaltigung und Entweihung mit sich.« Die Kriegführung zwinge ihn, den König, seine portugiesischen Untertanen mit »unverdienten Steuern, Abgaben und Dienstleistungen zu erdrücken, die . . . Euer Gewissen belasten und Eure Autorität im Volk untergraben!«

Und eine letzte Warnung: »Überlegt es Euch wohl,

bevor Ihr diesen Krieg beginnt, denn einen Krieg beginnen kann jeder, ihn siegreich beenden, nicht.«

Alfons war zu gewissenhaft und vorsichtig, um sich dieser Argumentation zu entziehen oder gar seinen kastilischen Verbündeten gegenüber nicht auf der Hut zu sein. Im übrigen aber ließ er sich von seinen Plänen nicht abbringen, nur ging er mit einer Umsicht ans Werk, die an Unentschlossenheit grenzte und ihn schließlich um den Sieg brachte.

Er glaubte sich durch den Beistandspakt mit Ludwig XI. genügend abgesichert, und zunächst schien ihm der Erfolg Recht zu geben: Zamora öffnete ihm die Tore, was Ferdinand an der Spitze seiner unerfahrenen Armee zu dem Vorschlag veranlaßte, die Angelegenheit nach alter Väter Sitte im Zweikampf auszumachen. Alfons, der voraussah, daß er gegen den jugendlichen Hünen nichts würde ausrichten können, verlangte zusätzlich, Isabella und Juana als Geiseln auszutauschen. Der Vorschlag kam nicht zur Ausführung.

Wenig später mußte Ferdinand erneut bei Toro die Waffen strecken und um die Eröffnung von Unterhandlungen bitten.

Der »Afrikaner«, der sich tausend unerwarteten Schwierigkeiten gegenüber sah, willigte unter der Bedingung ein, daß ihm Toro, Zamora sowie die Provinz Galizien überlassen würden. Ferdinand war zur Unterschrift bereit, aber er hatte nicht mit der Entschlossenheit seiner Frau gerechnet.

»Nicht eine Zinne!« rief sie stirnrunzelnd aus. Das Wort sollte ihr zum Leitspruch werden, wenn es auch das unmittelbare Problem nicht löste.

Diesmal war es Mendoza, der dem mittellosen, jungen Königspaar beisprang, indem er einen ganzen Berg silberner und goldener Altargeräte einschmelzen ließ.

Die strenggläubige Isabella schreckte zuerst vor dem gottlosen Opfer zurück, ließ freilich dann doch ihre Kämpfernatur siegen. Die dreißig Millionen Maravedis erlaubten es ihnen endlich, frische Truppen auszuheben, und das zu einem Zeitpunkt, als Alfons bereits eine Siegesbotschaft an Ludwig XI. richtete. Der »afrikanische Löwe« redete von Sieg und traute sich nicht einmal, von Zamora und Toro aus ins Herz von Kastilien vorzudringen! Die Verbindung nach Portugal für einen vielleicht notwendigen Rückzug wurde ihm zur fixen Idee. Ferdinand dagegen hielt seine Truppen in Bewegung, und es gelang ihm, Burgos zu besetzen.

Isabella stellte für sich allein die geballte Kraft einer ganzen Armee dar. Kaum war Burgos gefallen, war auch sie schon auf dem Weg dorthin, um die Königstreue ihrer Anhänger wachzurütteln. Von dort aus stürmte sie weiter nach Toledo, León und Valladolid und richtete schließlich ihr Hauptquartier in Tordesillas ein.

Das Blatt begann sich zu wenden. Der Kommandant von Zamora lieferte Ferdinand die Schlüssel der Festung aus. Wenig später standen sich die Armeen bei Toro gegenüber. Alfons, der zur rechten Zeit Verstärkung durch seinen Sohn Juan erhalten hatte, verfügte über eine leichte Übermacht und bessere Bewaffnung.

»Laßt Euch nicht einschüchtern, weicht dem Kampf nicht aus,« riet Mendoza, den Isabella dem jungen Monarchen geschickt hatte. »Marschiert geradewegs auf ihn (Alfons) zu und vertraut auf Gott, der alle Siege in den Händen hält und Euch den Euren schenken wird, so Ihr ihn verdient!«

Die Schlacht von Toro, die einzige große und entscheidende dieses Krieges, fand am 1. März 1476 statt. Mehrere Stunden lang wogte sie unentschieden hin und her und forderte einen hohen Blutzoll: zehntausend Mann, eine für die damalige Zeit erschreckende Anzahl. Die beiden Kirchenfürsten Mendoza und Carrillo, jeder als Gegner seiner ehemaligen Schützlinge, schlugen sich mit verbissener Kampfeswut.

Wer trug den Sieg davon? Fest steht nur, daß er von beiden Seiten beansprucht wurde. Allerdings verließ der König von Portugal unerwartet das Schlachtfeld und zog sich nach Castromina zurück, wo er zur großen Entrüstung des Stadtkommandanten in tiefen Schlaf fiel. Wahrscheinlich war es eher psychische als physische Erschöpfung, die ihn niederstreckte. Alfons mußte erkannt haben, daß weder die portugiesischen Reichtümer noch die Intrigen des kastilischen Hochadels der ihm am Herzen liegenden Sache zum Sieg verhelfen konnten.

Während er sich seinen Grübeleien hingab, hetzte bereits ein Kurier mit der Siegesbotschaft zu Isabella, die sofort die Kirchenglocken der Stadt läuten und in der Paulskirche von Tordesillas ein Te Deum anstimmen ließ, dem sie barfüßig beiwohnte. Siegesfeste wurden gefeiert. Bevor die Wahrheit über den zweifelhaften Schlachtenausgang durchsickerte, war die Nachricht über ihren Triumph bereits in die entlegensten Orte des Königreichs gedrungen und hatte alle Welt überzeugt.

Carrillo, der unberechenbare Erzbischof von Toledo und wichtigste Bundesgenosse des Königs von Portugal, ließ diesen wieder im Stich, und bald folgten die anderen seinem Beispiel.

Trotzdem gab Alfons seine Pläne nicht auf, nur gedachte er jetzt Mittel zu wählen, bei denen er nicht auf die Treue der »hundertfach Meineidigen« zu zählen brauchte. Nachdem er die Grenzen seines Reiches befestigt hatte, verließ er mit Juana den kastilischen Boden. Ahnungslos bewirkte er mit dieser Fehlentscheidung, weit eher als mit dem Schlachtenausgang von Toro, das Gegenteil seiner Hoffnungen: Sie sicherte Isabella und Ferdinand das umkämpfte Königreich.

Sechstes Kapitel

# Das Sühneopfer

Die neuen Wege, an die Alfons V. dachte, wiesen nach
Frankreich, zu seinem Verbündeten Ludwig XI., auf
den er seine letzten Hoffnungen baute. Vorerst kehrte
er nach Portugal zurück und übergab in Abrantés seine
junge Ehefrau der Obhut seiner Familie. Dieser Grenz-
überritt bedeutete für Juana so etwas wie einen Schritt
vom Scheinwerferlicht in den Schatten der Geschichte,
denn sie sollte Kastilien, dem sie als Königin bestimmt
war, nie wiedersehen.

Alfons stach in See und wurde kurz danach in Frankreich mit »von übertriebenem Wohlwollen getragenen Ehren empfangen, die in solchen Fällen die Vorboten eines
Fehlschlags darstellen«. Er personifizierte, was man einen
vollkommenen Ehrenmann nennen würde, gerade und
aufrecht, ohne jeden Falsch und in diplomatischen Intrigen
völlig unbewandert. Ludwig XI. war als das genaue Gegenteil gefürchtet. Dem französischen König war es nicht
unrecht, den braven Ritter aus dem südlichen Reich für
seine eigenen politischen Interessen einzuspannen, doch
dachte er nicht im entferntesten daran, seine Truppen für
ihn in Spanien einzusetzen. Alfons V. von Portugal, ein na-
her Verwandter Karls des Kühnen, erklärte sich bereit,
sich um eine Schlichtung der Streitfragen zwischen Frankreich und Burgund zu bemühen. Dies trug ihm wenig mehr
als einen Schwall freundlichster Dankesworte ein.

Immerhin ließ sich Ludwig XI. herbei, seinen Einfluß zugunsten der Heiratspläne des portugiesischen Königs beim Papst geltend zu machen; der erteilte trotz heftiger Proteste Isabellas schließlich seinen Dispens. Anfang Januar 1477 aber kam Karl der Kühne bei Nancy in einer Schlacht um, die dem Burgunderreich ein Ende setzte und Frankreich von einem Problem befreite. Man konnte es sich leisten, auf die Dienste Alfons' V. zu verzichten und ihn mit den Zeichen höchster Verehrung in seine Heimat abzuschieben.

Die Erfahrungen dieser Reise erfüllten ihn dermaßen mit Verbitterung und Ekel vor der Menschheit, daß er daran dachte, zugunsten seines Sohnes auf die Krone zu verzichten und den Rest seines Lebens als Mönch im Heiligen Land zuzubringen. Sowohl der Erbprinz wie auch der Hochadel des Landes wiesen das Vorhaben zurück, doch steht fest, daß von diesem Moment an der Thronanwärter die Regierungsgeschäfte übernahm.

Juan von Portugal war, wie die meisten Prinzen seiner Zeit, auf Schlachtfeldern groß geworden und als vorzüglicher Streiter bekannt. Doch in Übereinstimmung mit den portugiesischen Vasallen war er für die Einstellung der Kampfhandlungen gegen Kastilien, von denen nichts zu erhoffen war. Alfons protestierte. Er konnte es mit seiner Ritterehre nicht vereinbaren, die so ungerecht behandelte junge Frau, die er seinem Schutz unterstellt hatte, sich selbst zu überlassen. Es gelang ihm, auf eigene Faust eine kleine Armee auszurüsten und nach Kastilien zu schicken, aber sie wurde schon nach kurzer Feindberührung aufgerieben.

Inzwischen waren ernsthafte Friedensgespräche im Gange. Kardinal Mendoza wirkte von kastilischer Seite aus als Vermittler zwischen den beiden Parteien, während Prinz Juan heimlich mit einer einflußreichen Tante

Isabellas, der Infantin Beatrix, Verbindung aufnahm. In diesen Verhandlungen war und blieb Prinzessin Juana das eigentliche Problem. Keine der infamen Verleumdungen hatte es fertiggebracht, ihre legitimen Thronansprüche auszulöschen.

Nun gab es in Spanien eine seltsame Tradition. Wenn der Vertreter eines morganatischen Familienzweigs oder auch nur der Sieger in einem Stammeskonflikt die Krone an sich gerissen hatte — was bei den Trastamare der Fall war —, so konnte er seine Macht dadurch legalisieren, daß er sich mit dem rechtmäßigen Thronanwärter verband.

1478 hatte Isabella einem lebensfähigen Sohn das Leben geschenkt, der auf den Namen Juan getauft worden war und den wir, zur Unterscheidung von dem portugiesischen Prinzen Juan, Don Juan nennen werden. Warum nicht das unlösbare Problem durch eine Ehe zwischen diesem Knaben und Juana umgehen, eben der Beltraneja, die sie meist selbst mit »Bastard« zu bezeichnen pflegte? Ja, warum eigentlich nicht? Gelangte Juana dann nicht nach ihrem, Isabellas, Tod dank dieser Ehe endlich zum Titel Königin von Kastilien?

Außer Alfons fand niemand etwas an diesem seltsamen Vorschlag auszusetzen, und auch er mußte sich schließlich schweren Herzens dazu durchringen, seine unberührte junge Frau freizugeben.

Endlich, im Jahr 1479, kam es zu einem mühselig ausgearbeiteten Vertrag zwischen den Herrschern von Kastilien und Portugal. Er enthielt für beide Seiten zahlreiche, Punkt für Punkt ausgehandelte Bedingungen. Eine davon lief darauf hinaus, daß die Prinzessin Juana auf ihre Titel und Anrechte verzichtete, bis sie der Infant Don Juan im Alter von sieben Jahren »auf

Ehr und Versprechen« und im Alter von vierzehn Jahren tatsächlich heirate.

Sollte Juana diese Eheschließung verweigern, so war sie gezwungen, den Schleier zu nehmen, sie durfte des weiteren keine andere Ehe eingehen. Bis zum entscheidenden Zeitpunkt – in sechs Jahren – würde sie ihrer Großtante, der Infantin Beatrix, anvertraut, und »sämtliche Schriften und Dokumente, die ihre Ansprüche auf die Königreiche von Kastilien und León betrafen«, gingen in den Besitz der Herrscher von Kastilien über.

Um die Versöhnung zwischen den beiden Königreichen zu besiegeln, wurde außerdem eine Heirat zwischen dem Sohn des Prinzen Juan von Portugal und der ältesten Tochter des kastilischen Königspaares beschlossen.

Dieses komplizierte Vertragsgeflecht schien jedermann zu befriedigen. Alfons V. beugte sich dem Mehrheitswillen. Die einzige, die niemand um ihre Meinung gefragt hatte und die doch im Mittelpunkt der Diskussionen stand, Juana, lehnte das Machwerk ab. Die siebzehnjährige, machtlose junge Frau, der weder Reichtümer noch Armeen zur Verfügung standen, beharrte darauf, einzig auf Grund ihrer angeborenen Rechte und nicht dank irgendwelcher Vertragsklauseln zu regieren.

Ihre Weigerung konnte jedoch am Lauf der Geschichte nichts ändern. Die Zeit der souveränen Staatsräson war angebrochen und mit oder ohne Zustimmung des Waisenkindes lag eine Annäherung künftig im Interesse der beiden Monarchien. Der Vertrag komme zur Anwendung, hieß es; Juana würde aus dem weltlichen Leben scheiden und hinter Klostermauern verschwinden. Alfons V. hoffte, seine Unterwerfung unter den Willen der Allgemeinheit gutmachen zu können, indem er ihr den Titel »Erlauchte Dame« verlieh.

Am 12. Oktober 1480 nahm sie den Schleier, oder besser gesagt, er wurde ihr aufgezwungen. Nach den Berichten des Chronisten Ruy de Pina spielte sich die Szene wie eine Tragödie ab, denn sie habe die ganze Nacht hindurch so bittere Tränen vergossen, als handele es sich um ihr eigenes Begräbnis anstatt um ihre Trauung mit dem Herrn Jesus-Christ. Noch im letzten Moment sei es zu einer Szene des Aufbegehrens gekommen, und wer weiß, wie sie geendet hätte, wenn es nicht Prinz Juan gelungen wäre, sie durch die Aussicht auf eine spätere Befreiung aus dem Gelübde zu beruhigen.

Die Zeremonie entsprach tatsächlich nicht den Kirchengesetzen, da sie ganz offensichtlich unter Zwang stattfand und daher keine Gültigkeit hatte. Trotzdem soll sie auf die rituellen Fragen der Äbtissin Dona Margarita de Menes geantwortet haben, daß sie aus freien Stücken und »ohne Widerspruch von ihr selbst oder anderen« in den Orden von Santa Clara eintrete, um darin ihr Leben zu beschließen.

Die Dokumente, die ihre Thronrechte belegten, wurden vereinbarungsgemäß der Infantin Beatrix übergeben und verschwanden spurlos, wie zu erwarten war.

Alfons V. konnte es sich nie verzeihen, an einer Tat mitgewirkt zu haben, die der alten Ritterehre so schändlich widersprach. Von Reue geplagt, starb er am 18. August 1481 im Alter von nur neunundvierzig Jahren. Sein Sohn bestieg unter dem Namen Juan II. den Thron von Portugal.

Der junge Monarch wäre nicht ein echtes Kind seiner Zeit gewesen, wenn er sich nicht wiederholt der kostbaren Geisel, der das Kloster von Santa Clara tatsächlich ziemlich viel Freiheit ließ, als Druckmittel bedient hätte. Im Laufe der Jahre läuterten sich jedoch die Usurpatoren, brachten es zum Titel der »Katholischen Könige« und in der Folge so weit, daß die unglückliche Rivalin keine Gefahr mehr für sie darstellte. Von 1493 an erhielt Juana die Erlaubnis, sich in Lissabon aufzuhalten.

Doch zwei Jahre später, als Kardinal Mendoza im Sterben lag, wurde die Ordensfrau aus Lissabon noch einmal zum Problem für Isabella. Der Prälat machte sich auf der Schwelle des Todes Vorwürfe über das an Juana begangene Unrecht, an dem er so großen Anteil hatte. Er beschwor die Königin, das alte Abkommen von 1479 in Anwendung zu bringen und ihren Sohn mit der Beltraneja zu verheiraten.

»Man könnte annehmen, daß der alte Kardinal langsam anfängt, den Verstand zu verlieren«, war die einzige Antwort. Mendoza verstarb, ohne die längst vergangene Sünde wiedergutmachen zu können.

Verschiedene Verschwörungen sind noch verknüpft mit dem Namen der Nonne, die sich weiterhin eigensinnig Königin von Kastilien nennen ließ und dadurch eine ständig über Isabella und Ferdinand schwebende Gefahr darstellte. Trotz ihrer Anstrengungen gelang es ihnen nie, den König von Portugal zur Herausgabe seines Schützlings zu bewegen, den Isabella als Elfjährige über die Taufe gehalten hatte.

Als alles nichts nützte, griff sie zu den äußersten Mitteln. Über die berüchtigte Infantin Beatrix setzte sie sich mit dem Herzog von Braganza in Verbindung, einem der mächtigsten Feudalherren der Halbinsel. Das gemeinsame Ziel: die Ermordung Juans II. Dieser aber erfuhr von dem Komplott, kam seinen Gegnern zuvor und ließ Braganza hinrichten. Außerdem brachte er eigenhändig seinen Schwager, den Herzog von Viseu um, da in seinem Umkreis neue Intrigen geschmiedet worden waren.

Schließlich lieferte Ferdinand von Aragon im Jahre 1504, nach Isabellas Tod, der Weltgeschichte noch einmal einen coup de théâtre, der so ganz seiner durchtriebenen Natur entsprach: Er hielt um die Hand der Tochter Heinrichs IV. von Kastilien an (die er plötzlich nicht mehr die »Beltraneja« nannte)! In dem Wunsch, die vereinigten Spanischen Königreiche dem Zugriff seiner Tochter, Johanna der Wahnsinnigen, und vor allem dem seines verhaßten Schwiegersohns, Philipps des Schönen von Österreich, zu entziehen, war ihm jedes Mittel recht. Doch zum letzten Mal machte ihm Juana einen Strich durch die Rechnung. Sie war aus demselben Holz geschnitzt wie ihre Tante Isabella und lehnte ab.

Juana lebte noch viele Jahre im Schatten der Geschichte und genoß in Portugal großes Ansehen. Am 20. Juli 1522 unterzeichnete sie ihren endgültigen Verzicht auf den Thron von Kastilien und übertrug alle Anrechte auf den damals regierenden König von Portugal, Juan III. Der in Spanien Carlos I. genannte Karl V.,* seit 1519 deutscher Kaiser, war von dem Erbe ausgeschlossen, da seine Ansprüche auf dem an Juana begangenen Verbrechen der Majestätsverletzung beruhten.

Manche Historiker nehmen an, sie sei zu diesem Verzicht gezwungen worden, weil Franz I. von Frankreich Versuche unternommen hatte, sie zu entführen. Beweise für diese Annahme liegen nicht vor.

Juana von Kastilien starb im Jahr 1530, im Alter von achtundsechzig Jahren. Sie hinterließ ein Testament, in dem die schicksalhaften Worte » Yo, la reina« — »Ich, die Königin« dreimal vorkommen.

---

* Karl v. war Enkel von Isabella von Kastilien

Siebentes Kapitel

# Die Verwandlung des Königreiches

Während die eigentliche Erbin Kastiliens unaufhaltsam
an den Rand der Geschichte gedrängt wurde, bewältig-
ten die Thronräuber Aufgaben, die zunächst unlösbar
schienen. Dabei waren die Rollen keineswegs in der
Art verteilt, wie es bei einem Königspaar üblich gewesen wäre. Isabella verkörperte die königliche Macht in
ihrer ganzen Härte, war willensstark bis hin zum Eigensinn, besaß Energie und Mut bis zum Ungestüm. Ferdinand dagegen (seit dem Tod Juans II. 1479 selbst König von Aragon), trug Sanftmut zur Schau; dahinter
verbargen sich in Wirklichkeit Schlauheit, Doppelzüngigkeit und eine manchmal bis zur Niedertracht gehen-
de Verschlagenheit.

Das Schicksal stellte diese beiden außergewöhnlichen
Persönlichkeiten in die Zeitenwende des ausgehenden
Mittelalters, in der das Bürgertum seinen unaufhaltsa-
men Aufstieg begann. In den Republiken Italiens und
in den Städten Flanderns herrschte bereits eine wohlha-
bende Bürgerschicht, die auch andere Tätigkeiten als
das Führen von Waffen kannte. Sowohl Heinrich VII.
von England als auch Ludwig XI. von Frankreich stütz-
ten sich bei der Verwaltung ihrer Königreiche hauptsächlich auf diesen aufstrebenden Stand.

Die spanischen Könige griffen die Lehre auf und
schlugen denselben Weg ein, den vor ihnen der un-

glückliche Heinrich IV. so halbherzig gegangen war, nämlich einen neuen Adelsstand zu schaffen. Isabella, die von Jugend auf die Granden zum Nachteil des Reiches hatte wirken sehen, baute auf die Anhänglichkeit des kleinen Mannes. Sie vertraute dem einfachen Volk und sah sich in dieser Politik von Mendoza unterstützt, der zu sagen pflegte, daß dieses sich durch Bescheidenheit, Ehrlichkeit und Respekt vor den Traditionen auszeichne und weder den Verlockungen des Luxus noch der Sittenlosigkeit und noch weniger der Bestechung erlegen sei.

Kurz, es stellte den Gegenpol zu den Feudalherren dar, die sich seit Jahrhunderten auf Kosten der Krone bereicherten. Jetzt war der Zeitpunkt gekommen, die eifersüchtig gehütete Macht des alten Adels zu brechen und sie einem modernen Beamtenstand anzuvertrauen, der von Kriegswirren keinen Vorteil zu erwarten hatte und seine Aufgabe darin sah, dem Königshaus zu dienen.

Den Granden wurde deutlich gemacht, daß Gunstbeweise und Sonderrechte künftig nicht mehr vom Ausgang ihrer Intrigen, sondern vom Wohlwollen der Souveräne abhingen. Nachtragend, wie sie war, vertrat Isabella auch den Standpunkt, daß eine zu rasch gewährte Gnade für das Begehen eines Unrechts als Aufforderung zu neuen Verbrechen ausgelegt werden könnte; daher ging sie sehr zurückhaltend mit solchen Gnadenerweisen um. Es bedurfte der Fürsprache ihres damals noch lebenden Schwiegervaters, bis sie endlich den Bittgesuchen ihres ehemaligen Protektors, des Erzbischofs von Toledo, nachgab und ihn als Vasallen empfing.

Sie zwang den jungen Villena, den Alcazar von Madrid dem Marquis von Santillana zu übergeben, der damit zum Titel eines Herzogs de l'Infantado kam. Die Festung von Trujillo wurde in ein Kloster verwandelt, die von Huete erobert.

Ungeachtet der Gefahren ritt sie, von einer kleinen Eskorte begleitet, durch das ganze Land, schlichtete hier einen Streit, milderte dort ein zu hartes Gerichtsurteil, griff ein, wo immer eine Revolte auszubrechen drohte. Allein ihr Erscheinen beruhigte die Gemüter und brachte die Rebellen zum Schweigen. Wer sie zur Vorsicht mahnte, dem gab sie zur Antwort: »Wenn es um die Autorität der Krone geht, habe ich am allerwenigsten das Recht, Mühseligkeiten und Gefahren aus dem Weg zu gehen.«

In Andalusien, das seit Menschengedenken unter dem Krieg zwischen dem Herzog von Medina Sidonia und dem Marquis von Cadix litt, stiftete sie Frieden und Ordnung, indem sie die beiden ewigen Kontrahenten an den Verhandlungstisch zwang. Eine Zeitlang weigerte sich Medina, der sich durch ein geheimes Abkommen mit Alfons V. von Portugal stark fühlte, ihrer Aufforderung Folge zu leisten. Dann aber blieb ihm nur die öffentliche Abbitte. Wie ein Exkommunizierter, waffenlos und ohne Gefolge, lag der mächtige Herzog vor seiner Lehnsherrin auf den Knien und mußte sich zu den Worten zwingen: »Hier bin ich, in Euren Händen, hochmögende Königin.«

Eine der unerträglichsten Plagen, unter denen Kastilien litt, waren die Räuber und Wegelagerer, die die Straßen unsicher machten und deren Schreckensherrschaft im Schutz der jahrelangen Wirren beunruhigende Ausmaße angenommen hatte. Niemand war seiner Habe sicher, und jeder, hieß es, gäbe gern die Hälfte seines Vermögens, wenn er damit die Sicherheit seiner Familie erkaufen könne.

Die Beseitigung dieses Übels war das erste Ziel, das sich Isabella und Ferdinand schon im Jahr 1476 setzten, als sie mit Hilfe der neugegliederten Gemeinden auf die alte Einrichtung der *Santas Hermandades*, der Heiligen Bruderschaften, zurückgriffen. Im dreizehnten Jahrhundert zum Schutz der öffentlichen Sicherheit gegründet, eine Zeitlang von Heinrich IV. als Gegengewicht zum Adel gefördert, waren sie in den späteren Wirren verkümmert. Isabella beauftragte zwei Rechtsgelehrte mit der Ausarbeitung neuer Statuten, bei der die Vertreter von Städten und Dörfern, des niederen Adels, der Bürgerschaft und des Bauernstandes mitwirkten. Die neue *Hermandad* hatte die Aufgabe, Mord, Diebstahl, Brandschatzung, Vergewaltigung, vor allem aber Majestätsverbrechen zu verfolgen und zu richten. Sie war in drei Bereiche gegliedert. Der eine nahm die Rechtsprechung wahr, der zweite und weitaus gefürchtetere stellte die eigentliche Polizei, in Schwadronen unterteilt, der dritte trieb die Steuern ein. Alle drei Glieder der Organisation unterstanden einem gemeinsamen Tribunal, das über interne Streitfragen zu befinden hatte.

Jede Gemeinde mit mehr als hundert Familien zahlte einen Beitrag von achtzehntausend Maravedis, kleinere Dorfgemeinschaften wählten statt dessen zwei der Königin verantwortliche *Alcades*. Rechtsprechung und Exekutive lagen bei der *Hermandad*, die Gesetzgebung bei der Krone.

Die in Madrigal versammelte Cortes stimmten einem Kredit zu, der zur Gründung einer berittenen Polizei von zweitausend Mann diente und deren Kommando Alfons von Aragon, Herzog von Villahermosa und unehelicher Bruder Ferdinands, übernahm.

Alles in allem war die *Hermandad* eine eigentümliche Einrichtung, die gleichzeitig innerhalb (in Bezug auf ihre Funktionen) und außerhalb (was ihre Statuten anbelangte) des Staates existierte und die Mittel besaß, neben der

Feudalgerichtsbarkeit* eine unkontrollierte Macht auszuüben, sobald keine eiserne Faust mehr ihre Zügel hielt; dies sollte sich später in furchtbarer Weise bestätigen. Ihre Wirksamkeit nahm schon bald nach ihrer Neugründung spürbare Formen an. Wenn ihre Vertreter sich die Tore einer Stadt öffnen ließen, begannen die Sturmglocken zu läuten, und beim ersten Schlag schon taten sich die Haustüren auf. Mit den Übeltätern wurde kurzer Prozeß gemacht, und die kleinste Verfehlung konnte den Verlust eines Glieds bedeuten. Meistens wurde allerdings die Todesstrafe verhängt: Man band das Opfer an einen Baum, verabreichte ihm die Sterbesakramente und durchbohrte es mit Pfeilen, »auf daß seine Seele in kürzester Zeit in Sicherheit gebracht werde«.

Aber es gab auch andere Torturen; der Leibarzt Ferdinands notierte entsetzt: »Zur Zeit der Katholischen Könige herrschte ein so unerbittlicher Strafvollzug, daß er sogar den Richtern selbst grausam erschien. So wurden wahre Menschenschlächtereien veranstaltet. Man hieb erbarmungslos Hände, Arme, Füße und Köpfe ab.«

Isabella nahm mit der Unerbittlichkeit, die übertrieben Fromme kennzeichnet, an dieser Verbrechensbekämpfung teil. Rastlos jagte sie mit ihrem kleinen Gefolge durch das Land und ließ keine Stadt aus; sie bekreuzigte sich devot beim Anblick der Toten und Verstümmelten, scheute aber nicht davor zurück, in den Verlauf der Prozesse auf eine Art einzugreifen, die an Terror grenzte . . . ein hoher Preis für ihre allgemein anerkannte Unbestechlichkeit. Doch sie erreichte ihr Ziel: In Kastilien herrschten Frieden und Ordnung!

---

* Adligen blieb das Richteramt der *Santa Hermandad* verschlossen

Bei Pulgar lesen wir dazu: »In diesem Reiche herrschten so verdorbene und abscheuliche Sitten, daß jeder nach seinem freien Willen lebte, ohne daß es jemanden gab, der ihn bestraft hätte ... Nicht nur auf dem Lande wurden die Menschen beraubt, sondern auch in den Städten konnten sie nicht ruhig leben ... alle hatten die unbeschränkte Freiheit zu sündigen ... Dieser Zustand des Königreiches war noch in jedermanns Erinnerung. Danach aber lebten alle in solcher Angst vor der Strafe, daß niemand mehr die Hand gegen seinen Nächsten zu erheben wagte. Die Straßen wurden von den Räuberbanden befreit, die Burgen, wahre Schlupflöcher für Verbrechen und Gesetzlosigkeit, von diesem Ungeziefer gereinigt. Die ganze Nation konnte endlich wieder in Frieden und Sicherheit ihrem Tagewerk nachgehen.«

Die Maßnahmen, die zu diesem Erfolg geführt hatten, waren zum großen Teil von Isabella allein, in Abwesenheit ihres Gatten, getroffen worden, der sich von Aragon aus mit den Problemen seines eigenen Königreiches, Siziliens und Sardiniens herumschlug. Dessen ungeachtet galt für die Königreiche von Kastilien und Aragon weiterhin die durch die eheliche Verbindung ihrer Souveräne entstandene Gemeinschaftsmonarchie, die in der Geschichte ihresgleichen sucht und wahrscheinlich nur dank der beiden außergewöhnlichen Persönlichkeiten überleben konnte. Vergessen wir nicht, daß Isabella sich im Heiratsvertrag von 1469 ihre Vorrechte auf Kastilien beeiden ließ, ihrem Mann doch immerhin ein bedingtes Mitspracherecht zuerkannte, das in den Vereinbarungen von 1475, also gleich nach ihrer eigenwilligen Thronbesteigung, wenn auch ungern, bestätigt wurde. Ein Wunder, daß Ferdinand über den Alleingang seiner Gemahlin bei der Neuordnung Kastiliens und vor allem wohl über das Ansehen, das sie durch ihre Erfolge erntete, verärgert war.

Bevor sie es zu einer Mißstimmung kommen ließ, griff sie zu einem Propagandamittel, das bewies, daß sie nicht nur eigensinnig, sondern auch diplomatisch vorzugehen wußte. Gleichzeitig mit einem persönlichen Schreiben an Ferdinand, in dem sie ihm auseinandersetzte, daß es in seinem Interesse sei, wenn sie die Verantwortung für die unliebsamen Maßnahmen selbst übernähme, erschien an den öffentlichen Gebäuden Kastiliens folgender Sinnspruch:

> Tanto monta, Monta tanto
> Isabel come Ferdinand.

Was sich dem Sinne nach etwa mit

> Einheit in der Zweisamkeit
> Isabella gleich Ferdinand

wiedergeben läßt. Ferdinands Mißtrauen war zerstreut. Der Wahlspruch behielt für die ganze Regierungszeit der Katholischen Könige Geltung.

Eine der letzten, gefährlichen Revolten zeichnete sich in der Stadt Segovia ab, deren Bevölkerung sich unter der Führung ihres Bischofs gegen den Statthalter Cabrera empörte. Der im Alcazar verschanzte Converso hielt noch immer die Infantin Isabella als Geisel in Händen und glaubte sich mächtig genug, dem Volkswillen zu trotzen.

Als die Königin von der gespannten Lage erfuhr, machte sie sich sofort auf den Weg und zwang den Bischof, ihr die Stadttore zu öffnen. Wieder geschah das Außergewöhnliche: Ihr Anblick allein beruhigte die aufs Äußerste gereizte Menge, und die Wut schlug in Begeisterung um, sobald dem Volk die Enthebung Cabreras von seinem Posten zugesagt worden war. Umgeben von lammfrommen Untertanen begab sich die

Monarchin zu einem Dankgottesdienst in die St. Martinskirche. Selbst als Cabrera noch lange Zeit unbehelligt sein Amt ausübte, wagte niemand, gegen den Wortbruch aufzubegehren!

Keiner ihrer Vorgänger hatte sich je seiner Macht so sicher gefühlt wie Isabella, die auf ihre Königswürde nie vorbereitet worden war. Jetzt glaubte sie die Stunde gekommen, mit den Granden, dem auf Kosten der Krone reich gewordenen Hochadel und den Kirchenfürsten abzurechnen. Mendoza, der bedeutendste Kardinal Spaniens und Großkanzler in Person brachte mit seiner intimen Kenntnis der politischen Konstellation das Unternehmen meisterhaft zur Ausführung. In kürzester Zeit wurden die privaten Münzämter der Feudalherren geschlossen und beschlagnahmt, die fetten Pfründen und Pensionen, soweit sie nicht durch Dienstleistungen gerechtfertigt waren, aufgehoben, die königlichen Zuweisungen gestrichen. Nicht einer der einflußreichen Fürsten entschlüpfte dem Zugriff des stahlharten Kardinals, weder Admiral Enriquez noch der erst kürzlich mit diesem Titel ausgezeichnete Herzog von Alba, noch der Herzog von Medina Sidonia und schon gar nicht der schöne Beltran de la Cueva, dessen Ruf dem Königspaar von so großem Nutzen war.

Der geschickt geführte Schlag brachte der Krone dreißig Millionen Maravedis. Hier und da wurden energische Proteste laut, aber zu einer offenen Auflehnung kam es nicht. Die Heilige *Hermandad*, einst Instrument der Reichen und Mächtigen, überwachte jetzt im Hintergrund deren Loyalität.

Isabella ging noch einen Schritt weiter und wurde damit zur Vorläuferin ihres entfernten Nachfahren, Ludwigs XIV. Ihr schwebte vor, die beständig unruhigen Vasallen durch Schmeichelei zu umgarnen und, obwohl sie selbst im Grunde zu strengen Lebensformen neigte, durch verschwenderische Pracht und ein glanzvolles Hofleben an das Königtum zu binden. Großzügig wie nie zuvor vergab sie nach allen Seiten ebenso ehrenvolle wie nichtssagende Hofämter, und selbst rauhe Kämpen, die ihrem Bruder jahrelang mit der Waffe in der Hand den Gehorsam verweigert hatten, wetteiferten jetzt um den Ruhm, ihr zu dienen!

Trotz dieser Erfolge verfügte das Feudalsystem noch immer über etliche uneinnehmbare Bastionen, verkörpert durch die Ritterorden, die in den jahrelangen Kriegen gegen die Mauren entstanden waren. Im fünfzehnten Jahrhundert war ihre eigentliche Daseinsberechtigung verblaßt. Obgleich den Benediktiner- oder Zisterzienserordensregeln unterworfen, strebten sie nur noch nach Machtzuwachs und weltlichen Gütern. Es wurde bereits erwähnt, welche Bedeutung der Orden von Santiago erlangt hatte. Die Macht seines Großmeisters reichte fast an die des Königs heran, und um den Besitz dieses Amtes wurde mehr als ein Bürgerkrieg geführt.

Der Orden von Calatrava beherrschte Andalusien und verfügte über unermeßliche Reichtümer. Der von Alcantara kam ihm zwar an Macht und Einfluß nicht gleich, aber auch er besaß dreiundfünfzig über die Provinz verteilte Festungen. Der Montesa-Orden stellte einen Zweig des Ordens von Santiago dar.

Es leuchtet ein, daß eine fast absolute Monarchie im Sinne Isabellas — noch bevor dieser Begriff überhaupt geprägt wurde — mit der Existenz solcher in sich geschlossener Machtgebilde auf dem Boden des Königreiches unvereinbar war. Sie war entschlossen, auch mit diesen alten Institutionen aufzuräumen.

Während das Königspaar um den Thron kämpfte,

hatte es mangels anderer Reichtümer das Amt des Großmeisters von Santiago mindestens einem halben Dutzend Anwärtern, darunter Alonso de Cardenas, versprochen. Als nun der bisherige Inhaber des Postens starb, stürmte Cardenas in voller Rüstung zum Schloßkloster von Uclés, in dem sich die dreizehn Priore zur Neuwahl des Nachfolgers versammelten, um seinen Ansprüchen Nachdruck zu verleihen. Er hatte jedoch nicht mit seiner Königin gerechnet.

Isabella befand sich in Valladolid, etwa achtzig Meilen von Uclés entfernt, als ihr die Nachricht von der ungestümen Bewerbung überbracht wurde. Getreu ihrer bewährten Methode brach sie unverzüglich auf, wie immer fast ohne Begleitung, und kämpfte sich durch Regen, Sturm und aufgeweichte Wege. Kaum angekommen, noch vor Erschöpfung keuchend, teilte sie dem sprachlosen Kapitel mit, daß sie mit päpstlicher Zustimmung (die sie nicht besaß) König Ferdinand selbst zum Großmeister ernenne.

Zu früheren Zeiten hätte dieses Vorgehen eine Revolution ausgelöst. Inzwischen war das Prestige der jungen Königin jedoch in einem Maße gewachsen, daß sich alle widerspruchslos ihrem Willen beugten, Cardenas als erster. Er tat gut daran, denn Ferdinand, der das Amt persönlich nicht ausüben konnte, beauftragte ihn, es in seinem Namen zu tun, unter der Bedingung allerdings, daß dem Kronschatz die bescheidene Summe von drei Millionen Maravedis zufloß. Ferdinand war immer um den Inhalt seiner Schatztruhen besorgt.

Der Papst bestätigte seine Wahl und ernannte ihn im Jahr 1487 zum Großmeister von Calatrava, 1492 zum Großmeister des Alcantara-Ordens. Die Macht der Ritterschaften war dahin, die Gefahr beseitigt.

Es blieben noch genügend andere Reformen durchzuführen, vor allem die der Justiz. Sie befand sich infolge der jahrzehntelang anhaltenden Anarchie in einem so fortgeschrittenen Zustand des Zerfalls, daß der Rechtsbegriff an sich fast verlorengegangen war. Man konnte sie nicht restaurieren, sie mußte von Grund auf neu geschaffen werden. Ähnliches galt für die Staatsfinanzen, die Kirche nicht zu vergessen; sie hatte sich, von der politischen Lage des Landes profitierend, in eine nicht länger tolerierbare Machtstellung manövriert, welche im umgekehrten Verhältnis zu ihrer sittlichen Zerrüttung stand.

Diese Reformen gehörten zum Aufgabenkreis des neuen Verwaltungsapparats, dessen Organisation durch die Cortes festgelegt wurde; die versammelten sich 1480, nach Wiederherstellung des Landfriedens, in Toledo. In ihrem Kreis dominierte bald eine Persönlichkeit: Kardinal Mendoza. Es dauerte nicht lange, bis ihm der Volksmund den Titel »dritter König von Spanien« verlieh.

Plötzlich wehte ein völlig neuer Geist in der altehrwürdigen Versammlung, von der gesagt wurde: »Seit diese Männer erkannt haben, daß die Vertrauensposten nicht mehr durch Erbschaft, sondern durch persönlichen Einsatz errungen werden, wetteifern sie miteinander, um sich ihrer würdig zu zeigen!« Die fünf Kommissionen, in die die Cortes eingeteilt wurden, bildeten die Säulen einer Zentralgewalt, die man als absolut bezeichnen konnte.

Wenngleich die Königin keine Kenntnisse in der Gesetzgebung besaß, ließ sie es sich nicht nehmen, jeden Freitag die Leitung der öffentlichen Sitzung zu übernehmen und Vorschläge zu unterbreiten, denen Mendoza die endgültige Form gab.

Don Diaz de Montalvo, einer der namhaftesten

Rechtsgelehrten seiner Zeit, wurde zur Ausarbeitung eines Gesetzbuches berufen, die fünf Jahre in Anspruch nahm. Sein Erscheinen im Jahr 1485 rief doppelte Bewunderung, über Inhalt und Form, hervor: Es handelte sich um den ersten in Spanien erschienenen gedruckten Folianten.

Kardinal Mendoza führte die Finanzreform weiter, die mit den Enteignungen begonnen hatte und so der Staatskasse beachtliche Reichtümer zufließen ließ, welche dem Königshaus neue Unternehmungen ermöglichten.

Ungelöst war noch das heikle Problem der Beziehungen zum Heiligen Stuhl. Seit dem dreizehnten Jahrhundert hatte dieser es sich zur Gewohnheit gemacht, nach freiem Ermessen in die inneren Angelegenheiten der iberischen Königreiche einzugreifen und die Bischöfe zu ernennen. Trotz aller Proteste der Cortes zahlte die Geistlichkeit schon lange keine Steuern mehr, eignete sich jedoch ungeniert einen Teil der Ernten an, den sie als den ihr zustehenden Zehnten bezeichnete. Niemand wagte gegen dieses Vorgehen aufzubegehren, denn Kastilier wie Aragonier zitterten gleichermaßen vor der angedrohten Exkommunikation. Man behauptete, daß die Priester ihnen sogar größere Angst einflößten als sämtliche Höllengeister ihres tief eingewurzelten Aberglaubens.

Derartige Vorrechte waren nicht dazu angetan, bei Laienbrüdern und Ordensgeistlichen den Respekt vor den kirchlichen Regeln aufrechtzuerhalten. Reich und wohlgenährt führten sie ein ausschweifendes Leben, dem notleidenden Volk zum Hohn. Viele von ihnen hatten Mätressen und Kinder, denen sie ungeniert ihre Güter vermachten.

Auf der Höhe ihrer Macht angelangt, dauerte es

nicht lange, bis die sonst so gottesfürchtige Isabella ihrer Unabhängigkeit von Rom Ausdruck verlieh. Der Bischofssitz in der Provinzhauptstadt Cuenca war frei geworden, und Sixtus IV. schickte sich an, die Stelle mit seinem Neffen, Kardinal San Giorgio, zu besetzen. Die Königin widersetzte sich. Sie verlangte einen Spanier auf diesem Posten, und zwar ihren Hauskaplan, Alfonso de Bingo. Sixtus IV. lehnte ab.

Gerade zu dieser Zeit begann sich der Glanz zu trüben, der bisher die Person des Heiligen Vaters umgeben hatte. Das unchristliche Benehmen der Päpste empörte die Welt, und gerade Sixtus IV. stellte ein Musterbeispiel für den in Rom herrschenden Nepotismus und weltlichen Luxus dar. Seine Übergriffe ins öffentliche Leben führten in Florenz zum Aufstand der Pazzi gegen die Medici und zu Feldzügen gegen Neapel und Venedig. Es war allgemein die Rede davon, ein Kirchenkonzil einzuberufen, um ihn zur Vernunft zu bringen.

Isabella griff diese Idee auf und malte das Schreckgespenst einer Versammlung aller Herrscher der Christenheit an die Wand, die »über die Läuterung der Kirche« beraten sollten. Wenn Sixtus IV. nicht nachgegeben hätte, wäre dann die Reformation womöglich von Spanien ausgegangen?

Seither hatte die Königin auch auf kirchlichem Gebiet freie Hand, was bedeutete, daß die Konkubinen vertrieben und die Klöster wieder ihrer Bestimmung zugeführt wurden. Für diese Aufgabe wußte Mendoza den richtigen Mann, seinen Großvikar Ximenés de Cisneros, in dem Isabella sofort den fähigen Politiker und Kirchenfürsten erkannte.

Cisneros wurde Mitglied des Staatsrats, dessen Leitung eines Tages in seinen Händen liegen sollte. Vorläufig aber war er mit der Reform der Mönchsorden beschäftigt. Franziskaner, Dominikaner, Benediktiner und die anderen Orden sahen sich wieder zu striktester Beachtung der Keuschheits- und Armutsgelübde gezwungen. Einige widersetzten sich, viele verließen ihre Abteien, wieder andere traten zum Islam über oder wanderten gar nach Afrika aus. Die meisten unterwarfen sich.

Cisneros blieb nicht auf halbem Weg stehen. Seine Reform machte auch nicht halt vor der höheren Geistlichkeit und den Spitzen der kirchlichen Hierarchie, die vielfach — wie Erzbischof Carrillo — Rüstung und Schwert der Kutte und dem Rosenkranz vorzogen. In wenigen Jahren formte Cisnero die spanische Kirche zu einem Wall des Katholizismus, an dem die Wogen des Protestantismus zerschellten.

Kastilien hatte eine Wandlung durchgemacht. Es gab keine Räuberei und keine Kleinkriege mehr, keine Ritterburg trotzte mehr der Macht der Könige. Die rebellischen Kastilier übten Gehorsam gegen das Gesetz, die Beamten kamen ihren Verpflichtungen gegen den Staat nach. Die Bauern brauchten sich nicht mehr vor der Plünderung ihrer Ernten zu fürchten, die Händler konnten ihren Geschäften nachgehen, die Städte blühten auf. Brücken wurden gebaut, und neue Straßen durchzogen das Land.

Ihren deutlichsten Niederschlag fanden die veränderten Umstände im Verhalten des Volkes. Lange Zeit hatte es als unbezähmbar gegolten, jetzt unterwarf es sich widerspruchslos der Krone. Pulgar notierte staunend: »Es ist etwas Merkwürdiges, daß eine Frau dank ihrer unermüdlichen Arbeit und ihrer hervorragenden Verwaltung in so kurzer Zeit vollbrachte, was zahlreiche hohe Herren in vielen Jahren nicht schafften.«

Sogar das freiheitsliebende Andalusien zeigte sich untertänig. In Sevilla schenkte die Königin 1478 dem Infanten Don Juan das Leben, den sie später mit der Beltraneja verheiraten wollte und von dem sie glaubte, daß er einst die Herrschaft über Kastilien und Aragonien in seiner Hand vereinen würde. Die Spiele und Feste zur Feier der Geburt dauerten drei Tage lang.

Achtes Kapitel

# Heil durch das Feuer?

War es Spanien vorherbestimmt, in Furcht und Schrekken zu leben? Eben erst von der Willkürherrschaft der
Feudalherren und vom Unwesen der Straßenräuber befreit, drohte bereits eine weit schlimmere Gefahr.

Während der ersten Jahre ihrer Regierungszeit be-
faßten sich Isabella und Ferdinand überhaupt nicht mit
den Juden. Ihre Zahl belief sich damals auf etwa zweihunderttausend in den beiden Königreichen (gegenüber
einer Bevölkerung, die auf 10 Millionen geschätzt
wird), das heißt dreißigtausend Familien in Kastilien
und sechstausend in Aragon. Ein erstes Problem erwuchs dem Doppelreich in den Conversos, den zum
christlichen Glauben übergetretenen Juden, die den
Altchristen ein Dorn im Auge waren.

Im Ablauf ihrer leidensreichen Geschichte stellte der
Aufenthalt in Spanien eine der glücklichsten Perioden
der jüdischen Diaspora dar. Unter den maurischen Ka-
lifen und den ersten Königen von Kastilien und Aragon
blieben sie völlig unbehelligt und gelangten als Gelehrte, Ärzte und Professoren zu höchsten Ehren. Am Hof
König Alfons' des Weisen von Kastilien* wirkten sie als

---

* Alfons X., der Astrologe, der Weise (el Sabio), auch der Philosoph genannt, regierte von 1252 bis 1282 und leistete Großartiges auf dem Gebiet der Gesetzgebung, der Wissenschaften und der Literatur. Er verlor seinen Thron und starb
1284 als Flüchtling bei den Arabern.

Hofastrologen. Am häufigsten aber traf man sie im Handel und im Finanzwesen an, in dessen Rahmen sie bald den regierenden Fürsten beim Auffüllen der ausgetrockneten Staatskassen unentbehrlich wurden.

Als die Kirche ihren Mitgliedern untersagte, den Beruf des Pfandleihers und Wechslers auszuüben, gab es für Kastilier, Aragonier und andere nur einen Weg, zu Reichtum und Ehren zu gelangen, den über das Schlachtfeld. Weil sie außerdem, von wenigen Ausnahmen abgesehen, an Bildung nicht interessiert waren, kann es niemanden verwundern, daß das intellektuelle und wirtschaftliche Leben des Landes fast ausschließlich in jüdischer Hand lag. Das Ansehen der Juden war so groß, daß Ferdinand II.* von Kastilien, der Heilige, ihnen nach der Wiedereroberung Sevillas ein ganzes Stadtviertel zuwies.

Die Anfänge einer landesweiten Feindseligkeit gegen die Juden wurden zu Beginn des 14. Jahrhunderts spürbar. Der Chronist Mariana schreibt über dieses Phänomen: »Ihre Geschicklichkeit auf finanziellem Gebiet machte sie den Fürsten unentbehrlich, dem Volk jedoch unerträglich.« Dazu kamen unzählige Vorurteile und Greuelmärchen, die sich um ihre fremdartigen Sitten und Gebräuche rankten und die ihren Höhepunkt in dem bis in unser Jahrhundert lebendigen Gerücht über ihre angeblichen Ritualmorde fanden. Trotz dieser Legenden standen die Juden weiterhin bei Hof in Gunst und übten in der Medizin fast ein Monopol aus. Einer der jüdischen Leibärzte des Königs erhielt gegen eine Sondersteuer das Münzprägerecht. Unmerklich wandelte sich die Ablehnung in blutigen Haß, der zum

---

* Ferdinand II. von Kastilien, 1199-1252, 1671 heiliggesprochen, trägt als König der vereinigten spanischen Monarchie den Titel Ferdinand III.

ersten Mal während der schwarzen Pest Mitte des vierzehnten Jahrhunderts in seiner ganzen Wut zum Ausbruch kam. Für die fürchterliche Epidemie, der die Hälfte der europäischen Bevölkerung zum Opfer fiel, brauchte die öffentliche Meinung einen Sündenbock und fand ihn in den Juden: Sie hatten die Brunnen vergiftet. Es kam zu den ersten Pogromen.

Später erließen die Cortes Maßnahmen, um ihre Rechte einzudämmen. Plötzlich, im Jahr 1391, erhob sich in Sevilla eine neue Hetzkampagne gegen die Juden, deren Anlaß bis heute ungeklärt blieb und die in Massaker ausartete. Toledo, Burgos, Valencia und Cordoba folgten dem blutigen Beispiel. Nur Anwärter auf die christliche Taufe kamen mit dem Leben davon. Eine Bekehrungswelle setzte ein, der eine zweite zu Anfang des fünfzehnten Jahrhunderts folgte. Zahlreiche dieser Conversos blieben insgeheim der Religion ihrer Vorfahren treu. Andere dagegen taten sich durch ihre Verfolgungen gegenüber gläubigen Juden hervor, um die Endgültigkeit ihrer Bekehrung unter Beweis zu stellen.

So war es ein Converso, der kastilische Kanzler Pablo de Santa Maria, der die Söhne Israels zwang, ein Abzeichen zu tragen und der während des Konzils von Zamora im Jahre 1413 durchsetzte, daß ihnen der Zutritt zu allen Berufen außer denen des Geld- und Bankwesens verwehrt wurde. Damit drängte er die Juden genau in die gesellschaftliche Rolle, die man ihnen später immer wieder zum Vorwurf machte.

Selbst der weitverbreitete und nicht unbegründete Verdacht, daß es sich bei vielen Übertritten zum christlichen Glauben nur um Scheinbekehrungen gehandelt habe, konnte den Aufstieg der Conversos zu Rang und Reichtum nicht verhindern. Ihre Bildung, ihre Intelligenz und ihr Vermögen bildeten die Schlüssel zu den höchsten Ämtern im Staat, zu Titeln und Eheschließungen mit den edelsten und ältesten Familien, die in der Folge reichlich jüdisches Blut erhielten. Joana Enriquez, Königin von Aragon, mag als eines der besten Beispiele dieser Verschmelzung zwischen Juden und Hochadel gelten.

So war auch Isabella zunächst in keiner Weise von einem Gefühl beseelt, das wir heute Antisemitismus nennen würden. In ihren ersten Regierungsjahren bekleidete der Oberrabbiner von Kastilien, Don Abraham Seneor, das Amt des königlichen Schatzmeisters und Isaak Abrabanel wirkte als oberster Steuereinzieher.

Im Jahr 1479 jedoch begannen sich die ersten Wolken zusammenzuziehen: Die Juden verloren das Recht, wie bisher ihre eigene Strafgerichtsbarkeit auszuüben. Diese Verfügung betraf zwar die Conversos nicht, aber sie blieb nicht die einzige. Ojeda, Prior des Sankt-Pauls Klosters in Segovia wollte um jeden Preis das Gewissen der strenggläubigen Monarchin aufrütteln. Er sah eine große Gefahr für das religiöse Wohl des Staates in den *Marranos*,* den oberflächlich bekehrten Juden, die, wie jeder wußte, an ihrem alten Glauben festhielten und ungestraft Ketzerei und göttlichen Frevel verbreiteten. Durfte die Königin, die nach einer Wiederaufnahme des »Heiligen Krieges« geradezu fieberte und darauf wartete, auch das letzte arabische Königreich auf spanischem Boden zu tilgen, es zulassen, daß diese natürlichen Verbündeten des Islam ihr gottgefälliges Vorhaben durchkreuzten? Gegen diese Drohung gab es ein Mittel:

---

* Das Wort *marranos* geht auf *Maran-atha*, »der Herr trifft ein« zurück. Es wurde gleichbedeutend mit »fluchbeladen«.

Die Einrichtung der Heiligen Inquisition in Kastilien und Aragon. Ihr würde es gelingen, die *Marranos*, die heimlichen Verächter der Kirche, aufzuspüren und bloßzustellen.

In Wirklichkeit gab es die päpstliche Inquisition, von Papst Innozenz III. gegründet, längst in Spanien. Aber sie war wirkungslos und benötigte dringend Neuerungen, die ihr erbarmungslose Härte verleihen sollten.

Isabella zeigte sich Ojedas Argumenten gegenüber interessiert, aber noch fehlte ihr die Überzeugung zu einem so schwerwiegenden Schritt. Gewiß gehörte es zu ihren vornehmsten Aufgaben, die Seelen ihrer Untertanen zu retten, so wie sie sich auch um deren materielle Sicherheit bemühte. Doch welcher Weg führte zum Ziel?

Entgegen einer weitverbreiteten Meinung darf Mendoza nicht als Urheber des grausamen Unternehmens angesehen werden, denn die Königin beauftragte nicht ihn, sondern den Bischof von Cadix mit der Durchführung einer umfassenden Untersuchung. Eine folgenschwere Wahl, denn der Prälat war ein Fanatiker. Wie nicht anders zu erwarten, fiel sein Urteil verheerend aus. Der Judaismus verseuche das Land, behauptete er. Wenn man nicht bald mit eiserner Hand Ordnung schaffe, so würde in Kürze »das Mosaische Gesetz von den katholischen Kanzeln herab verkündet«. Was die Conversos beträfe, so hingen die meisten von ihnen noch immer den Riten ihrer verruchten Ketzerei an. Die wenigen ernsthaft Bekehrten aber gelte es vor den Ausschreitungen ihrer ehemaligen Religionsbrüder zu schützen.

Und schließlich, so argumentierte der fanatische Bischof weiter, ließen die zunehmenden Spannungen zwischen Katholiken und Conversos den Ausbruch von blutigen Auseinandersetzungen und Bürgerkriegen befürchten; die konnten nur durch den rechtzeitigen Eingriff eines Sondergerichts vermieden werden.

Ferdinand zeigte sich dieser Idee gegenüber weit aufgeschlossener als seine Gemahlin. Nun hatte ihn nicht ein plötzlicher religiöser Eifer erfaßt. Er hatte nur schneller als Isabella begriffen, daß die Vermögen der Verdächtigen eine erfreuliche Bereicherung der Krone darstellen würden. Llorente, von Napoleon I. beauftragt, nach Aufhebung der Inquisition von Spanien Untersuchungen über ihre ursprünglichen Hintergründe anzustellen, notierte folgendes:

»Das Ziel, das der Einrichtung der Inquisition in Spanien als Vorwand diente, war die Überwachung der jüdischen Häretiker. Als eigentliche Triebfeder des Unternehmens muß jedoch die Aussicht auf die Einziehung der Vermögen der frisch bekehrten Juden angesehen werden ... Ferdinand war sofort bereit, der Inquisition ein Heimatrecht innerhalb der Grenzen seines Reiches einzuräumen, denn sie bot ihm die Möglichkeit, seine Staatskassen zu füllen.«

Die Motivationen beider Eheleute entsprangen also einer ganz gegensätzlichen Grundeinstellung. Der eine dachte an das Seelenheil, der andere an klingende Münze.

Diese Tatsache darf jedoch nicht darüber hinwegtäuschen, daß die Ziele der Inquisition dem Glaubenseifer der Menge und dem Verlangen der Altchristen nach einer landesweiten Einigung von Volk und Religion entsprachen. Es wurde als notwendig betrachtet, Spanien von den volksfremden Elementen jüdischen und islamischen Ursprungs zu reinigen, die sich seit Jahrhunderten auf seinem Boden festgesetzt hatten.

Isabella zögerte noch immer. Es widerstrebte ihr,

den Theologen eine Autorität einzuräumen, die zwangsläufig auf die der Krone, d.h. ihre eigene, übergreifen würde. Mendoza wurde beauftragt, sanftere Methoden auszuarbeiten, während Ojeda sie mit seinen radikalen Vorschlägen bedrängte, ohne zu einem Erfolg zu kommen.

Es muß zu dieser Zeit gewesen sein, als der von Isabella verehrte Prior von Segovia, ihr ehemaliger Beichtvater Thomas de Torquemada, wieder in ihrer Umgebung auftauchte. Der Dominikaner hatte sich nicht verändert. Strengste Beobachtungen der Ordensregeln, Verachtung von weltlichen Gütern und Wohlleben galten ihm in seinem Leben als Richtschnur. Abwechselnd einschmeichelnd und mild, heftig und furcherregend als Kasuist war er ein Meister der Menschenführung. Neben seinen Fähigkeiten, andere geistig zu beherrschen, nahmen sich die Überredungskünste Ojedas wie die eines Kindes aus.

Mit anderen Worten, er hatte Erfolg, wo der andere versagte. Im Jahr 1478 richteten die beiden Könige ein Geheimschreiben an den Heiligen Vater, in welchem sie ihn um die Ausstellung einer Bulle ersuchten, die es ihnen gestatten sollte, auf spanischem Boden die Inquisition wieder ins Leben zu rufen. Nicht etwa die im dreizehnten Jahrhundert entstandene traditionelle, nein, eine auf die Lebensbedingungen Spaniens zugeschnittene, straff organisierte Institution, die gleichzeitig die königliche wie die päpstliche Macht verkörpern sollte.

Wir haben bereits auf die denkbar schlechten Beziehungen zwischen dem Heiligen Stuhl und den Monarchen von Kastilien und Aragonien hingewiesen. Sixtus IV. ließ sich bitten. Dann gab er, wahrscheinlich in dem Wunsch, Frieden zu schließen, nach. Am

1. November 1478 bewilligte er ihnen die verhängnisvolle Bulle.

Beim Erhalt des Schriftstücks wurde Isabella noch einmal von Zweifeln gepackt. Es muß ihr zur Ehre angerechnet werden, daß sie vor der Inkraftsetzung der Inquisition zurückschreckte und noch einmal nach einem anderen Mittel suchte, zum Ziel zu gelangen. Mendoza sollte einen Katechismus ausarbeiten, der, wie Pulgar sich ausdrückte, »die Pflichten eines wahren Christen vorschrieb, der seinem Glauben in jeder Minute seines Lebens und bis an die Schwelle des Todes mit unbedingter Treue anhängt«.

Leider unterbreitete sie Mendozas *instrucción** einem Gremium zur Begutachtung, das von dem Bischof von Cadix, dem Erzbischof und dem Präfekten von Toledo sowie von Ojeda selbst gebildet wurde. Wie nicht anders zu erwarten, fiel deren Urteil negativ aus. Trotzdem gab Isabella noch nicht, jedenfalls noch nicht vollständig nach.

Im Frühjahr 1480 versammelten sich die Cortes zu einem Reichstag in Toledo, wo der zweijährige Infant Juan ihren Gehorsamseid entgegennahm. Gleichzeitig bestätigten und verschärften sie die Maßnahmen, unter denen die Juden schon jetzt zu leiden hatten, namentlich ihr Zwangsaufenthalt in Ghettos und Judenvierteln und das Tragen des Judenzeichens, eines auf die Gewandschulter genähten Kreises aus rotem Tuch. Von der Inquisition war nicht die Rede.

Wenig später ging eine Flugschrift unbekannten Ursprungs, die heftig gegen die gefaßten Beschlüsse polemisierte, mit verdächtiger Geschwindigkeit von Hand zu Hand. Ein nicht tolerierbarer Angriff gegen die Ver-

---

* Das Dokument ist verlorengegangen.

fügungen der Krone, ein Verbrechen gegen die Staatsgewalt! Jetzt hatte Torquemada leichtes Spiel, die Königin von der Notwendigkeit zu überzeugen, die verirrten Seelen durch das Feuer zu läutern.

Der fanatische Dominikanerprior war der Urheber einer ebenso sonderbaren wie barbarischen Theorie, die jahrhundertelang niemand in Frage zu stellen wagte: Den Unglücklichen, die Gott den Herrn beleidigt hatten, mußte trotz der Ungeheuerlichkeit ihres Verbrechens die Möglichkeit zur Rettung ihres Seelenheils gegeben werden. Diese unschätzbare Wohltat wurde ihnen dadurch zuteil, daß man sie bei lebendigem Leibe verbrannte.

Von dieser löblichen Idee ausgehend und in dem Wunsch, die Ketzerei bis in den letzten Winkel des Landes und mit allen verfügbaren Mitteln auszurotten, machte sich das Tribunal des Heiligen Offiziums, die Inquisition, an die Ausführung eines Werkes, das die Menschen noch heute mit Abscheu und Schrecken erfüllt.

Das königliche Paar war anwesend, als sechs Monate später, im Herbst 1480, die neue Institution in Medina del Campo durch die öffentliche Verlesung der päpstlichen Bulle feierlich eingesetzt wurde. Diese Geste ausgenommen, war Isabella fest entschlossen, dem Heiligen Stuhl keinerlei Oberhand in einer Angelegenheit zu lassen, die Spanien allein anging. Die Kontrolle über die Inquisition sollte in ihren Händen liegen und die beschlagnahmten Güter ausschließlich der Krone zugute kommen, was Ferdinand dankbar zur Kenntnis nahm.

Da sie selbst nicht in die Vorgänge eingreifen konnte, übertrug sie ihre Vollmachten auf zwei Männer, die sich durch ihre gegensätzlichen Charaktere auf merkwürdige Art ergänzten: Kardinal Mendoza, den geschmeidigen, relativ gemäßigten Politiker, und Torquemada, den wirklichkeitsfremden Fanatiker.

Ihr erster Schritt galt der Säuberung der Stadt Segovia, in der sich der Judaismus, teils versteckt, teils öffentlich bekannt, angeblich besonders ausgebreitet hatte. Mit dieser Aufgabe wurden zwei Dominikaner, Miguel de Morillo und Juan de San Martino, betraut, die sich bald größten Schwierigkeiten gegenübersahen. Weder die Kastilier im allgemeinen noch die Segovianer im besonderen waren bereit, sich den gegen sie eingeleiteten Untersuchungen zu unterwerfen.

Bald schon setzte eine Verhaftungswelle ein. Zahlreiche Conversos suchten entsetzt Unterschlupf bei befreundeten oder verwandten Aristokraten; diese ließen sich ihre Gastfreundschaft häufig genug teuer bezahlen. Aber die so gewonnene Sicherheit erwies sich als trügerisch. Die Granden wurden unter Androhung der Exkommunikation gezwungen, die Flüchtlinge auszuliefern, die man dann ins Sankt Pauls-Kloster einsperrte.

Einer der reichsten Conversos von Segovia, Diego de Susan, versuchte einen Gegenschlag zu führen, indem er sich mit einer Gruppe von einflußreichen Edelleuten, Richtern, Priestern und anderen Gleichgesinnten bis hinauf zum Statthalter umgab, die wie er selbst der neuen, aufsteigenden Macht im Staat mißtrauisch entgegensahen. Vielleicht wäre die Inquisition in ihren ersten Versuchen steckengeblieben, hätte ihr nicht ein Ereignis, das unter anderen Umständen den Stoff zu einem Lustspiel abgegeben hätte, unerwartet den Weg geebnet.

Susans Tochter, für ihre Schönheit weithin bekannt, hatte eine Liebschaft mit einem überaus frommen jungen Mann aus der berühmten Familie der Guzman. Eines Nachts, während eines Schäferstündchens mit seiner Geliebten überrascht, sah sich der Jüngling gezwungen, sich im Dunkel eines Verschlags zu verstecken. Das Unheil wollte es, daß Diego de Susan in einem Raum Wand an Wand zu diesem Verschlag mit anderen Verschwörern Rat hielt. Empört über das Gehörte erstattete Guzman den Inquisitoren Bericht.

Susan und seine Freunde wurden der Ketzerei und Abtrünnigkeit bezichtigt, obwohl sie damit nicht das Geringste zu tun hatten. Sie wurden so die ersten Opfer des Heiligen Offiziums. Ihr Scheiterhaufen, der erste einer nicht enden wollenden Reihe bis zum Einzug Napoleons in Spanien, flammte am 4. Februar 1481 auf. Ojeda ließ es sich nicht nehmen, die Verurteilten persönlich zum Ort ihrer Erlösung zu führen.

*** 

Eine bisher unbekannte Zeremonie bildete den Auftakt zu einem von nun an unwandelbaren Ritual: Die Verurteilten wurden in einen gelben, mit Teufelszeichen bemalten Sack gekleidet, den man den *sanbenito* (das Bußhemd) nannte, zum Richtplatz geführt. Sie waren barfüßig und trugen eine erloschene Kerze zum Zeichen ihrer verderbten Seele in den Händen. Ein Dominikaner ging ihnen voran, ein mit Trauerflor umhülltes Kruzifix schwingend. Darauf folgte eine lange Reihe psalmodierender Mönche in schwarzen und weißen Kutten.

Nach einer Messe und einer von Ojeda gehaltenen Predigt stiegen Flammen zum Himmel und trugen die verirrten Schafe in das Reich Gottes zurück. Stumm vor Entsetzen wohnte die Volksmenge dem grausigen Schauspiel bei.

Wenig später verheerte eine Pestepidemie das Land. Unter ihren Opfern befand sich auch Ojeda, worin die Verfolgten eine gerechte Strafe Gottes sahen. Doch ihre Verfolger waren anderer Ansicht. Sie verkündeten öffentlich, daß der Himmel seinen Zorn über die herrschende Häresie kundtue; die Betriebsamkeit des Heiligen Offiziums nahm nun ein so erschreckendes Ausmaß an, daß es Mendoza unheimlich wurde.

Es gelang ihm, der Königin einen Gnadenerlaß abzuringen, demgemäß die Verdächtigen einen vierwöchigen Strafaufschub erhielten; dieser sollte ihnen Gelegenheit zu Reue und Geständnis geben und sie damit vor dem Tod retten. Aber selbst diese angebliche Gnade wurde den Conversos zum Verhängnis. Zum Beweis, daß es ihnen mit der Reue ernst war, verlangte das Gericht die Denunzierung von Christen und Konvertiten aus ihrem Bekanntenkreis, denen es an Glaubenseifer mangelte.

Wieder einmal stellte die Kirche damit ihre Kenntnis menschlicher Schwäche unter Beweis. In wenigen Wochen kannte die Inquisition die Namen fast aller *Marranos* in Burgos, Toledo, Cordoba und anderen Städten. Gemäß den Angaben von Mariana, einem der begeistertsten Verfechter der Inquisition, sollen allein im Jahr 1481 im Erzbistum von Cadix achttausend *Marranos* verbrannt worden sein, doch die Zahl scheint erheblich übertrieben. Der Chronist Bernaldez schätzt die Zahl der Opfer zwischen 1481 und 1488 auf etwa siebenhundert. Fünftausend weitere Conversos entkamen den Flammen, nachdem man ihnen allerlei andere Strafen auferlegt und ihren Besitz beschlagnahmt hatte. Letzteres war in den Augen Ferdinands das Wichtigste, weswegen auch die Proteste des Papstes wirkungslos blieben, den die Conversos um Hilfe baten. Es entstand eine in herben Worten geführte Korrespondenz zwischen Rom und Segovia, die das Thema der Gütereinziehung sorgfältig vermied. Sixtus IV. schwankte zwischen Rüge — um Isabella in ihre Schranken zu verweisen — und Ermutigung, weil der Kampf gegen den »Götzendienst« der Macht der Kirche von Nutzen sein konnte.

Während dieser Streitereien loderten die Flammen weiter. In Sevilla bezahlten dreihundert Einwohner in einem einzigen Jahr ihren Zutritt ins Paradies mit dem Scheiterhaufen. Obwohl den Kastiliern solche Exzesse ein Greuel waren, machten sie ihrem Unmut weniger Luft, als man es bei ihnen hätte erwarten können. Mariana notiert trotz seiner Begeisterung dazu folgendes:

»Was sie am meisten befremdete, war, daß der Sohn für die Verfehlungen des Vaters zahlte, daß der Name des Anklägers nie genannt wurde und daß man ihn nicht dem Angeklagten gegenüberstellte, daß man die Namen der Zeugen nicht veröffentlichte und damit den Gepflogenheiten der früheren Gerichtsbarkeit zuwiderhandelte!« Dabei erwähnte er nicht einmal, daß das Inquisitionsverfahren den Angeklagten automatisch zum Schuldigen stempelte.

Papst Sixtus irrte in dem Glauben, er könne die Ausschreitungen eindämmen, indem er Inigo Manrique, den Erzbischof von Sevilla, im Rahmen eines Appelationshofes als Obersten Richter des Heiligen Stuhles einsetzte. Seine Anordnung, Verdächtige zu begnadigen, falls sie in den Schoß der Kirche zurückzukehren wünschten, kam nie zur Anwendung.

Inigo Manrique starb. Isabella hatte ihn wegen seiner »Lauheit« in den entscheidenden Fragen nie gemocht und beschloß, ihn durch einen Mann ihrer Denkart zu ersetzen. Vielleicht entsprang ihre Wahl einer alten Anhänglichkeit, vielleicht hatte sie — wie der Volksmund behauptete — ein Gelübde abgelegt, ihr Leben dem Kampf gegen die Ketzerei zu weihen, jedenfalls erging an den Papst der Antrag, Thomas de Torquemada zum alleinigen Herrscher über die gefürchtete Institution zu machen.

Torquemada, erster Großinquisitor von Kastilien, dann von Aragon und schließlich von ganz Spanien, wurde so sehr zum Inbegriff des blutigen Kirchengerichts, daß Llorente* in seinem Bericht an Napoleon I. schreibt: »Es scheint unmöglich, sich einen anderen Menschen vorzustellen, der die Fähigkeit gehabt hätte, den Wünschen König Ferdinands in bezug auf die Vermögensbeschlagnahmungen, denen der römischen Kurie zur Ausdehnung der kirchlichen Macht und denen der Erfinder der Scheiterhaufen gleichermaßen zum Durchbruch zu verhelfen.«

Der Ruf, den der grausame Großinquisitor in der Geschichte hinterließ, entspricht — was selten vorkommt ziemlich genau seiner wahren Persönlichkeit, in der sich der gelehrte Theologe mit dem Asketen und der gerissene Jurist mit dem exaltierten Fanatiker, der beim Anblick der brennenden Scheiterhaufen in Verzückung geriet, verband.

Isabella und Ferdinand ließen ihn ungehindert gewähren und schritten gegen seinen religiösen Wahn erst ein, als er Tausende von Büchern dem Feuer übergab, weil sie angeblich »vom jüdischen Irrglauben zersetzt waren oder von Zauberei und Gotteslästerungen strotzten«.

Unglücklicherweise verfügte dieser verwirrte Mystiker über ein Organisationstalent, dank dessen die von ihm geschaffene Inquisition unbehelligt ihre Schrekkensherrschaft über Jahrhunderte hinweg ausüben

---

* Llorente, *Geschichte der spanischen Inquisition*

konnte. Erst die Armeen Napoleons* zerstörten den *Quemadero*, (Verbrennungsplatz) das furchterregende Mahnmal des Heiligen Offiziums, das sich, von Heiligenstatuen umgeben, vor den Toren von Sevilla erhob und den Hintergrund für unzählige, blutige Schauprozesse abgab.

***

Torquemada gründete vier ständige Gerichtshöfe in Sevilla, Cordoba, Toledo und Jaen, deren Mitglieder von ihm selbst ernannt wurden. Außerdem bereisten eine ganze Reihe »Wanderinquisitoren« die beiden Königreiche und waren befugt, wo immer nötig, zeitlich beschränkte Tribunale zusammenzurufen. Jede Entscheidung war seiner Zustimmung unterworfen, und wer sich seinen Anordnungen nicht blind fügte, fiel in Ungnade.

Den vier bereits existierenden königlichen Ratsgruppen wurde ab 1484 eine fünfte hinzugefügt, die sich ausschließlich mit Fragen der Inquisition zu befassen hatte. Dieser Inquisitionsrat bestand aus mehreren Mitgliedern, die unter dem Vorsitz des Großinquisitors tagten und sich seiner absoluten Verfügungsgewalt zu beugen hatten.

Torquemada begab sich mit der Gründlichkeit eines Gesetzgebers an die Ausarbeitung eines beispiellosen Untersuchungsmodus, der dem Angeklagten nicht die geringste Chance ließ. Er entwarf jede Klausel einzeln, umschrieb detailgenau die juristischen Kniffe, die den

---

* Am 4. Dezember 1808 wurde die Inquisition von Napoleon I. durch ein Dekret aufgehoben. Sie verschwand aber erst 1834 endgültig.

Delinquenten zu Fall bringen, die Verhörmethoden und Folterungen, die ihm die Geständnisse entreißen sollten.

Sehr bald dehnte er seinen Aufgabenbereich, der sich eigentlich auf religiöse Fragen und auf die Prüfung des Glaubenseifers der Conversos beschränkte, auch auf andere Gebiete des täglichen Lebens aus, wobei er den orthodoxen Juden nur wenig Aufmerksamkeit zollte. Bei ihnen handelte es sich um allseits bekannte Fremdkörper im Bereich der Kirche, deren Verderbtheit keines Beweises mehr bedurfte. Anders bei den Conversos. Ihre Doppelzüngigkeit konnte auf gute Christen abfärben und deren Glauben erschüttern. Das Aufspüren dieser Unholde war gewiß eine schwere Bürde für einen einzelnen Menschen. Nicht zu schwer jedoch angesichts der Ambitionen des Priors aus Segovia, der sich mit nie erlahmendem Fleiß auch noch auf die Verfolgung von Sodomie, Bigamie, Abtreibung, auf die Ausübung von Alchemie und Astrologie, auf den Umgang mit Hexerei und Teufelswerk stürzte.

Inmitten dieser fieberhaften Tätigkeit fand Torquemada die Zeit, ein juristisches Handbuch der Inquisition zu veröffentlichen. Diese »Instruktionen zur Ausübung des Heiligen Offiziums« hatten auf Jahre hinaus Gesetzesgewalt. Spätere Bezeichnungen des Schriftstücks als »Bibel des Fanatismus« und »Denkmal des Menschenhasses aus Liebe zu Gott« hätten ihn gewiß sehr gewundert, so sicher war er, für eine gerechte Sache zu wirken.

Isabella verehrte den Großinquisitor wie einen Heiligen. Dennoch löst es aus heutiger Sicht Betroffenheit und Verwunderung aus, daß die Königin, die sonst jedes Fetzchen ihrer Machtbefugnisse eifersüchtig verteidigte, ausgerechnet diesem von Wahnvorstellungen heimgesuchten Kirchenmann ganze Teile ihrer Regierungsgewalt abtrat.

Unter den vielen Talenten Torquemadas ist auch das eines Festspielregisseurs hervorzuheben. Die von ihm in Szene gesetzten Verbrennungsorgien liefen nach Direktiven ab, die er bis ins kleinste vorbereitete. Außer den Stierkämpfen bildeten sie die einzigen Volksbelustigungen, zu denen große Menschenmassen zusammenströmten. Das Schauspiel wurde durch Trompetenstöße angekündigt und entfaltete sich unter Paukenschlag und Zimbelklang wie im Zirkus.

Es gehörte zur Routine, daß jede Stadt, die die Gegenwart eines Inquisitionsgerichts erdulden mußte, alljährlich wenigstens einmal in den zweifelhaften Genuß eines solchen Schauprozesses kam. Bei besonderen Anlässen wie einer Prinzengeburt oder Heirat wurde die Inquisition im Beisein des Königspaares mit größtem Prachtaufwand begangen.

Kopf an Kopf stand die sensationslüsterne Menge und ließ den feierlichen Aufmarsch an sich vorüberziehen. Allen voran die Kohlenbrenner, weil ihnen die Ehre zukam, das Holz für die Scheiterhaufen zu liefern. Ihnen folgten, von Kopf bis Fuß gewappnet, die Streiter des Glaubens, die das riesige grüne Inquisitionskreuz geleiteten, das zum Zeichen des lebendigen Glaubens mit frischen Zweigen geschmückt war, Symbol pulsierenden Lebens gegenüber dem toten Brennholz.

Grün war auch die Farbe des Inquisitionsbanners, das traditionsgemäß den Händen des Herzogs von Medina Caeli anvertraut wurde und auf dem ein gesticktes goldenes Kreuz (Symbol für das gnadenreiche *Sanctum Officium*) und ein ebensolches nacktes Schwert (Zeichen der unbeugsamen Justiz) prangte. Eine zweite

Gruppe Glaubensstreiter geleitete das Heilige Sakra-
ment, von einem rot-goldenen Baldachin beschirmt.

Jetzt erst wurden die Verurteilten sichtbar, die barfuß daherkamen, mit dem *sanbenito*, dem mit der roten
Teufelszunge versehenen Büßerhemd bekleidet. Man
hatte ihnen einen Strick um den Hals gelegt, der gleichzeitig ihre Handgelenke fesselte. Die unglücklichen Opfer trugen die erloschene Kerze in der Hand, wurden
von Dominikanermönchen begleitet und unaufhörlich
zur Reue aufgerufen. Hinter ihnen folgten Träger mit
den Särgen, die die sterblichen Überreste der im Gefängnis Umgekommenen enthielten. Die Inquisitoren
auf schwarz verhängten Maultieren und eine Gruppe
schwarzgekleideter Ritter bildeten den Abschluß.

Nach einer endlosen Zeremonie, die im Richterspruch für jeden Angeklagten gipfelte, wurden die Verurteilten von der kirchlichen an die weltliche Justiz wei-
tergegeben, denn es war nicht Sache der Kirche, Blut
zu vergießen.

Gewöhnlich waren die Scheiterhaufen draußen vor
den Stadtmauern aufgeschichtet, aber bei besonderen
Gelegenheiten fanden die Verbrennungen auf dem
Hauptplatz im Beisein der Monarchen und des versammelten Hofes statt. Man kann sich nur schwer vorstellen, daß der grausige Anblick einen Genuß oder gar ein
Fest für sie darstellte. Wenn die Todgeweihten ihre
Reue laut hinausriefen, konnte der Entzündung des
Feuers zur Strafminderung eine Erdrosselung vorausge-
hen. Im Falle einer Strafverschärfung wurde das Feuer
klein gehalten, zum Ruhme Gottes.

*\*\*\**

Der Rhythmus der Todesurteile beschleunigte sich von

Jahr zu Jahr. In zwölf Jahren kamen dreizehntausend Conversos in den Flammen um, weitere hunderttausend wurden zu Gefängnis (meist lebenslänglich) und Galeerendienst verurteilt; außerdem wurde ihr Vermögen eingezogen. Llorente spricht von einhundertvierzehntausendvierhundert Familien, die diesen Maßnahmen zum Opfer fielen. Um die zu Gefängnis Verurteilten aufzunehmen, entstanden besondere Strafkolonien, Vorläufer der Konzentrationslager des zwanzigsten Jahrhunderts.

Bald herrschte in Kastilien ein Klima, das von Mißtrauen, Denunziantentum und kaum verhülltem Terror gekennzeichnet war. Die Umzüge der schwarzen und weißen Gestalten, die psalmodierend einem umflorten Kruzifix nachschwankten, verbreiteten einen größeren Schrecken als noch zehn Jahre zuvor die Banditen und Raubritter.

Torquemada hatte seine Mönchszelle verlassen und war an den Hof übergesiedelt, wo er sich als Beichtvater der beiden Könige nicht nur unentbehrlich machte, sondern vor allem seinen Einfluß ständig mehrte und vertiefte. Wie ein Chronist zu berichten weiß, lebte er in beständiger Angst vor einem Racheakt seiner zahlreichen Feinde. Er reiste nur im Schutz einer Garde von fünfzig Berittenen und zweihundert Mann Fußvolk. Bei den Mahlzeiten hatte er das Pulver eines zerstoßenen Einhorns griffbereit neben sich, weil er überzeugt war, daß es für die Aufdeckung und Neutralisierung von Giften in Speisen unentbehrlich sei. Ein Aberglaube, der ihn unweigerlich in die Hände des Inquisitionsgericht geführt hätte, wäre er nicht Torquemada gewesen. Die Mitglieder seiner Leibgarde wurden *familieros* genannt. Adlige, Vertreter der Bürgerschaft und des kleinen Volkes drängten sich nach einem Platz in ihrem

Kreis, weil er den besten Schutz vor Verdacht und Verhaftung darstellte.

Bis 1484 blieb das Wirken Torquemadas auf Kastilien beschränkt. Dann beschlossen die beiden Könige, die Inquisition auch in Aragonien einzuführen. Es ist bemerkenswert, daß — neben den militärischen Unternehmungen — die Zugehörigkeit zu einer Kirche und der Terror der Inquisition, vor der alle gleich waren, auf lange Sicht ein weitaus engeres Band zwischen den beiden Königreichen darstellte als das lockere politische Gebilde der Personalunion, die bis zum Tod Isabellas Bestand hatte.

Zunächst aber stieß die Einrichtung des Heiligen Offiziums in Aragon auf heftigen Widerstand. Die aragonesische Ständeversammlung sträubte sich, der Adel pochte auf seine verbrieften Freiheitsrechte. Die vom Großinquisitor ernannten Vertreter Gaspar Juglar und Pedro Arbuez de Epila begannen mit einem symbolischen Autodafé in Saragossa, dem bald ein echtes »kastilisches« folgte, was die Stadt fast in einen offenen Aufstand versetzte. Trotzdem stießen die Adelsvertreter, die bei den Königen Protest einlegten, auf taube Ohren.

Darauf gründete Luis de Santangel, ein reicher Kaufmann jüdischer Herkunft, eine Widerstandsbewegung, der wahrscheinlich der Mord an dem Inquisitor Pedro Arbuez de Epila während eines Hochamtes am 15. September zuzuschreiben ist. Ein unverzeihlicher Fehler, der sofort eine Welle gnadenloser Repressionen im ganzen Königreich auslöste, ohne daß allerdings durch die Maßnahme die Ruhe hätte wiederhergestellt werden können. Zahlreiche Städte erhoben sich. Lerida leistete bis in das Jahr 1487 den königlichen Heeren Widerstand, und es bedurfte einer neuen päpstlichen Bulle, um Barcelona in die Knie zu zwingen.

So wurde die in langen Kämpfen mühselig hergestellte Ordnung durch den religiösen Fanatismus bis ins Innerste erschüttert. Doch weder Isabella noch Ferdinand ließen sich von ihrer Kompromißlosigkeit und ihrem religiösen Reinheitsfanatismus abbringen. Langsam, Schritt für Schritt, beugten sich die Provinzen dem Diktat der verhaßten Institution, bis diese schließlich mit ihren Sitten und Traditionen verschmolz.

***

Ausgerechnet der vielleicht berüchtigtste Papst, Alexander VI. von Borgia, versuchte mit allen Mitteln, Torquemadas blutigem Wahn ein Ende zu setzen, und es kam mehrere Male zum offenen Konflikt zwischen den beiden Männern. Da er den Großinquisitor nicht seines Amtes entheben konnte, ordnete er ihm zwei Beiräte zu, um seine maßlosen Sonderrechte einzuschränken.

Torquemada verließ den Königshof im Alter von sechsundsiebzig Jahren und zog sich in sein Kloster in Segovia zurück. Aber noch aus seiner Mönchszelle heraus verbreitete er Angst und Schrecken, bis er 1498 starb.

Llorente errechnete, daß er achttausendachthundert Menschen bei lebendigem Leibe verbrennen ließ, sechstausend andere »*in effigie*« (im Bild, also in Abwesenheit) und fast eine Million in die Verbannung schickte.

Neuntes Kapitel

# Der Heilige Krieg

Seit der Eroberung der iberischen Halbinsel durch die Araber (Mauren) im achten Jahrhundert waren Heere der spanischen Christen aus den unbesetzten Nordprovinzen mit der Regelmäßigkeit von Gezeiten gegen diese glänzende Bastion der islamischen Zivilisation angelaufen. Herausforderung und Verlockung zugleich, zum Greifen nah und doch unerreichbar lag es vor ihnen, das unabhängige Kalifat von Cordoba mit seinen materiellen und ideellen Reichtümern, Jahrhunderte lang. Dann ebbten die Stürme ab, und Angriffe wurden seltener, durch innere Fehden und Machtkämpfe gelähmt.

Das Ziel der Streiter dieser *Reconquista* (Wiedereroberung) waren jedoch weder die üppigen, durch kunstvolle Bewässerungsanlagen fruchtbar gemachten Felder noch die fetten Ernten oder die Gold- und Silberminen, die prächtigen, säulengeschmückten Paläste und noch weniger die Bibliotheken, deren Handschriften fast das ganze Wissen der damaligen Zeit umfaßten. Nein, Spaniens Granden interessierten sich nie für Landwirtschaft oder geistige Nahrung aus Büchern. Sie waren einzig von dem Gedanken besessen, die heimatliche Erde von fremdem Glauben zu reinigen und der christlichen Heilsidee wieder zugänglich zu machen, selbst auf Kosten ihrer Fruchtbarkeit.

Im Laufe der Zeit erlag schließlich auch das maurische Prachtreich der Verweichlichung. Feindliche Angriffe und innerer Machtzerfall ließen seinen Gebietsbereich immer mehr zusammenschrumpfen. Gegen Ende des fünfzehnten Jahrhunderts beschränkte es sich auf den südlichen Teil der Halbinsel. Dort bildete das Königreich von Granada mit den Häfen von Malaga und Almeria die letzte Blüte des einst fast ganz Spanien umfassenden Kalifats der Omaijaden.

Das Königreich bedeckte einen Küstenstreifen von etwa dreihundert Kilometern Länge und einhundert Kilometern Breite. Man könnte es aufgrund seiner natürlichen Grenzen mit der Schweiz vergleichen. Gegen den feindlichen Norden bildete die von Ost nach West reichende Gebirgskette der Sierra Nevada ein mächtiges Bollwerk. Den Süden beschützte das Mittelmeer, gleichzeitig Träger der Handelsverbindungen mit dem Maghreb, den Barbareskenstaaten Nordafrikas und dem Osmanischen Reich. Die Sturzbäche, die sich von der Sierra hinab ergossen und zu einem raffinierten Irrigationssystem verwendet wurden, verwandelten die trockene Ebene in fruchtbares Land, die Vega. Die Erzeugnisse des Bodens, Früchte, Edelmetalle und Stoffe brachten Reichtum und Betriebsamkeit.

Das winzige Land zählte fast drei Millionen Einwohner, vierzehn große Städte, ein gutes Hundert befestigter Dörfer und Marktflecken. Man schätzt die Einwohnerzahl von Granada, der Hauptstadt, damals auf etwa ein- bis zweihunderttausend Seelen. Die Landbevölkerung lebte im Wohlstand. Dazu gab es zahlreiche Manufakturen und Spitäler. Das Unterrichtssystem war hervorragend organisiert, die Schulen und Universitäten von vielen Studenten besucht, die ungeachtet ihrer Religion Zutritt hatten und von den führenden Kenntnissen auf den Gebieten der Medizin, der Mathematik und der Astronomie profitierten. Mehr als einer der italienischen Stadtstaaten der Renaissance fand hier sein Vorbild.

Nicht zu Unrecht wurde Granada die »Perle Andalusiens« genannt, die in den Schutz einer Gebirgskette eingebettet war. Man verglich die Stadt mit »einer kostbaren, von bunten Emailfarben, Achaten und Smaragden schimmernden Schale, . . . glitzernd wie das Blinken der Sterne durch das dunkle Grün der Orangenbäume«. Ihre Häuserzeilen kletterten stufenweise an den Hängen von drei Hügeln empor, von den zahlreichen Armen des Genil, eines Nebenflusses des Guadalquivir, wie von einem »glänzenden Drachen umfangen, der eine Kette funkelnder Kiesel, Edelsteinen gleich, um ihren Hals legte«.

Eine Mauer aus rosenfarbenem Granit mit ihren »tausendundeins Türmen und siebenunddreißig Toren« hielt das Kleinod, über dem sich die zauberhaften Paläste der Alhambra und des Albaicin in den blauen Himmel reckten, fest umschlossen. In ihrem Schutz fühlten sich die Einwohner der Stadt unverwundbar.

Lange Zeit blieben sie es auch. Aber der Vorteil der schützenden Mauer trug den Keim eines schweren Nachteils in sich, den der Abgeschiedenheit, die den Traditionen des Kalifats von Cordoba so gar nicht entsprach. Nach und nach blieben die Mauren Granadas hinter den politischen und sozialen Strömungen ihrer Zeit zurück. Vor allem aber hielten sie mit den Neuerungen in der Kriegsführung nicht mehr Schritt. Verglichen mit ihren Gegnern standen sie in bezug auf ihre Bewaffnung und Taktik noch im tiefen Mittelalter.

Sei es auf Grund uralter Verträge oder weil sie sich dieser Schwäche bewußt waren, ließen sie sich längst nicht mehr auf wirkliche Offensiven gegen die Kastilier oder Aragonier, schon gar nicht gegen die Portugiesen ein, sondern beschränkten sich auf klein angelegte Grenzübergriffe und vereinzelte Razzien. Trotzdem waren sie fest entschlossen, sich in ihrem Königreich, das sie seit siebenhundert Jahren besetzt hielten, zu behaupten.

Die Auseinandersetzungen, die sich zur gleichen Zeit in den nördlichen Gebieten der Halbinsel zwischen den christlichen Königreichen und ihren Vasallen abspielten, kamen ihnen dabei zu Hilfe. Jahrelang blieb es bei einem Status quo, obwohl die Idee der vollständigen Reconquista sich bei den Kastiliern zur Vorstellung eines Heiligen Krieges verdichtet hatte, den fortzusetzen eine von Gott auferlegte Pflicht darstellte. Niemand war von dieser Überzeugung glühender beseelt als Isabella, die durch ihre erbarmungslos strenggläubige Erziehung in eine religiöse Kompromißlosigkeit gelenkt wurde, die uns heute völlig fremd ist. Von Kindesbeinen an war sie von dem Gedanken geprägt, das Werk ihrer Vorfahren zu vollenden. Ihre Thronbesteigung, die Neuordnung des Reiches, die Läuterung ihrer Untertanen, und sei es mit brutaler Gewalt, das alles lief auf das Ziel einer Wiedereroberung im Geiste Christi hinaus.

Nun kam es etwa zur Zeit ihrer eigenhändig durchgeführten Krönung zu Ereignissen, die dafür sprechen, daß Isabella ein stark ausgeprägtes politisches Gespür besaß. Während in Kastilien Anarchie und Chaos herrschten, wurde Granada von starker, weiser Hand verwaltet. Als Ferdinand und Isabella daran gingen, Ordnung zu schaffen und den Königreichen eine zentrale Struktur zu geben, war Granada durch die Rivalität zweier mächtiger Familien, der Abencerages und der Zegris, zerrissen. Bald artete ein Haremsgezänk in Bürgerkrieg aus.

Emir Moulay Abul Hassan regierte seit 1466, als sein Bruder Abu Abdallah, genannt El Zagal, begann, gegen ihn eine Verschwörung anzuzetteln. Nicht genug damit. Moulay Hassan hatte von seiner ersten Gattin, der ehrgeizigen Aicha, einen Sohn, Boabdil, und von seiner Favoritin, der griechischen Sklavin Soraya, dem »Morgenstern«, einen zweiten. Gattin, Geliebte und Söhne lebten in der Alhambra, bis Aicha, um die Thronrechte ihres Sohnes fürchtend, rebellierte; sie wurde verstoßen und zog sich mit Boabdil in den Palast von Albaicin zurück. Sofort spaltete sich Granada in zwei feindliche Lager. Die Abencerages nahmen für Aicha, die Zegris für Soraya Partei.

Diesen Augenblick hatte Moulay Hassan, der die Christen haßte, gewählt, den stillschweigenden Pakt zu brechen, der Mauren und Kastilier seit undenklichen Zeiten vor einem offenen Krieg bewahrte. Im Jahr 1478 weigerte er sich plötzlich, den Tribut, zu dem Granada seit 1248 gegenüber Kastilien verpflichtet war, zu zahlen.

»Richtet euren Herren aus,« maßregelte er Isabellas Abgesandten Don Juan de la Vera, der ihn an seine Pflicht mahnte, »daß diejenigen, die den Christen noch Tribut zahlten, gestorben sind und daß wir in Granada nur noch Krummsäbel und Lanzen für unsere Feinde herstellen.«

Solange noch die kastilischen Wirren anhielten, waren die Könige nicht in der Lage, in angemessener Weise auf diese Herausforderung zu reagieren. Drei Jahre lang blieben die Dinge beim alten und die Tribute in Moulay Hassans Staatskasse. Dann entschloß sich im Jahr 1481 der draufgängerische Ponce de León, Marquis von Cadix, im Alleingang zu einer Strafaktion. Es gelang ihm, die kleine maurische Stadt Villaluenga in einem Überraschungsangriff zu nehmen. Die Garnison wurde niedergemacht. Damit kam der Stein ins Rollen.

Moulay Hassan war nicht der Mann, der eine solche Beleidigung auf sich sitzen ließ. In der Weihnachtsnacht desselben Jahres, als die Christen in den Kirchen die Messe hörten und ein fürchterlicher Sturm über die Hochebene von Andalusien fegte, griff er die kastilische Festung Zahara an, einen der wichtigsten Punkte in den Verteidigungslinien von Sevilla. Die Festung fiel nach kurzem Widerstand, die Besatzung kam um, die Bevölkerung wurde versklavt. Damit wurde das Jahr 1481 zum Ausgangspunkt für die endgültige Reconquista, die sich zwar über fast ein Jahrzehnt hinziehen sollte, für die spätere Verschmelzung der beiden Königreiche aber stärkere Bande knüpfte, als jede andere innenpolitische Maßnahme es zu tun vermocht hätte.

Die Nachricht von der Niederlage erreichte die Könige weit im Norden, in Medina del Campo. Sofort gab Isabella Befehl zu einer Strafaktion, wobei ihr der Marquis von Cadix wieder zuvorkam. Er hatte aus den Reihen des andalusischen Adels fünftausend Streiter zusammengezogen und stürmte an ihrer Spitze nach Alhama, von Bernaldez »im Verhältnis zu seiner Größe der reichste Flecken des Königreiches von Granada« genannt. Ponce de León machte sich die von Moulay Hassan angewandte Taktik zu eigen und griff die Stadt im Februar 1482 im Schutze eines Unwetters an. Die Überraschung gelang. Hier wie in Zahara machte man nicht viel Aufhebens mit Bewohnern wie Besatzung und sicherte sich außerdem noch Beute von erheblichem Wert.

Während Isabella in der Kathedrale von Medina del Campo ein Te Deum anstimmen ließ, brach ganz Granada in Klagelieder aus. Moulay Hassan brachte eigenhändig den Boten um, der ihm die düstere Neuigkeit übermittelte und klagte: »Unheil über mich, Alhama!«

Aber bald ergriff er wieder die Initiative, stampfte eine Armee von fünfzigtausend Kriegern aus dem Boden und belagerte die umstrittene Stadt. Dort wurden die Lebensmittel knapp, als er durch das Umleiten eines Flüßchens auch noch die Wasserversorgung lahmlegte. Die Kastilier saßen in der Falle und waren fast zur Übergabe bereit, als die Königin sich einschaltete. Obgleich hochschwanger (wenig später schenkte sie ihrer dritten Tochter, der Infantin Maria, das Leben), hatte sie die mühselige Reise nach Cordoba unternommen und von hier aus in ihrer gewohnten Beharrlichkeit jeden Gedanken an eine Kapitulation abgelehnt.

»Die Ehre verbietet es uns, den inbrünstigen Willen des Volkes zu zügeln«, ließ sie die Belagerten wissen.

Inzwischen war der Herzog von Medina Sidonia bereits seinem Erzfeind von Cadix zu Hilfe gekommen. Ihm folgte Ferdinand auf dem Fuß. Unter dem Druck dieser Übermacht zogen die Mauren ab. Seinem Charakter getreu, plünderte der König sorgfältig den »reichsten Flecken von Granada« und verheerte die umliegende, fruchtbare Vega.

Moulay Hassan erwarteten bei seiner Rückkehr unerfreuliche Überraschungen. Aicha hatte seine Abwesenheit zu einem Staatsstreich zugunsten ihres Sohnes Boabdil genutzt und ihn zum König (Emir) ausrufen lassen. Beide residierten mit ihrem Anhang der Abenderages in der Alhambra. Moulay Hassan blieb kein anderer Ausweg, als sich nach Malaga zurückzuziehen und dort seine Residenz aufzuschlagen.

***

140

Der Ruhm des siegreichen Feldzuges nach Alhama fiel nun Ponce de León zu, dem Marquis von Cadix, was Ferdinand dazu trieb, ähnliche Lorbeeren zu erringen. Den Warnungen seiner Ratgeber zum Trotz hatte er es sich in den Kopf gesetzt, die Stadt Loja zu nehmen, die von den Geschichtsschreibern als eine »von Dornen umgebene Rose« bezeichnet wurde, weil sie von unwegsamen Bergen und Schluchten umringt war. Vergeblich versuchten die Spanier, ihre Zelte an den steilen Hängen aufzuschlagen, was Ali Atar, der Verteidiger der Festung und Boabdils Schwiegervater, zu einem Gegenangriff ausnützte. Ferdinands Streitkräfte wurden besiegt und versprengt. Er selbst entkam der Gefangenschaft nur durch den persönlichen Einsatz des Marquis von Cadix. Erschüttert und beschämt zugleich sah Isabella ihren Gemahl in traurigem Aufzug in Cordoba einreiten. »Niemand jedoch«, notierte Pulgar, »vermochte aus ihren Worten oder Gesten den Kummer abzulesen, der sie erfüllte.«

Es war unvermeidlich, daß der andalusische Adel nun nach einer Gelegenheit suchte, die schmachvolle Niederlage wettzumachen. Schließlich gelang es ihnen, den widerstrebenden Marquis von Cadix zu einem Einfall in die fruchtbaren Täler der Axarquia zu bereden. Ein tollkühnes Unterfangen. Hämisch ließen die Mauren den Feind in die unbekannten Gebiete vorrücken, um sich über ihn herzumachen, sobald er sich in einem ausweglosen Engpaß befand. Ein fürchterliches Gemetzel folgte, dem der Marquis von Cadix nur mit knapper Not entkam. Er verlor in dem ungleichen Kampf seine drei Brüder und zwei Neffen.

Der Pfarrer von Palacios nannte für den unheilvollen Vorfall eine Erklärung, die einem in der Öffentlichkeit von Mund zu Mund gehenden Gerücht entsprang: »Es waren ihrer (der Mauren) nur wenige, und wir können die Hand der Vorsehung, die mit Recht über das Verhalten der Ritter erzürnt war, nur zu leicht im katastrophalen Ausgang des Treffens erkennen. Tatsächlich hatten die meisten von ihnen vor der Schlacht nicht gebeichtet, wie es frommen Christen geziemt. Damit bewiesen sie, daß sie nicht im Geiste Gottes und zu seinem Ruhme stritten, sondern von Habsucht und Gier nach weltlichen Gütern geleitet in den Kampf gezogen waren.«

Vielleicht wäre es zu einer noch größeren Niederlage der Spanier gekommen, wenn sich nicht die überhebliche Aicha eingemischt und ihren Sohn aufgehetzt hätte, nun auch seinerseits durch einen vermeintlich leichten Sieg einige Lorbeeren zu ernten. Auf ihr Betreiben versuchte Boabdil mit Ali Atars Unterstützung die Stadt Lucena zu nehmen. Aber Fortuna war diesem Schwächling nicht gewogen und verhalf den Kastiliern, die im Schutz einer Nebelwand einen unerwarteten Ausfall machten, zu einem Überraschungssieg. Ali Atar fiel, Boabdil geriet in Gefangenschaft.

Ein Geschenk des Himmels. Aicha bot ein riesiges Lösegeld und die Freilassung der Gefangenen. Von seiner unersättlichen Geldgier getrieben, neigte Ferdinand zur Annahme des lockenden Angebots, aber Isabella erkannte, daß auf weitere Sicht mit geschickten Verhandlungen ein noch größerer Gewinn aus dem Ereignis zu schlagen war. Auf ihren Rat entwarf der König einen tückischen Vertrag, den der unwürdige Emir erleichtert unterzeichnete.

Seinem Wortlaut nach wurde Boabdil Vasall der Katholischen Könige und lieferte ihnen zur Bestätigung seinen Sohn als Geisel aus. Weiterhin verpflichtete er sich zur Zahlung von vierzehntausend Dukaten und zur

Freilassung von siebentausend Gefangenen. Als Gegenleistung sah er sich als legitimen König von Granada anerkannt. An dem Tag jedoch — so lautete die letzte, inhaltsschwere Klausel —, an dem die Spanier die Stadt Guadix eroberten, müßte ihnen auch die Hauptstadt des Königreiches übergeben werden.

Moulay Hassan hatte sich Boabdils Abwesenheit zu Nutze gemacht und wieder die königliche Residenz in der Alhambra bezogen. Aicha rief die Abencerages zum öffentlichen Aufruhr gegen ihn auf, was zu einem blutigen Bürgerkrieg führte. Nur mit Mühe konnten die Wesire des Hofes das Gemetzel beenden und beide Gegner — »einen Greis, der nicht mehr in der Lage war, ein Schwert in der Hand zu halten, und einen verweichlichten Jüngling, der von Mannestugenden keine Ahnung hatte und sich von einem Weib beherrschen ließ« — zwingen, die Waffen niederzulegen. Von diesem Augenblick an besaß Granada keinen wirklichen König mehr. Moulay Hassan residierte zwar weiterhin in der Alhambra, aber sein Bruder El Zagal erklärte sich unter dem Namen Mohammed II. ebenfalls zum Emir des Reiches, während Boabdil nach Almeria abzog und von dort aus die gleichen Ansprüche erhob.

Die politischen Wirren in der Kalifenstadt konnten den spanischen Königen nur nützlich sein. Trotzdem waren sie sich darüber im klaren, daß der endgültige Sieg nicht ohne außergewöhnliche Anstrengungen zu gewinnen war. Vor allem mußten Geldmittel für die Finanzierung des Unternehmens gefunden werden. Während Ferdinand die eigentliche Kriegsführung besorgte, gehörte die Organisation im Hintergrund zu Isabellas hervorragenden Leistungen.

Auf ihr Drängen erklärte Papst Sixtus die Reconquista zum Kreuzzug und ermächtigte Isabella, aus den spanischen Kircheneinnahmen eine Summe von einhunderttausend Dukaten zu erheben. Darüber hinaus versprach er den »Streitern gegen die Anhänger Mohammeds« einen weitgehenden Sündenablaß, von dem viele sicher glaubten, ihn dringend zu benötigen.

Auf ihre Anregung hin kreuzte eine spanische Flotte im Mittelmeer, um Granada von Waffenhilfe und Warenlieferungen aus Afrika abzuschneiden. Während der schönen Jahreszeit zerstörte die kastilische Reiterei systematisch die Felder der Vega, auf denen das Getreide der Ungläubigen heranreifte.

Die Königin rief die Granden und ihre Vasallen auf, ihren Beitrag zur Reconquista zu leisten, sie hob die Milizen der *Hermandad* aus und stellte Truppen aus den kampferprobten Bergbewohnern Galiziens zusammen. »Kreuzfahrer« aus England, Deutschland, Polen und Frankreich strömten auf ihren Ruf in den Süden der Halbinsel. Isabella war es, die Schweizer Söldner anwarb, denen der dreifach ehrenvolle Ruf vorausging, gläubige Christen, die besten Soldaten ihrer Zeit und keine Plünderer zu sein. Nach ihrem Vorbild und von ihnen ausgebildet, entstand die später auf allen Schlachtfeldern Europas gefürchtete spanische Infanterie.

Aber Isabella blickte noch weiter in die Zukunft. Sie erkannte die Bedeutung der Artillerie für eine neue Kriegsführung und ließ die berühmtesten Waffenschmiede und Ingenieure nach Kastilien kommen. Als Ergebnis ihrer Anstrengung verfügte sie über die damals ungeheure Anzahl von zweitausend Kanonen und eine riesige Menge Munition. Gleichzeitig befaßte sie sich mit dem Nachschub und gründete das »Hospiz der Königin«, das erste Modell für die heutigen Feldlazarette.

Mehrere Jahre gingen ins Land, während derer sich Ferdinand in der Kriegskunst unterweisen ließ. Im Frühjahr 1485 fühlte er sich stark genug, Ronda anzugreifen, die größte Stadt der Provinz Malaga, die zudem für uneinnehmbar galt. Durch die Umleitung eines Flüßchens schnitt er ihr die Wasserversorgung ab, und nach vier Tagen heftiger Kämpfe war sie zur Übergabe gezwungen. Am 22. Mai hielt der König einen triumphalen Einzug. Auf der Zitadelle flatterte von da an die Kreuzesstandarte und das Banner von Santiago. Die Umwandlung der Moschee in eine Kirche wurde mit einem Te Deum begangen, dem die befreiten christlichen Gefangenen beiwohnten.

Siegesbekränzt kehrte Ferdinand nach Cordoba zurück, wo ihn Isabella, von den Infanten und den Gesandten der rechtgläubigen Staaten umgeben, mit Freudentränen in den Augen empfing. Eigenhändig nahm sie den aus der Sklaverei befreiten Christen die Ketten ab, die fortan in der Kathedrale von Toledo als Votivgabe zu sehen waren.

Am 15. Dezember desselben Jahres gebar sie in Alcalá de Henarés ihre vierte Tochter, Catharina, die spätere, unglückliche erste Gemahlin Heinrichs VIII. von England.

Im folgenden Jahr starb Moulay Hassan, einer der letzten streitbaren Verteidiger der »Perle von Andalusien«, völlig erblindet in der Alhambra. Zur gleichen Zeit pilgerten die beiden christlichen Monarchen nach Compostella. Man versäumte ganz entschieden nichts, was dem Volk die Bedeutung der Stunde vor Augen führte und ihm bewies, daß hier wirklich ein Kreuzzug, ein heiliger Krieg ausgefochten wurde.

Nach dem Fall von Ronda im Mai 1485 hatten auch die übrigen Festungen des Gebietes kapituliert, und im

Frühjahr 1486 beherrschte Ferdinand den ganzen westlichen Teil des maurischen Königreiches. Mit Beginn der schönen Jahreszeit, Voraussetzung für Feldzüge, setzte er sich wieder in Richtung auf Loja in Bewegung, um die Erinnerung an die beschämende Niederlage durch einen Sieg auszulöschen.

Auch Boabdil träumte nach der erlittenen Schmach von Vergeltung und stieß mit seinen Streitkräften zum Kommandanten der Festung von Loja, Hamet el Zegri. Wieder ließ ihn das Kriegsglück im Stich. Am 29. Mai 1486 wurde die Stadt von den Spaniern bezwungen, Boabdil geriet verwundet in Gefangenschaft und wurde erst nach Wiederholung seines Schwurs freigelassen, daß Granada an die Spanier übergeben werden müsse, sobald Guadix in ihre Hände gefallen war. Man fragt sich, was im Kopf dieses Prinzen vorgegangen sein mag, als er dem Erzfeind das Kleinod seines maurischen Erbes für seine Freiheit verkaufte. Er zog sich in die Alhambra zurück. El Zagal (El Zegri), auch Mohammed II., dem die Flucht aus Loja gelungen war, setzte sich nach Almeria ab, wo er sich in Boabdils bisheriger Residenz niederließ. Während die beiden maurischen Fürsten ihre Wohnsitze tauschten, nahm Isabella, in Schwarz und Gold gekleidet, unter dem Wirbel der Tamburen und lauten Beifallsrufen des Volkes die Ehrenparade ihrer Armee ab.

1487 trat der Krieg in eine neue Phase. Ferdinand verfügte jetzt über eine riesige Armee von siebzigtausend gut bewaffneten und gut ausgebildeten Soldaten. Nachdem er Velez Malaga dem Erdboden gleichgemacht hatte, richtete er sein Augenmerk auf die zweitwichtigste Stadt im Königreich: Malaga, bis zur spanischen Blockade das Tor nach Afrika. Hier stieß er auf einen ihm wohlbekannten Gegner, Hamet el Zegri, der persönlich die Verteidigung des lebenswichtigen Platzes übernahm; der war von zwei mächtigen Bollwerken, Alcazaba und Gibralfaro flankiert. Sie galten als uneinnehmbar; Alcazaba allein besaß einhundertzwölf Befestigungstürme.

Nach einigen Anfangserfolgen blieben die Angreifer stecken. Eine Epidemie raffte einen Teil der Armee hin, und bald neigten sich die Munitionsvorräte ihrem Ende zu. Aus dieser hoffnungslosen Lage sah der König nur einen Ausweg, den Ruf nach dem unbeugsamen Geist des Königreiches, nach der wundertätigen Gegenwart eines Symbols, das allein Fortunas Rad eine neue Wendung geben konnte. Mit anderen Worten, er rief seine Gemahlin zu Hilfe!

Isabella war jetzt sechsunddreißig Jahre alt und hatte sechs Geburten und endlose Machtkämpfe hinter sich, aber sie kam. Die blonde Erscheinung in glänzender Rüstung verfehlte ihre Wirkung nicht. Die Mutlosigkeit machte einem neuen Siegesgefühl Platz, die Kräfte kehrten zurück. Wenig später stieß der Herzog von Medina Sidonia mit sechshundert Lanzen zu ihnen, und die Flotte löschte an der Küste Nachschub für die Armee. Die Belagerer holten zum entscheidenden Schlag aus.

Obwohl sich bei den Verteidigern Malagas Krankheit, Entbehrungen und Erschöpfung bemerkbar machten, hofften sie auf ein Wunder. Heroisch lehnten sie eine Aufforderung zur Übergabe ab. Die Tage vergingen, und die Hitze wurde unerträglich. Ohne Nahrungsmittel und Trinkwasser schwand jede Aussicht auf Sieg. El Zegri gab nach und stellte einen Antrag auf ehrenvolle Waffenstillstandsverhandlungen, den Ferdinand mit der Forderung nach einer bedingungslosen Kapitulation beantwortete. Darauf drohten die Mauren, die christlichen Gefangenen umzubringen. »In diesem Falle,« ließ der König sie wissen, »kommt kein Malagueno* mit dem Leben davon.« Endlich öffneten sich die Tore.

Isabella verhinderte zwar ein Blutbad unter den Einwohnern der Stadt, aber sie ließ es zu, daß alle, groß und klein, ausnahmslos versklavt wurden, was zu einem mit der christlichen Nächstenliebe kaum zu vereinbarenden Menschenhandel führte. Viele landeten zur Bereicherung der Staatskasse auf dem Sklavenmarkt, andere wurden gegen christliche Sklaven in Nordafrika ausgetauscht, wieder andere dienten als Geschenke an den Papst, an die Königin von Neapel, Ferdinands Schwester, an die Königin von Portugal oder an die Ritter, die sich im Kampf besonders hervorgetan hatten.

In den Klang der Glocken und des Te Deums mischten sich die Festlichkeiten eines Autodafés. Man verbrannte die Juden Malagas. Vater Abarca notierte devot: »Es gab Feste und Illuminationen, die der Gottesfürchtigkeit unserer katholischen Herrscher wohl anstanden.«

***

Das Schwierigste stand noch bevor: die Einnahmen der östlichen Gebiete des Königreiches, die von den drei stark befestigten Städten Almeria, Guadix — unter dem Befehl El Zagals — und Baza beherrscht wurden. Ferdinand glaubte, in Baza die leichteste Beute zu haben.

Er irrte sich. Die Verteidigung dieser Festung lag in den Händen von Yahya an Najjar, einem Schwager El Zagals, wie dieser Gegner Boabdils und Anwärter auf

---

6)* Malagueno = Bewohner Malagas

die Herrschaft in der Alhambra, wie dieser ein unbezähmbarer Haudegen auf dem Schlachtfeld, was ihm die Beinamen »Streiter des Glaubens« und »Schwert des Islams« eingetragen hatte. Er leistete wütenden Widerstand.

Baza war von dichten Wäldern umgeben, die mühsam, Baum um Baum, erkämpft werden mußten, bevor man sie abholzen konnte. Ein unerwartet früher Winter brachte Überschwemmungen, die die in harter Arbeit aufgerichteten Palisaden und Angriffstürme niederrissen. Die Nachschubwege waren abgeschnitten. Es fehlte an Munition, Nahrungsmitteln und − schlimmer noch − an Geld, um die Söldner zu bezahlen.

Der Marquis von Cadix riet zum Rückzug. Ferdinand stimmte ihm zu, wagte aber nicht, seine Stellungen ohne das Einverständnis der Königin aufzugeben. Isabella, unbeugsam wie eh und je, widersetzte sich. Doch beließ sie es nicht bei leeren Worten. Mit der ihr eigenen Energie machte sie das unmöglich Scheinende möglich. In kürzester Zeit waren die Nachschubstraßen freigeschaufelt. Vierzehntausend Maultiere schleppten Pulver, Hafer und Gerste über die Pässe der Sierra bis vor das Felsennest. Außerdem rief Isabella die Andalusier bis ins Alter von siebzig Jahren zu den Waffen.

Fehlten noch die notwendigen Gelder. Die Monarchin gab ihre persönlichen Reichtümer, ihr Goldgeschirr, ihren Schmuck, darunter das Halsband der Joana Enriquez und die Krone Ferdinands III., des Heiligen, her . . . um sie wem zu verpfänden? Den Juden, wenigstens denjenigen, die von der Inquisition bisher verschont geblieben waren und die, sei es aus Angst vor der Strafe, sei es in der vagen Hoffnung, ihre Verfolger gnädig zu stimmen, die geforderten Summen vorstreckten. Sie erlaubten es, den Söldnern ihren Lohn zu zahlen und die modernste Kanone der damaligen Zeit aus Italien kommen zu lassen.

Das genügte der vor Baza festgefahrenen Armee noch immer nicht. Sie wollten die Gegenwart ihrer Königin, die sie auf Grund ihrer Unerschrockenheit und Entschlußkraft wie eine Art Talisman, ein Sinnbild ihres Schlachtenglücks, verehrten.

Ihr Ruf verhallte nicht ungehört. Noch einmal begab sich Isabella mit dem Infanten Juan, der nun treu ergebenen Bobadilla und ihren Hofdamen auf die winterlichen Straßen. Umpeitscht von eisigen Regenböen durchquerte sie das Gebirge auf aufgeweichten Wegen und tauchte getreu ihrer Gewohnheit wie eine Erscheinung aus einer anderen Welt im Feldlager auf.

Der Italiener Petrus Martyr, der das spanische Heer begleitete, erzählt: »Die Königin schritt daher, als hieße es, die Hochzeit ihrer Tochter zu begehen, und ihr Anblick schien auf einen Schlag die vom langen, ermüdenden Kampf erschöpften Herzen mit neuer Kraft zu beleben.«

Drei Tage später trat wie ein Blitz aus heiterem Himmel ein Ereignis ein, das dem Krieg eine unerwartete Wende gab. Wahrscheinlich handelte es sich um das Ergebnis langer geheimer Verhandlungen, über deren Hintergründe sich die Historiker heute noch nicht im klaren sind: Yahya, »das Schwert des Islams«, vollzog eine völlige Kehrtwendung. Er lieferte nicht nur die Schlüssel zu seiner Festung aus, sondern ging zum Feind über! Man nimmt an, daß er sich diesen Abfall mit einer großen Summe und dem freien Abzug der Garnison und der Stadtbewohner vergelten ließ. Einzige Bedingung war die Zustimmung seines Schwagers El Zagal. Ein zweites Wunder geschah. El Zagal, Haupt der Partei der Zegris, verkündete, daß auch er sich mit den ihm unterstehenden Festungen ergab!

Am 4. Dezember 1489 hielten die Könige in Baza

Einzug, am 23. in Almeria und am 29. in Guadix. Yahya trat zum christlichen Glauben über und wurde in
die höchsten Ämter des kastilischen Königreiches berufen. Auch El Zagal wurde von den Siegern in Ehren
aufgenommen und hätte zweifellos in Kastilien sein Leben in Frieden und Reichtum beenden können, wäre
ihm nicht die unglückselige Idee gekommen, nach Afrika überzusetzen. Der Sultan von Fez ließ ihn, sei es,
weil er ihm aus irgendeinem Grunde übelwollte, sei es,
weil El Zagal Boabdils Partei vertrat, verhaften und
blenden. Der ehemalige Emir von Granada beschloß
seine Tage als Bettler.

Von da an konnte nichts mehr den Fall von Granada
aufhalten. Man hätte annehmen können, daß Boabdil
schon deswegen verzweifelt war, weil sein mit Ferdinand geschlossener Vertrag ihn nun zur Auslieferung
seiner Vaterstadt verpflichtete. Nicht einmal dazu zeigte er sich fähig. Als würdiger Sohn seiner Mutter Aicha
hatte er geglaubt, sich seiner Macht doppelt zu versi-
chern, indem er dreißig der edelsten und damit der ein-
flußreichsten Vertreter der Abencerages umbringen
ließ. Als nun auch noch die Bedrohung von seiten seiner gefährlichsten Gegner von ihm genommen war, ließ
er schamlos seiner Freude freien Lauf.

\*\*\*

Von der Einlösung des gegebenen Wortes war nicht die
Rede. Wäre es nach Boabdil gegangen, hätte er sich
vielleicht unterworfen, aber die Offiziere, die sich um
den energischen Feldherrn Mousa ben Ali Gazan
scharten, ließen das nicht oder noch nicht zu.

Die Könige ihrerseits hatten keine Eile, blutige
Kämpfe um eine Frucht zu entfesseln, die ihnen

zwangsläufig in den Schoß fallen mußte. Ferdinands mahnende Aufforderung, gegen freien Abzug und ehrenhafte Behandlung der Moslems den Vertrag zu erfüllen, blieb offiziell unbeantwortet, obwohl anzunehmen ist, daß der Schwächling auf Umwegen um Geduld bat.

Wochen und Monate vergingen. Unmerklich zog sich der Ring um die »Perle Andalusiens« zusammen. Granada bot mit ihrem Strom von Flüchtlingen und Invaliden den Anblick einer kurz vor dem Fall stehenden, belagerten Stadt, in der es am Nötigsten mangelte und deren Einwohner von einem Extrem ins andere stürzten. Zeitweilig gaben sie sich wie Menschen, die vom Leben nichts mehr zu erwarten hatten, allen vom Koran verbotenen Ausschweifungen hin. Dann wieder hofften sie Allahs Zorn durch ein asketisches Leben zu beschwichtigen. Man ging soweit, Bücher zu verbrennen, die Erzählungen oder Gedichte lockeren Inhalts enthielten.

Inzwischen zerstörten die Spanier systematisch die Vega, die Speisekammer der Stadt, und warteten geduldig, bis der Hunger den Kampf für sie beendete. Ihre siegesgewisse Hochstimmung stand im krassen Gegensatz zur Niedergeschlagenheit ihrer Gegner.

Erst im Frühling 1491 — fast zehn Jahre nach der Wiederaufnahme der Reconquista — rüstete Ferdinand an der Spitze einer Armee von fünfzigtausend Mann zur endgültigen Eroberung Granadas. Trotz des Vertrags mit Boabdil, der von seinen früheren Parteigängern und Ministern wie ein Gefangener gehalten wurde (Abencerages und Zegris hatten sich angesichts der gemeinsamen Gefahr versöhnt), verteidigte Mousa ben Ali Gazan »die von Smaragden und Diamanten leuchtende Schale« mit dem Mut der Verzweiflung. Nicht, daß es zu größeren Kampfhandlungen gekommen wäre; diesen wich Ferdinand aus, um unnötiges Blutvergießen zu vermeiden. Auch die Eingeschlossenen wußten, daß sie mit einem massiven Ausfall gegen die Artillerie der Belagerer nichts ausrichten konnten. Die Feindberührung spielte sich in Überraschungsangriffen, Stoßtrupps und im Waffengeklirr ritterlicher Einzelkämpfe ab, deren Episoden der mittelalterlichen Heldenepen würdig waren und noch heute in den alten *Canciones* lebendig sind.

Isabella ging dieses Geplänkel viel zu langsam. Von Ungeduld getrieben, ließ sie sich im Feldlager nieder und hörte nicht auf, die Soldaten zu neuen Taten zu ermuntern. Eines Tages gelang es einem Mauren, sich in die Zeltstadt der Spanier einzuschmuggeln und in der Nähe des Königszelts eine Lanze in den Boden zu pflanzen. An seinem Heft hing ein Zettel mit der Aufschrift: »Isabella ist eine Hure.«

Die Antwort ließ nicht lange auf sich warten. In derselben Nacht noch drang ein kastilischer Ritter in die Stadt ein und bohrte einen Dolch in den Türrahmen einer Moschee. Die aufgespießte Botschaft lautete: »Ave Maria«.

Wenige Tage später ereignete sich ein unvorhersehbares Unglück, an dem das ganze Unternehmen noch hätte scheitern können. Durch das Ungeschick einer Dienstmagd, die mit einer brennenden Kerze hantierte, ging das Königszelt in Flammen auf. Isabella entkam erst im letzten Augenblick, weil sie ihrer Gewohnheit entsprechend ihre ganze Aufmerksamkeit auf die Rettung der Staatspapiere richtete. Zum Ersatz für ihre verbrannte Garderobe mußte sie sich Gewänder bei der Gattin ihres Feldherrn Gonzalves von Cordoba ausleihen.

Vielleicht legte sie bei dieser Gelegenheit das Gelübde ab, bis zum Fall Granadas ihre Kleider nicht zu wechseln? Die berühmte Legende, die von diesem Ereignis ausging, verbindet sich ausschließlich mit der Farbe, die ihr Hemd angenommen haben soll und die seither ihren Namen trägt. Eugenio d'Ors* schreibt dazu: »Man macht es sich heutzutage leicht, dem erstaunlichen Versprechen einen lächerlichen oder gar zweideutigen Anstrich zu geben. Wenn man jedoch mit dem religiösen Leben der Zeit vertraut ist, wird seine Tragweite deutlich. Die für ihre Reinlichkeit bekannte Königin wählte, um der Bedeutung ihres Gelübdes Gewicht zu verleihen, ein ihr besonders schwer erträgliches Opfer, das ihren Neigungen und Gewohnheiten empfindlich widersprach.«

Die Feuersbrunst beschränkte sich nicht auf die Unterkunft der Königin. Vom Wind angefacht sprang sie von Zelt zu Zelt, und bald loderte das spanische Lager in hellen Flammen. Isabella weigerte sich, den schweren Rückschlag als böses Omen zu deuten, und ihr Befehl, an derselben Stelle, in Sichtweite Granadas, eine neue Stadt aus Steinen und Mörtel zu errichten, mutet wie eine Herausforderung an das Schicksal an. Die Bauarbeiten nahmen drei Monate in Anspruch. Fassungslos beobachteten die Belagerten, wie vor ihren Augen eine neue Siedlung in Form eines Kreuzes aus dem Erdboden wuchs, mit Straßen und Plätzen und Kirchen, von einer Mauer mit zwei mächtigen Toren umgeben. Sie erhielt den für einen Kreuzzug symbolischen Namen Santa Fé.

Eines Tages wollte die Königin von einer Höhe der Sierra Nevada aus einen Blick auf die sagenhafte »Perle

---

* Eugenio d'Ors, *Ferdinand und Isabella, die katholischen Könige von Spanien*

Andalusiens« werfen. Zu ihren Füßen nahm das spanische Heer Aufstellung. Mousa, der den Vorgang aus der Ferne beobachtete, glaubte an einen Großangriff, dem er mit einem Ausfall zuvorzukommen hoffte.

In bewährter Taktik befahlen die Könige, die Schlacht zu vermeiden, als ein riesenhafter, schwarzer Reiter mit geschlossenem Visier auftauchte. Den Schwanz seines Pferdes zierte ein Tuch mit der Aufschrift »Ave Maria«. Diese Beleidigung der heiligen Jungfrau verlangte eine Antwort mit dem Schwert! Unter dem Schnauben der Rosse, dem Klirren der Waffen und Rüstungen, dem Kampfgeschrei der Streiter prallten die beiden Armeen aufeinander. Mousa hatte bereits tausend Mann auf dem Schlachtfeld verloren, als er mit den Seinen, geschlagen, die Stadt wieder erreichte und die Tore schließen ließ. Es sollte der letzte Kampf sein. Boabdil, schon längst zur Aufgabe entschlossen, hatte über seinen Wesir geheime Verhandlungen mit Hernando de Zafra, dem Sekretär der Monarchen, und Gonzalves von Cordoba angeknüpft; letzterer erntete später unter dem Namen »der große Hauptmann«, in Italien Ruhm.

Am 28. November 1491 unterzeichnete Boabdil den in einem überaus gemäßigten Ton abgefaßten Geheimvertrag, aufgrund dessen er sechzig Tage später die Schlüssel von Granada aushändigen sollte. Gegen Übergabe der Stadt und Freilassung der christlichen Gefangenen erklärten sich die Könige bereit, die Religionsausübung und Moscheen, die Tradition des täglichen Lebens wie den Besitz ihrer Bewohner unangetastet zu lassen und denen, die nach Nordafrika auszuwandern wünschten, Schiffe der spanischen Flotte zur Verfügung zu stellen. Boabdil erhielt ein kleines Fürstentum im Herzen des Alpujarra-Gebirges zugesichert.

Bald schon pfiffen die Spatzen die geheimen Abmachungen von allen Dächern; dies rief, wie nicht anders zu erwarten war, die unterschiedlichsten Reaktionen hervor. Die einen zeigten sich erleichtert über das Ende des Kriegszustands, das sich am Horizont abzeichnete, die meisten waren empört, und die Fanatischen unter ihnen glaubten fest, daß Mahomet (Mohammed) ihnen noch zu Hilfe kommen werde.

Boabdil, der mit Recht einen Aufruhr fürchtete, dem er als erster zum Opfer fallen würde, kam den drohenden Ereignissen zuvor. Im Morgengrauen des 1. Januar 1492, an dem ein Schneegestöber die Konturen der Stadt verwischte, ließ sich der Großwesir, begleitet von fünfhundert Stadtältesten, die als Geiseln dienten und denen eine vorzügliche Behandlung zuteil wurde, mit der Bitte um sofortige Ausführung des Vertrags bei den Königen melden. Schon am gleichen Abend kehrte er an der Spitze einer Gruppe spanischer Offiziere zurück, denen Boabdil die Schlüssel zum Bollwerk von Comares übergab.

Einige hundert kastilische Söldner folgten und besetzten unter dem Ruf »Kastilien! Kastilien!« den ihm vorgelagerten Festungswall.

Im ersten Licht des 2. Januar 1492 – eines im Bewußtsein der Spanier unauslöschlichen Datums – setzte sich der Zug der Sieger von Sante Fé aus in Bewegung. Hinter den Bannern der Heiligen Jungfrau und des Santiago-Ordens schritten Mendoza, der Kardinal Spaniens, die Bischöfe, Mönche und zahlreiche Vertreter des kastilischen und aragonesischen Adels. Ihnen folgten, hoch zu Roß, die Könige: Ferdinand in goldverbrämtem Wams und einem mit Zobel besetzten Umhang, neben ihm Isabella, ebenfalls in einem Gewand aus Goldlamé, über dem sie ein rotes Mäntelchen und einen weiten Überwurf aus schwarzem Samt trug, umgeben von den Mitgliedern des Hofes. Hinter ihnen marschierte die Armee in glänzender Rüstung.

Bei einem kleinen islamischen Heiligtum am Ufer des Genil — das später in eine dem heiligen Sebastian geweihte Einsiedelei umgewandelt wurde — machte der Zug halt, um das Eintreffen Boabdils abzuwarten. Von weitem beobachteten sie, wie sich die Tore der Alhambra öffneten und sich der Emir, der unter einem riesigen Turban fast verschwand, an der Spitze eines Trupps von etwa hundert Pferden und Maultieren auf sie zubewegte. Man erzählte sich, daß sie alles hinter Boabdil hertrugen, was Bedeutung für ihn hatte: seine Familie, seine Reichtümer und die Särge seiner Ahnen.

Bei den Spaniern angekommen, wollte Boabdil vom Pferd steigen und dem König die Hände küssen, was Ferdinand abwehrte. Darauf neigte der letzte maurische Herrscher von Granada sein Haupt und sprach folgende Worte, die Fernandez de Oviedo für die Nachwelt festhielt:

»Nehmt, Euer Gnaden, diese Schlüssel Eurer Stadt und Eurer Alhambra zu eigen. Tretet ein, sie sind Euer Besitz, so lautet der Wille Allahs.«

Ferdinand reichte die Schlüssel an Isabella weiter, die sie ihrem Sohn übergab. Als letzter nahm sie der zum Gouverneur der Stadt ernannte Graf von Tendilla in Empfang. Der so viele Jahre als Geisel gehaltene Sohn Boabdilab wurde in die Freiheit entlassen.

Der Emir wendete sein Roß und entfernte sich mit den Seinen durch das Gebirge auf sein winziges Fürstentum zu. Bekannt ist, daß er sich auf seinem Weg noch einmal tränenüberströmt umwandte, um einen letzten Blick auf Granada zu werfen. Bekannt sind auch die Worte, die seine Mutter, die so verhängnisvoll in sein Schicksal eingegriffen hatte, an ihn richtete:

»Weine, mein Sohn, beweine wie ein Weib das Königreich, das du nicht fähig warst, wie ein Mann zu verteidigen.«

Mendoza betrat als erster die Alhambra und ließ ein großes silbernes Kreuz aufrichten, umrahmt von Standarten und Kirchenbannern. Bei ihrem Anblick sanken die Könige und die Granden in die Knie und stimmten ein Te Deum an. Das langersehnte Ziel war erreicht. Die Mauren hatten ihre Herrschaft über Spanien verloren, das nun wieder ganz in den Schoß der christlichen Kirche zurückgekehrt war und in den Händen der Dynastie der Trastamare lag.

Das Ausland betrachtete das Ereignis weniger als einen spanischen Sieg denn als Triumph der gesamten Christenheit. Die Glocken läuteten in Rom, Paris und London.

Am 6. Januar 1492 hielt Isabella Einzug in die Alhambra. Sie stand auf dem Höhepunkt ihrer Macht. Ohne jeden Zweifel war ihr Werk, selbst der usurpierte Thron, vom Himmel gesegnet.

Zehntes Kapitel

# Reinigung

Während der Heilige Krieg seinem Höhepunkt zusteuerte, ereignete sich im Innern des Landes ein unglaublich anmutender Zwischenfall, den sich Torquemada für sein düsteres Werk zunutze machte.

Alles begann im Juni 1490 in dem aragonesischen Dorf Astorga. Ein Wollweber (an manchen Stellen wird er als Fuhrmann bezeichnet) namens Benito Garcia, ließ in der Gaststube einer Herberge seinen Reisesack liegen, als er sich zum Schlafengehen zurückzog. Neugierige Herbergsgäste durchwühlten das Gepäck und fanden darin eine Hostie oder vielmehr das, was sie in der über dem ganzen Land lastenden Atmosphäre von religiösem Fanatismus und Aberglauben für eine Hostie hielten.

Der unselige Weber sah sich vor den Verantwortlichen der Inquisition, Pedro de Villega, geschleppt und protestierte energisch gegen die ihm zur Last gelegten Anschuldigungen. Zweihundert Stockhiebe preßten ihm das Geständnis ab, ein mosaïscher Converso zu sein. Nach der unmenschlichen Wassertortur bekannte er, »aus Verachtung für den Corpus Christi vor dem Viatikum (letzte Kommunion) auszuspucken« und bei seinem Freund Ça Franco die jüdischen Riten auszuüben.

Ça Franco wurde mit seinen beiden Söhnen Moses

und Yucé verhaftet und in das Gefängnis von Segovia gesperrt. Wenig später wurde Yucé krank und war so unvorsichtig, nach einem jüdischen Arzt zu verlangen. Daraufhin schlich sich ein Dominikaner, der in Wirklichkeit auf den Namen Alonso Henriquez hörte und selbst ein Converso war, unter dem Pseudonym Rabbi Abraham bei dem Gefangenen ein und gewann sein Vertrauen. Der offenbar sehr naive Yucé erzählte ihm prompt, daß er den Grund zu seiner Verhaftung in »dem nach der Art des Otohais verübten Mord an einem kleinen Jungen« sah.

Angeblich sprach Yucé hebräisch, doch hütete man sich wohlweislich, für das seltsame Wort »Otohais« eine Deutung in Spanisch zu suchen, sondern beschränkte sich auf die Behauptung einiger Experten, daß es Christus bezeichnete.

Die Affäre begann, Aufmerksamkeit zu erregen. Torquemada maß ihr soviel Bedeutung zu, daß er es ablehnte, die Könige bei der Reconquista Granadas zu begleiten. Er nahm Wohnsitz in Avila und ließ sich die Gefangenen, deren Anzahl sich um Franco und Alonso Garcia, Getreidehändler aus La Guardia, Brüder des Wollwebers Benito Garcia und Conversos wie er, erhöht hatte.

Zur Erpressung von Geständnissen war die Folter ein unerläßliches und viel verwendetes Hilfsmittel. Mehrere Male auf diese Art peinlich befragt, konnte auch Yucé eine Geschichte entlockt werden, die uns heute haarsträubend erscheint. Fanatikern wie Torquemada galt sie als durchaus plausibel, weil sie in ihr Konzept paßte. Vor drei Jahren, behauptete Yucé, sei ihm in La Guardia der Converso Alonso Garcia begegnet, dem die Reue über den an seinem jüdischen Glauben verübten Verrat keine Ruhe ließ. Um dieses Unrecht gutzumachen, habe er anläßlich des Osterfestes an der Kreuzigung eines Christenkindes teilgenommen.

Während des folgenden langen Prozesses leugnete Yucé beharrlich die unter der Folter gestandene Greuelgeschichte, was die Inquisitoren zur Anwendung neuer, raffinierter Hilfsmittel zwang. Man steckte Yucé und Alonso Garcia in zwei nur durch eine Wand getrennte Verliese und richtete es diskret so ein, daß die beiden miteinander in Verbindung treten konnten. Selbstverständlich wurden ihre Gespräche abgehört. Wieder folgten Folter und peinliche Befragung, bis sich der junge Mann unter der Bedingung, daß sein Vater in Ruhe gelassen würde, zu einem vollen Geständnis bereiterklärte. Man gab ihm dies Versprechen, das nach den Statuten der Inquisition ohnehin null und nichtig war. Die Niederschrift des Geständnisses läßt die Geschichte wie einen Höllenspuk erscheinen.

Demnach habe drei Jahre zuvor in La Guardia eine Zusammenkunft stattgefunden, an der die Familie Franco, die Brüder Garcia, ein Bettler und ein Arzt namens Tarzarté, der unterdessen gestorben sei, teilgenommen hätten. Alonso Garcia habe das Herz eines Christenkindes mit sich geführt, und zwar in einer Schachtel, in der sich bereits eine profanierte Hostie befunden habe. Mittels dieser Schachtel, die er magischen Riten unterwerfe, so Tarzarté, würden alle Inquisitoren von der Tollwut befallen und eines elenden Todes sterben, falls sie die Judenverfolgung fortsetzten. Das war noch nicht alles. Die Versammelten hätten die Zauberformeln des Tarzarté als ungenügend betrachtet und Benito Garcia beauftragt, die Hostie und das Kinderherz einem fähigeren Magier in Zamora zu überbringen. Auf seiner Reise sei dann Benito Garcia in Astorga gefaßt worden.

Das klang gut, war jedoch nicht ausreichend, denn es fehlte die Kreuzigungsszene des Kindes, womit neue Vernehmungen und neue Torturen begannen, denen keiner der Angeklagten, auch nicht der alte Franco, entrann. Man ging dieser Tätigkeit mit solcher Ausdauer nach, daß schließlich doch noch »alles an den Tag gebracht werden konnte«.

Man habe — so die umfassenden Geständnisse — das Kind eines Faßbinders entführt und, auf einem Esel reitend, in eine Höhle gebracht. Dort sei es im Kerzenlicht von der Geißelung über die Dornenkrone bis zur Kreuzigung allen Leiden unterworfen worden, die von der Passion Christi bekannt waren. Das Kind habe Tränen vergossen, weil es weniger Schläge erhalten habe als der Heiland! Torquemada versetzten diese Aussagen in einen Zustand höchster Exstase. Als ihn die Bewohner von Avila darüber hinaus noch mit dem Mord an einem Juden überraschten, kannte seine Glückseligkeit keine Grenzen. Es erstaunt niemanden, daß sich nach diesen und ähnlichen durch Prozeßakten bis in unsere Zeit überkommenen Ereignissen die Legende jüdischer Ritualmorde verbreitete und über die Jahrhunderte lebendig blieb.

Die der Gotteslästerung überführte Verbrecherclique wurde am 16. November 1491 in Avila öffentlich verbrannt, das mysteriöse Kind aus La Guardia alsbald Gegenstand göttlicher Verehrung bei einem in empörter Trance erschauernden spanischen Volke. Obwohl Rom nie eine Heiligsprechung auch nur in Aussicht stellte, erstanden, im ganzen Land verteilt, mehrere ihm geweihte Heiligtümer.[*]

---

[*] Siehe Loeb in der *»Revue des Etudes juives«*

***

Isabella und Ferdinand genossen in Granada ihren Sieg über die heidnischen Mauren, als sich Torquemada melden ließ und ihnen mit seinen finsteren Enthüllungen die Freude verdarb.

1483 hatte er damit begonnen, die Juden aus Andalusien zu vertreiben, da ihre große Zahl die Trennung zwischen ihnen und den verdächtigen Conversos erschwerte. Jetzt sei die Stunde gekommen, meinte er, ganz Spanien von diesem Natterngezücht zu befreien. Er sei im Besitz ganzer Listen von seit Jahrhunderten geopferten Märtyrerkindern. Seit der Einnahme Granadas gab es kein Königreich der Ungläubigen mehr auf der Halbinsel. Die Reconquista müsse durch die Säuberung von jeder Spur der Ketzerei ihren krönenden Abschluß erfahren!

Zur Verteidigung des Großinquisitors mag immerhin vorgebracht werden, daß es ihm weniger um die Beseitigung der Juden als um ihre Bekehrung ging. Nach seiner Vorstellung wurden sie durch die Aussicht auf ein unbarmherziges Exil zwangsläufig auf den rechten Weg des christlichen Glaubens geführt. Er warf ihnen gewissermaßen einen Rettungsanker zu. Zeigte ihnen nicht der Mord an dem Juden in Avila zur Genüge, wie groß der Zorn des Volkes gegen sie war und welchen Gefahren sie sich unnötigerweise aussetzten?

Die Könige ließen sich nicht sofort überzeugen. Bei den Juden jedoch begannen sich die Absichten Torquemadas herumzusprechen. Auch in Spanien wurde deutlich, was sich im Laufe der jüdischen Diaspora immer wieder zeigte: Trotz der Verfolgungen, denen die Juden überall ausgesetzt waren, fühlten sie sich dem Land, das ihnen seit Generationen zur Heimat geworden war, tief verwurzelt.

Am 30. März 1492 wurde eine Gruppe Juden unter der Führung des ehrwürdigen Kabbalisten und königlichen Steuereinnehmers Isaak Abrabanel in der Alhambra vorstellig, die den Monarchen als Wohnsitz diente. Sie brachten die Dienste in Erinnerung, die sie der Krone mit ihrer finanziellen Unterstützung leisteten und boten zu deren Bereicherung ein Lösegeld von dreißigtausend Dukaten. Desgleichen verpflichteten sie sich, die gegen sie erlassenen Gesetze im Falle ihres Verbleibens in Spanien mit peinlicher Genauigkeit zu befolgen und vor allem nachts die *Juderias*, ihre Ghettos, nicht zu verlassen. Isabella war von diesen Zeichen aufrichtiger Unterwerfung gerührt, Ferdinand fühlte sich von der Aussicht auf die unerwarteten Einnahmen beflügelt. Schon waren sie geneigt, dem Flehen der unglücklichen Bittsteller nachzugeben, als der Großinquisitor aufgebracht in den Audienzsaal stürzte.

»Judas Ischariot verriet Christus für dreißig Silberlinge!« wetterte er, »Eure Hoheiten sind dabei, ihn für dreißigtausend zu verkaufen!«

Mit diesen Worten zog er ein Kruzifix hervor und schleuderte es vor den Augen der sichtlich betroffenen Majestäten auf einen Tisch, um gleich darauf im Zustand höchster Erregung den Raum zu verlassen.

Isabella war erschüttert und zog sich zurück, um sich zu sammeln. Ferdinand begann bereits auszurechnen, daß ihm die Vertreibung der Juden und die Beschlagnahme ihrer Vermögen wesentlich mehr einbrächten als die gebotenen dreißigtausend Dukaten.

Schon am nächsten Tag, dem 31. März 1492 wurde das Verbannungsedikt unterschrieben, in dem es hieß: »Sämtliche Juden, Männer, Frauen und Kinder, mit Ausnahme derer, die sich taufen ließen, haben die Königreiche bis zum 1. Juli 1492 zu verlassen.« Kamen sie zurück, so erwartete sie das Todesurteil. Christen, die ihnen auf irgendeine Weise Beistand leisteten, würden als Ketzer betrachtet und als solche behandelt.

Das Edikt lautete weiter: »Trotz der Einrichtung der Inquisition hat der Schaden angedauert, der den Christen durch die andauernde Ausübung der jüdischen Glaubensvorschriften zugefügt wurde. Die Juden haben damit bewiesen, daß sie unerschüttert ihr Zersetzungswerk fortzusetzen gedenken, um die Rechtgläubigen vom Pfad des apostolischen Bekenntnisses fortzulokken, zu verhetzen, zu verderben, ihr Urteil und ihre Glaubensmeinung zu verfälschen, indem sie ihre eigenen Bekenntnisse in die katholischen Feiern einführten, christliche Söhne beschneiden ließen und christlichen Kindern Brot ohne Hefe und koscheres Fleisch zu essen gaben.«

Die in dem Erlaß vom 31. März 1492 verordneten finanziellen Sanktionen bildeten möglicherweise das Vorbild für Gesetze, die in den vierziger Jahren unseres Jahrhunderts gegen die Juden erlassen wurden: Wohl hatten die Geächteten das Recht, ihren Besitz zu veräußern, aber nicht die Erlaubnis, Geld, Gold oder Silber mit sich zu nehmen. Damit standen sie vor dem Ruin.

Sogar ein Antisemit wie Andrés Bernaldez konnte sich eines gewissen Mitleids nicht erwehren. »Das Edikt erlaubte es zahlreichen Christen«, schrieb er, »für wenig Geld viel Besitz, vornehme Häuser und riesige Landgüter zu erwerben. Die Juden klopften an alle Türen, ohne Käufer zu finden, und waren schließlich gezwungen, ein Haus gegen einen Esel oder einen Weinberg gegen ein Stück Stoff einzutauschen.«

Die *Juderias* blieben menschenleer zurück, aber mit dem gesamten Hab und Gut der früheren Besitzer angefüllt. Ein angebliches Schreiben der Juden an ihre

Glaubensbrüder in Konstantinopel mit der Bitte um Rat ist hinsichtlich seiner Echtheit umstritten. Sicher ist dagegen, daß die »offizielle Antwort der Glaubensbrüder« aus der Feder eifriger Inquisitoren stammt. Sie hatte das Ziel, für die Hinterhältigkeit der Kinder Israels ein beredtes Zeugnis abzulegen, soweit sich dies noch als notwendig erweisen sollte. In verschiedenen Ländern wurden nämlich Stimmen laut, die das Schicksal der Vertriebenen bedauerten und zum Verstummen gebracht werden mußten.

Zum Beispiel schrieb ein berühmter italienischer Philosoph des fünfzehnten Jahrhunderts, Pico della Mirandola: »Die Leiden des jüdischen Volkes, in denen sich die angebliche göttliche Gerechtigkeit zu gefallen scheint, waren so groß, daß sie die Herzen der Christenheit mit Mitleid erfüllten.«

Der gefälschte Brief der Rabbiner von Konstantinopel war ganz dazu angetan, solche unerwünschten Gefühlsregungen zu unterdrücken. »Als äußerstes Mittel, euch aus der Affäre zu ziehen«, liest man darin, »ist die Taufe zu nennen, die euren Körper, doch nicht eure Seele berührt, die fest im Glauben unserer Väter haftet. Auf diesem Wege wird es euch möglich sein, euch für das erlittene Unrecht zu rächen. Wenn man eure Synagogen entweiht, macht eure Söhne zu Priestern, und sie werden ihre Kirchen entweihen . . . Wenn man eure Kinder tötet, studiert Medizin und tötet die ihren!« In diesem Stil gingen die »Ratschläge« fort.

Der Exodus der Juden setzte im Mai 1492 ein. Über die Zahl der Ausgewanderten sind sich die Historiker nicht einig, aber man veranschlagt sie auf einhunderttausend bis dreihunderttausend. Wieviele es auch gewesen sein mögen, die große Anzahl der Flüchtigen paßte keineswegs in Torquemadas Pläne, und die Dominikaner ließen kein Mittel unversucht, die Flut einzudämmen. Sie wollten Bekehrte, keine Auswanderer.

Der Oberrabbiner und einige Notabeln der jüdischen Gemeinde ließen sich widerstrebend überreden, aber die Masse des Volkes wollte von einer Bekehrung von Torquemadas Gnaden nichts wissen. Abgesehen von ihrer religiösen Überzeugung, an der sie festhielten, blieb es ihnen auch nicht verborgen, daß sie als Conversos in Spanien einen äußerst schweren Stand haben würden. Waren diese nicht dauernd dem Verdacht ausgesetzt, insgeheim ihren Traditionen und Bräuchen treu zu bleiben? Und liefen sie nicht ewig Gefahr, dem rächenden Arm der Inquisition ausgeliefert zu werden?

Die Bekehrungsversuche des Großinquisitors blieben daher ohne Erfolg. Dafür hatte er die Genugtuung, einen Anblick zu genießen, den es seit dem hohen Altertum nicht mehr gegeben hatte: Auf allen Straßen Spaniens schleppten sich endlose Flüchtlingszüge dahin. Es fehlte ihnen am Nötigsten, da sich keiner traute, ihnen zu Hilfe zu kommen oder sie mit Speis und Trank zu versorgen. Sterbende Greise und gebärende Mütter am Wegrand, bettelnde Kinder, Kranke, Verdurstende . . . der ganze Jammer der Menschheit bot sich unverhüllt den mitleidlosen Blicken dar.

Zahlreiche Juden erreichten mit letzter Kraft das Mittelmeer, von dem sie sich, wie Bernaldez berichtete, ein Wunder erhofften, vergleichbar der Teilung der Wasser im Roten Meer, von der die Schriften erzählten. Aber es gab kein Wunder. Statt dessen lauerten Piraten den Flüchtlingen in ihren Nußschalen auf und brachten sie in Massen um, weil sie sich in ihrer Hoffnung auf reiche Beute betrogen sahen. Manchem schlitzten sie den Bauch auf, um in den blutigen Därmen nach Goldstücken zu wühlen.

Einige tausend Juden flohen nach Portugal, wo sie einen vorübergehenden Unterschlupf fanden, bis die Infantin Isabella auf ihrer Ausweisung bestand, bevor sie, nunmehr verwitwet, in zweiter Ehe den Thronerben dieses Reiches, Emanuel, ehelichte (in erster Ehe hatte sie Alfons, Prinz von Portugal, geheiratet).

Andere erreichten Neapel gerade zur rechten Zeit, daß man ihnen vorwerfen konnte, sie hätten die Pest mitgebracht. Wieder andere sahen sich von heftigen Stürmen an die spanische Küste zurückgeworfen und traten »aus Angst und Schrecken zum Christentum über«, wie wir von dem Chronisten Abarca erfahren. Einige Schiffe kämpften sich bis an die Küsten Griechenlands und Kleinasiens durch. Die Glücklichsten von allen gingen in Konstantinopel an Land. Bei dem trostlosen Anblick, den diese Menschen boten, rief Sultan Bajazit, der bisher für Ferdinand größte Bewunderung gehegt hatte, überrascht aus:

»Wie? Ist es möglich, daß ihr den Mann einen klugen Herrscher nennt, der sein Land ausplündert, um unseres zu bereichern?«

Es gab aber auch aufgeschlossene Spanier, die im Innern wie Bajazid dachten. Der Historiker Amador de los Rios, der lange Zeit die Beschlüsse der Könige verteidigte, mußte schließlich zugeben, daß nicht nur die Wirtschaft, sondern auch die Wissenschaft, die ganze Kultur und das allgemeine Wohlergehen der Bewohner durch die Vertreibung der Juden eine schwere Einbuße erlitten.

»Über viele Jahrhunderte hinweg hatten die Juden darum gerungen, sich durch Gelehrsamkeit und Wissen das anzueignen, was zu erreichen ihnen auf anderem Wege verwehrt war ... Ihr Beispiel und ihre Kenntnisse trugen nicht wenig zur Entwicklung der spanischen Zivilisation bei.«

Isabella hatte ein zu feines Gespür für die Vorgänge in ihrem Land, um sich dieser Tatsache nicht selbst bewußt zu sein. Nur war sie in der Vorstellungswelt ihres Mystizismus davon überzeugt, daß ihr Vorgehen ein Gott wohlgefälliges Opfer darstellte. Nie war sie versucht, die dadurch verursachten Schäden wiedergutzumachen, sondern tat eher alles, diese endgültig und unwiderruflich zu machen.

\*\*\*

Wie bereits erwähnt, hatten die Könige den Mauren von Granada das Wort gegeben, ihre Religion nicht anzutasten; dennoch unternahmen sie wenigstens den Versuch, ihre neuen Untertanen auf den rechten Weg zu lenken. Graf von Tendilla, der Gouverneur der Stadt, und vor allem Talavera, der kürzlich ernannte Erzbischof, gingen dabei auf ihre eigene, äußerst tolerante und feinfühlige Art vor. Talavera lud die Alfaquis (islamische Rechtsgelehrte) zu theologischen Diskussionen ein und ließ Auszüge aus den Evangelien ins Arabische übersetzen.

Ximenés de Cisneros, zum Beichtvater der Königin aufgestiegen und als solcher ihr ständiger Begleiter in Granada, beobachtete mit wachsendem Unmut das in seinen Augen skandalöse Tun des friedliebenden Prälaten. Er war aus ganz anderem Holz geschnitzt und vereinigte in seiner Person das kriegerische Temperament eines Carrillo und die eisige Strenge eines Torquemada mit politischem Genie. Manche Historiker vergleichen ihn mit Richelieu. Als er in die Vertrauensstellung bei Hof berufen wurde, hatte er bereits ein wechselhaftes Schicksal hinter sich. Als Erzdiakon von Uzeda erregte er die Aufmerksamkeit Carrillos, der ihn zunächst unter seine Fittiche nahm, sich aber sehr bald mit ihm zerstritt und ihn ins Gefängnis werfen ließ. Zwischen zwei so ähnlichen Charakteren konnte kaum Einvernehmen herrschen.

Bald danach fand man ihn im Gefolge des Kardinals von Spanien, Mendoza, unter dem er die Würde eines Generalvikars bekleidete. Dann plötzlich, er hatte das Alter von fünfzig Jahren noch nicht erreicht, entschied er sich, der Welt zu entsagen, zog die Franziskanerkutte an und wünschte, sein Leben in der Klostereinsamkeit zu beschließen.

Isabella waren die außergewöhnlichen Gaben des seltsamen Mönchs längst aufgefallen. Sie wählte ihn als Beichtvater und ernannte ihn, nach Carillos Tod, zum Erzbischof von Toledo, ein Ruf, dem er sich verzweifelt zu entziehen suchte: Cisneros ergriff die Flucht vor der Königin und gab erst nach, als sich Alexander VI. einschaltete. Der Einsatz des Borgiapapstes für einen Priester, der ihm so unähnlich war, ist erstaunlich.

Kaum trug Cisnero die Bischofsmütze, da wurde auch schon klar, daß er seine Mission mit tödlichem Ernst auszuüben gedachte. Er konnte es nicht ertragen, daß es in Spanien nach der Ausweisung der Juden nun doch noch Ungläubige gab.

Auf sein Betreiben wurden die Kinder der Moslems in Granada entführt, was die islamische Bevölkerung in hellen Aufruhr versetzte. Die aufgebrachte Menge umzingelte den Wohnsitz des Prälaten, der nicht daran dachte, nachzugeben.

»Ich bleibe hier«, rief er unerbittlich, »und wenn es Gott gefällt, erwarte ich hier die Märtyrerkrone!«

Der sanftmütige Talavera stellte die Ruhe wieder her.

Für Ferdinand war die Inquisition, soweit sie gleichzeitig den vorgezeichneten kirchlichen und weltlichen Zwecken diente, zum unentbehrlichen Mittel geworden, seine Ideen einer großen, über die Reichsgrenzen reichenden Politik zu verwirklichen. Durch die Inquisition verfügte er nicht nur über eine nie versiegende Einkommensquelle, sondern außerdem noch über den religiösen Einheitsstaat, der das Fundament zu der ihm vorschwebenden spanischen Großmacht bildete. Die von Cisneros hervorgerufenen Unruhen, die nichts einbrachten, paßten nicht in dieses Konzept. Es gelang ihm, Isabellas Unbeugsamkeit in Glaubensfragen zu erschüttern. Ohne zu bedenken, daß sie es mit einem Meister der Dialektik und Überredungskunst zu tun hatte, forderte sie ihren Beichtvater auf, sich zu rechtfertigen.

Cisneros wußte den Monarchen zu beweisen, daß die Mauren gleich den Juden als Gegner des Staatsgedankens zu betrachten waren und daß die Moslems, indem sie sich auflehnten, von sich aus den Pakt gebrochen hatten, der ihnen nach ihrer Niederlage die Glaubensfreiheit zusicherte. Folglich konnte ihn niemand daran hindern, ihre Konvertierung zu verlangen, damit Spanien endgültig von jeglichem Unglauben befreit würde.

Isabella ließ sich überzeugen, da sie sich nie einem geistlichen Rat verschloß, sofern er von Glaubenseifer getragen war. Nach und nach lenkte auch Ferdinand ein, wenngleich mehr aus politischen Gründen. Die Mauren wurden aufgefordert, zwischen Bekehrung und Todesstrafe zu wählen. Fünfzigtausend unterwarfen sich, die anderen riefen erneut zum Aufstand auf. In den Jahren 1499 und 1500 kam es zu erbitterten Kämpfen.

1499 verfügte die Königin, daß die Mauren Granadas ihre Heimat endgültig verlassen oder sich taufen lassen mußten. Drei Jahre später wurde das Edikt, das Richelieu als das barbarischste Dokument der Weltgeschichte bezeichnete, auch auf die Mohammedaner Kastiliens und Leóns ausgedehnt. Besiegt verließen Tausende von Widerspenstigen den spanischen Boden. Cisneros verfolgte sie bis nach Oran. Das Reich war von der Ketzerei gesäubert. Es gab weder Juden noch Moslems mehr. Die Überwachung der konvertierten Moriscis wie der Conversos fiel dem Heiligen Offizium in Cordoba zu, das vor keiner Arbeitslast zurückschreckte und seine Pflichten bis ins neunzehnte Jahrhundert versah.

So formten sich die spanischen Königreiche, die unter den Nachkommen der beiden außergewöhnlichen Monarchen zu einer politischen Einheit zusammenwuchsen, bereits in den ersten Stunden des sechzehnten Jahrhunderts zu einem Block des Glaubens, von Ketzerei und innerer Zersetzung durch Terror gereinigt. Ihm konnten die Stürme der Reformideen, die durch Europa fegten, nichts mehr anhaben. Obwohl er von dem sakralen Wert ihres Werks — von dem sich die Halbinsel auf lange Sicht gesehen nie mehr erholte — wohl kaum so überzeugt war wie sie, verlieh Papst Alexander VI. Isabella und Ferdinand den Titel »Katholische Könige«

\*\*\*

Um die wahre Natur der großen Königin zu erfassen, die zum Ruhme Gottes so unaussprechliche Grausamkeiten begehen ließ, muß man sich in das Klima ihrer Zeit versetzen, sich eine Vorstellung machen von der damals herrschenden ekstatischen Glaubensleidenschaft mit ihrem Weltentsagungs- und Seelenrettungsideal. Es war ein Zeitalter der religiösen Inbrunst, des Fanatismus und Aberglaubens, in dem das tägliche Leben unantastbaren Regeln der weltlichen und geistlichen Hierarchie unterworfen blieb. Man darf auch die Bedeutung der Zensur nicht unterschätzen, die über jedes Wort der Chronisten wachte.

Aus diesem Zeitgeist erklärt sich, daß Isabella von allen ihren Zeitgenossen ausnahmslos bewundert und von ihrem Volk aufrichtig geliebt wurde. Religiöse Unerbittlichkeit hat sie ihren Untertanen nie entfremdet. Ihre Menschlichkeit und Güte, ihre Großzügigkeit und Hilfsbereitschaft, ihre schlichten Umgangsformen und ihre Treue gegenüber ihren Freunden, ihr Mut und ihre Ausdauer fanden rückhaltlose Anerkennung. Und wenn auch ihr an Despotismus grenzender Herrscherwille, die Eifersucht, mit der sie ihre königliche Autorität verteidigte, und die Rücksichtslosigkeit, mit der sie ihren Thron erkämpfte, aus ihr den Prototyp eines absoluten Monarchen machten, so vergaß doch keiner, ihre hohe Intelligenz, ihre Unbestechlichkeit und ihre politische Weitsicht zu würdigen.

Folgende Zeilen stammen aus der Feder eines zeitgenössischen Historikers*: »Sie ließ ihre wohltuenden Eigenschaften an der Schwelle des Thronsaals zurück, um sie nur während der Stunden anzuwenden, in denen sie sich nicht als Königin fühlen mußte ... Sie, die in ihrer frühen Jugend zu unbedingtem Gehorsam gezwungen war, forderte in späteren Jahren eine an die äußerste Grenze des Erträglichen getriebene Unterwerfung.«

Autorität und Unerbittlichkeit in Glaubensfragen waren die Triebfedern ihres Vorgehens.

---

* Orestes Ferrara, op. cit.

Ihre an Starrsinn grenzende Charakterfestigkeit, der sie manchen Sieg verdankte, die sie aber auch zu mancher unüberlegten Tat trieb, stand in krassem Gegensatz zur Persönlichkeit ihres Mannes, der in sich den bis zur Verschlagenheit gewandten Diplomaten und den nüchtern kalkulierenden Kaufmann vereinigte. Ein meisterhafter Intrigant, der aalglatte Freundlichkeit mit kalter Grausamkeit zu verbinden wußte.

Manche wollen in Isabella den Inbegriff des unnachgiebigen kastilischen Charakters und in Ferdinand den weicheren, mediterranen Menschentypus sehen. Sie habe die extremen innerpolitischen Entscheidungen angeregt, während er als Begründer der späteren spanischen Großmacht über die Grenzen seines Reiches hinaus in europäischen Dimensionen gedacht habe. Wir würden ihn heute einen Realpolitiker nennen, den ersten vielleicht. »Ihm verdanken wir alles«, sollte Karl V. später von seinem Großvater sagen, obwohl der ihn nicht ausstehen konnte und alles daransetzte, ihn von der Thronfolge auszuschließen.

Kein Wunder, daß sich Machiavelli von dieser schillernden Persönlichkeit inspirieren ließ. Er schreibt in seinem *Principe*: »Es gibt heutzutage einen Fürsten, dessen Namen man besser nicht nennt, der nie von etwas anderem als von Frieden und Gottesfurcht redet und der durch seine Taten beweist, daß er der Gegner von beidem ist. Wenn er es nicht wäre, hätte er sowohl seinen Ruf wie seine Länder längst verloren.«

Man darf sagen, daß Ferdinand zu Lebzeiten ein allseits bewunderter Monarch war, der in der Geschichte ein zwiespältiges Bild hinterließ. Isabella wurde wie eine furchteinflößende Madonna verehrt, die über das Seelenheil ihrer Untertanen wachte.

Elftes Kapitel

# **Kolumbus**

Die Legendenbildung um Christoph Kolumbus setzte bereits in den zwanziger Jahren des sechzehnten Jahrhunderts ein. Zu diesem Zeitpunkt wurde das Bild eines heimatlosen Wanderers geprägt, der, in ein Gewand aus grober Wolle gehüllt, einen fünfjährigen Knaben an der Hand, halbverhungert, ohne Dach und Schutz, von erbarmungslosen Gläubigern verfolgt, aus der Fremde kam und über die staubigen Straßen Spaniens dahinzog. Inbegriff des verkannten Genies, dessen hochfliegender Geist sich an der Gegnerschaft engstirniger Fürsten, unwissender Gelehrter und eifersüchtiger Höflinge aufrieb. Lange Zeit hindurch brachte dieses Bild auch die härtesten Herzen zum Erweichen. Nur stimmt es nicht mit der Wirklichkeit überein.

Wer also war dieser Mann, der im Jahr 1484 Portugal verließ, um sich in Kastilien niederzulassen, genauer gesagt in der ungesunden Grafschaft der Niebla, wo er auf einige Verbindungen zählen durfte und wo er seinen Sohn Diego der Obhut zweier Franziskaner aus dem Kloster de la Robida übergab? Einer der beiden Mönche, Juan Perez, hatte eine Zeitlang als einer der königlichen Beichtväter sein Amt versehen; der andere, Antonio de Marchena, hatte sich als Astronom einen Namen gemacht.

Wer war er nun wirklich? Mehrere Seiten versuchten ihn für sich zu reklamieren. Die eine sah in ihm einen kastilischen Converso, eine andere einen Italiener spanischen Ursprungs; eine dritte erkannte in ihm wohl zu Recht den Sohn des Domenico Colombo, von Beruf Weber und Tuchhändler, und seiner Gattin Susanna Fontanarosa, der in der kleinen, dem heiligen Stefan geweihten Kirche zu Genua die Taufe erhalten hatte. Lassen wir die übrigen Theorien beiseite, die aus ihm einen Korsen, einen Portugiesen, Franzosen, Engländer oder gar Deutschen machten. Nach seiner eigenen Version war er ein Nachkomme des Grafen Colombo, Lehnsherr zu Cuccaro-en-Monferrat, dessen Ahnenreihe sich bis auf den römischen Feldherrn Colonius zurückführen ließ, der Mithridates VI., König von Pontos, besiegte und als Gefangenen nach Rom brachte.

Mehr noch: Er behauptete, daß Wilhelm von Casenove-Coullon, der aus der Gascogne stammende Admiral, und Georg Bissiprat Paléologue, genannt der Pirat, ebenfalls Admiral, aber griechischer Herkunft und mit den Kaisern des Oströmischen Reiches verwandt, seine direkten Vettern gewesen seien.

Der Sohn des ligurischen Webers — wir schließen uns dieser Ansicht an, obwohl weiterhin einige Ungewißheiten bestehen — wurde etwa um 1451 geboren. Allerdings ist dieses Datum ebenfalls strittig. Seiner eigenen Biographie zufolge lernte er Latein. Er muß also frühzeitig eine Klosterschule besucht haben, denn mit elf Jahren trat er gemäß den damaligen Gepflogenheiten in die Dienste seines Vaters, der sich auch mit dem Käse- und Weinhandel befaßte. Es existiert ein Schuldschein aus dem Jahre 1469 mit der Unterschrift des damals Achtzehnjährigen. Im selben Jahr beging der arme Domenico, sein Vater, den in der Handelsrepublik von Genua unentschuldbaren Fehler, Konkurs anzumelden, und wurde ins Gefängnis geworfen.

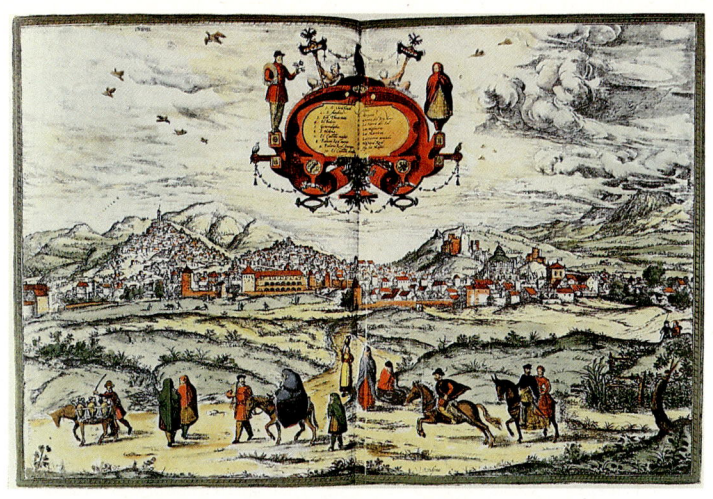

*Ansicht der Stadt Granada, die 1492 von den Spaniern aus maurischer Herrschaft zurückerobert wurde. Kolorierter Kupferstich von Georg Braun und Franz Hogenberg aus* Civitates orbis terrarum, *Köln 1572-1618.*

*Isabella und Ferdinand wird ein Buch überreicht. Holzschnitt aus* Vita Christi cartuxano *von Ludolphus, Alcalá de Henares 1502.*

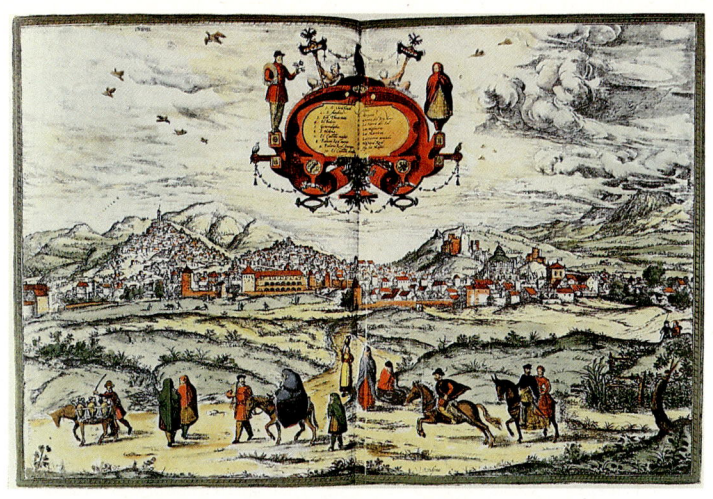

*Isabella die Katholische. Gemälde von Madrazo, 19. Jahrhundert.*

*Ferdinand von Aragon. Ausschnitt aus dem Gemälde »Die Madonna der Katholischen Könige« von Miguel Zittoz, um 1490.*

*Johanna die Wahnsinnige. Gemälde von Juan de Flandes, um 1496.*

*Philipp der Schöne. Gemälde des Meisters der Magdalenenlegende, um 1496/1500.*

*Ferdinand und Isabella. Unbezeichnetes Gemälde aus dem
16. Jahrhundert.*

*Der Generalinquisitor Tomás de Torquemada erpreßt das Geständnis
einer Verdächtigen durch Folterung ihres Vaters. Holzstich, um 1880.*

*Christoph Kolumbus. Gemälde von Ridolfo Ghirlandaio.*

*Jugendbildnis von Karl V. Gemälde von Bernart van Orley, um 1516.*

Man hat sich immer wieder gefragt, wie es möglich war, daß ein junger Mann aus dem bescheidenen Stand eines Webers, Wein- und Käsehändlers schon nach drei Jahren in den wesentlich angeseheneren eines Seefahrers aufsteigen konnte. Aber in Genua sind die Hoffnungen und Bestrebungen aller auf das Meer ausgerichtet, und daher darf es nicht erstaunen, daß ein strebsamer junger Mann, der sich mit Warentransport befaßt, schließlich selbst auf einem Handelsschiff landet.

Auch dieses Thema wurde von den Geschichtsschreibern ausgeschlachtet. In kühnen Strichen skizzierten sie das bestechende Bild eines Piraten. In seinen eigenen Schriften nennt er sich Flottenkommandant des Königs René von Anjou, der gegen den mit Genua verbündeten König von Aragon Krieg führte. Demnach müßte er also im Jahr 1473 seine eigenen Landsleute in einer Seeschlacht beim Cap Vincente bekämpft haben, in der Admiral Casenove-Coullon, sein angeblicher Vetter, drei genuesische Galeeren versenkte. Das ist höchst unwahrscheinlich. Dagegen darf als erwiesen gelten, daß Christoph Kolumbus um diese Zeit mehrere Seereisen unternahm, während derer er sich mit den Grundzügen der Schiffahrt vertraut machte und sich bis dahin unbekannte Horizonte erschloß, die seine Phantasie beflügelten.

Kolumbus und seine Biographen sind auch für die Verbreitung der falschen Vorstellungen verantwortlich, die jahrelang über die kosmographischen Kenntnisse des fünfzehnten Jahrhunderts in Umlauf waren. Es stimmt nicht, daß das Genie aus Genua, auf die umwälzenden Beobachtungen eines Galilei und eines Kopernikus gestützt, von heute auf morgen die Irrtümer der damaligen Welt berichtigte, die in der althergebrachten

Anschauung von der Erde als flache Scheibe und eines von Dämonen bewohnten Atlantik steckengeblieben waren. Niemand unter den Gelehrten, Seefahrern und Handelsreisenden dieser Zeit glaubte mehr an die tellerförmige Erde. Papst Pius II. (Eneas Silvio Piccolomini) hatte 1481 deutlich erklärt:

*»Mundi forma omnes fere consentiunt rotundam esse.«* (»Fast alle sind sich über den Grundsatz einig, daß die Erde rund ist.«)

Viel eher war es Kolumbus, der an die übernatürlichen Gefahren der Seereisen glaubte. Seine Lieblingslektüre, die Voyages von Sir John de Mandeville und das *Imago Mundi* von Pierre d'Ailly verrät einen Hang zum Phantastischen, der zu seiner Zeit eigentlich schon aus der Mode gekommen war. Die portugiesischen und Genueser Seeleute und ihre Auftraggeber, die Handelsniederlassungen in fernen Ländern unterhielten, besaßen Kenntnisse der Alten Welt, die ungefähr der Wirklichkeit entsprachen. Nicht sie sahen den Ozean mit Meerjungfrauen bevölkert, nicht sie suchten den Flammenwall, der das irdische Paradies vom himmlischen abgrenzte, nicht sie merkten in Mandevilles Voyages die Stellen an, in denen von Menschen mit Hundeköpfen und von Städten mit goldenen Dächern die Rede war, sondern Kolumbus.

Dem Tagebuch Christophs ist auch ein geographisches Dogma entnommen, an dem der Schreiber unerschüttert festhielt: Die Welt umfaßt Europa, Asien und Afrika, sechs Teile davon bestehen aus festem Land, ein Teil aus Wasser.

Der Reisende aus Genua war grundsätzlich anderer Ansicht als die meisten Seefahrer seiner Zeit. Einige Geographen vermuteten die Küsten Asiens nicht allzu weit von Portugal entfernt, ihre Widersacher dagegen hielten die Distanz für sehr groß. Zwischen den beiden Kontinenten stellten sie sich eine Anzahl Inseln vor, auf denen Heilige und übernatürliche Wesen wohnen. Wieder andere glaubten, ähnliches auf Madeira und den Azoren zu entdecken. Keiner ahnte etwas von der Existenz des amerikanischen Doppelkontinents.

In Portugal, oder besser gesagt von Portugal aus, wo sich sein Bruder Bartolomeo niedergelassen hatte, konnte Kolumbus seine Kenntnisse auf diesem Gebiet vertiefen. Daraus entwickelten sich die späteren ehrgeizigen Pläne. Seine Ankunft in Lissabon muß etwa in den Jahren 1476 oder 1477 stattgefunden haben, ohne daß er vorher die vielen Abenteuer wie Schlachten, Sturm und Schiffbruch, von denen die Legende zu berichten weiß, durchzustehen hatte. Er machte eine gute Partie, gründete eine Familie, ohne jedoch seine Träume von Entdeckungen und Eroberungen aufzugeben, die in den Köpfen so vieler seiner Mitmenschen geisterten.

Es darf als gesichert gelten, daß er an der großartigen Expedition teilnahm, die Juan II. von Portugal im Jahr 1481 ausrüstete und die bis nach Guinea kam, der Grenze der damals bekannten afrikanischen Gebiete. Sie entdeckte den sagenhaften Hafen von Sao Jorge la Mina an der Goldküste.

»Diese Expedition stellte zweifellos eine Erfahrung höchster Bedeutung für ihn dar, und die Erinnerung an La Mina begleitete ihn durch sein ganzes Leben. Hier lernte er die Zeichen des Sternenhimmels deuten, die Breitengrade messen . . . Er konnte mit eigenen Augen Länder, Menschen, Tiere und Pflanzen beobachten, die weder von den griechischen Geographen noch von den römischen Seeleuten und schon gar nicht von Marco Polo je beschrieben worden waren . . . Die Visionen, die sich Christoph Kolumbus, der Entdecker, von den fernen Gebieten im Westen ausmalte, gingen in erster Linie von den Eindrücken aus, die er auf der Expedition nach La Mina in Afrika sammelte.*«

Man darf in Kolumbus auch nicht das einsame, unverstandene Genie sehen, das dank seiner außerordentlichen Kenntnisse und Eingebungen den Zeitgenossen im kühnen Höhenflug seines Geistes weit vorauseilte. Sein noch undeutlich umschriebenes Vorhaben kreiste in den Köpfen vieler anderer Forscher, und das Fieber um seine Verwirklichung wurde von zwei wesentlichen Umständen genährt.

Einer davon war die unerhörte Ausweitung des türkischen Imperiums, das plötzlich die Reiserouten in den Orient versperrte, welche einst den großen Republiken Italiens ungehindert zugänglich gewesen waren. Der andere lag in der Goldknappheit.

Wirtschaftsfachleute glauben errechnen zu können, daß der Vorrat an diesem kostbaren Metall (Geldstücke und Objekte inbegriffen) in Europa damals den Wert von zwanzig Millionen Dollar kaum überschritten hat und außerdem rapide abnahm. Die Minen in Sachsen und Spanien brachten keine große Ausbeute. Abenteurer, Entdeckungsreisende und Geschäftsleute setzten ihre ganzen Hoffnungen auf schwer zugängliche Quellen im Sudan, in Senegal und vor allem in unerforschten Ländern, die angeblich unerschöpfliche Reichtümer bargen. Die Einfuhr des gelben Metalls aus dem Herzen Afrikas war gefahrvoll und reichte längst nicht aus. Damit war die Auffindung neuer Goldvorkommen für Staaten wie für Bankiers zu einer Frage von existenzieller Bedeutung geworden. Man brauchte

---

* Jacques Heers, *»Christoph Kolumbus«*

Gold, um gegen die Ungläubigen zu kämpfen, um das Wirtschaftsleben aufrecht zu erhalten, für den Einkauf von Luxusgütern, zur Rettung Europas vor den osmanischen Heeren. Kolumbus wollte auf Goldsuche gehen.

Außer den bereits erwähnten Werken, den Schriften von Papst Pius II. und der Naturgeschichte von Plinius, hatte er eingehend den Reisebericht von Marco Polo studiert und wahrscheinlich so intensiv in sich aufgenommen, daß wesentliche Fehlschlüsse, die Kolumbus später zog, auf ihn zurückzuführen sind. Marco Polo kündete von dem sagenhaften Eldorado, und hierauf richtete sich Christophs Streben, wenn er sich auch über die Mittel, wie er es erreichen konnte, noch nicht im klaren war.

Er träumte von den Inseln, die den damaligen Erzählungen zufolge dem Eingang zum irdischen Paradies vorgelagert waren. Antilia, ein Archipel von sieben Eilanden sollte von sieben spanischen, dem arabischen Einfall entronnenen Bischöfen gegründet und von den Portugiesen jahrelang vergeblich gesucht worden sein. Er sah sich auf dem Seeweg nach Indien, mit anderen Worten zum sagenumwobenen Cipangu (dem heutigen Japan) mit seinen unermeßlichen Reichtümern und zu den goldreichen Gewürzinseln.

Aus den Vergleichen mit den ptolemäischen Berechnungen und denen des Marinos von Tyros, des griechischen Geographen (ca. 100 v. Chr.) und Vorgängers des Ptolemäus schloß er, daß Indien von Spanien durch einen Meeresarm getrennt war und daß die Entfernung zwischen den beiden Kontinenten nicht sehr groß sein konnte, was schon dadurch bewiesen wurde, daß es sowohl in den Randgebieten Spaniens als auch in Indien Elefanten gab.

***

Auch Juan II. von Portugal war stark daran interessiert, daß eine neue Verbindung nach Indien erschlossen würde, neue Länder mit Gold und Gewürzen im Namen der portugiesischen Krone annektiert würden. Irgendwie gelang es dem noch völlig unbekannten Kolumbus, dem König seinen Plan zu unterbreiten und ihn dafür zu begeistern. Wenn es nichts weiter war, als einen Meeresarm zu überqueren. Leider ließen sich die hinzugezogenen Gelehrten (Astrologen, Geistliche, Mediziner) weniger leicht bereden. Als sie mehrere Kalkulationsfehler aufdeckten, schloß Juan sich ihren Zweifeln an und ließ den verheißungsvollen Plan fallen.

Inzwischen war Kolumbus Witwer geworden. Nichts hielt ihn mehr in Portugal zurück; wenig später landete er in der bereits erwähnten Grafschaft von La Niebla, am südwestlichen Küstenstreifen von Andalusien. Hier befanden sich die Häfen von Palos und Moguér, in denen die Schiffe der kastilischen Seefahrer vor Anker lagen, die sich fünf Jahre lang mit den Portugiesen herumgeschlagen hatten.*

Kolumbus mochte den Ort seiner Bemühungen gewechselt haben, seine Pläne blieben jedoch unverändert. Von Las Casas kennen wir die berühmte Beschreibung: »Von da an führte er einen nicht enden wollenden, schrecklichen und ermüdenden Kampf, der, mit der blanken Klinge geführt, nicht fürchterlicher hätte sein können. Denn es ging darum, Personen zu überzeugen, die gar nicht imstande waren, seinen Gedankengängen zu folgen, die ihn nicht kannten und nicht den geringsten Respekt vor ihm hatten. Meist er-

* Portugiesisch-kastilischer Krieg 1475-1479

hielt er auf seine geduldig vorgetragenen Bitten und Erklärungen beleidigende Antworten, die seine Seele verletzten.«

Auch diese Schilderung gehört zu den Geschichten, die die kommenden Generationen zu Tränen rührten. In Wirklichkeit fand Christoph Kolumbus sehr bald offene Ohren, und er war ehrlich genug anzuerkennen, was er den beiden Franziskanern des Klosters de la Robida, Juan Perez und Antonio de Marchena, verdankte. Letzteren besonders darf man als eine Autorität auf dem Gebiet der Astronomie bezeichnen, was ihn nicht davor bewahrte, die phantasievollen Berechnungen des Genuesers rückhaltlos gutzuheißen. Dank der Fürsprache der beiden Mönche öffneten sich die Türen der wohlhabenden Bürgerhäuser und sogar die Tore des Herzogspalastes.

Obwohl es angesichts seiner zukunftsweisenden Ideen sonderbar klingen mag, war Christoph Kolumbus ein Mensch der Vergangenheit geblieben, der die Anschauungen der feudalistischen Gesellschaftsordnung beibehielt. Ihm schwebte als leuchtendes Beispiel der portugiesische Infant Heinrich der Seefahrer vor, der fast unabhängig von der Krone seine großen Expeditionen in immer fernere Weiten führte. Das war der Auftraggeber, den er brauchte, einen mit irdischen Reichtümern und Schiffen üppig versehenen großen Herrn, der sich von transozeanischen Plänen faszinieren ließ!

Aber seit Isabellas Thronbesteigung hatten sich die Zeiten geändert. Ihr Autoritätsbewußtsein ließ Privatinitiativen ohne ihre persönliche Zustimmung nicht zu, und da sie der Treue des Adels von La Niebla nicht ganz traute, gab sie bei ihren Entscheidungen immer Cadix und Sevilla den Vorzug.

Antonio de Marchena führte Kolumbus bei Enrique

de Guzman, dem Herzog von Medina Sidonia ein, der von den vorgebrachten Ideen begeistert war. Schon dachte er daran, die notwendigen Galeeren auszurüsten, als er durch einen alten Erbstreit mit dem Marquis von Cadix bei Hof wieder in Ungnade fiel. Möglich ist auch, daß Isabella von seinen Plänen unterrichtet wurde und sie zum Scheitern bringen wollte, weil sie sich über sein eigenmächtiges Vorgehen ärgerte. Er erhielt den Befehl, Sevilla zu verlassen und nicht ohne ausdrückliche Erlaubnis zurückzukommen. Enrique empfahl den künftigen Entdecker seinem Vetter, dem Herzog von Medina Caeli.

Auch Medina Caeli fühlte sich angesprochen. Weniger vielleicht von dem Abenteuer als von der Persönlichkeit des Abenteurers, den er bei sich aufnahm und mit Geldmitteln versah. Andererseits war er klug genug, ihm klarzumachen, daß das Unternehmen ohne das Einverständnis der Königin eine Unmöglichkeit sei. Diese Verpflichtung behagte Kolumbus ganz und gar nicht. Die Schirmherrschaft eines begüterten Feudalherren, die ihm seine Handlungsfreiheit garantierte, beunruhigte ihn nicht. Aber die Abhängigkeit von der Gnade eines Souveräns war eine ganz andere Sache.

Die Angelegenheit zog sich bis Januar 1486 hin, bevor er sich endlich entschloß, bei der Königin um eine Audienz nachzusuchen. Wir sagen bewußt »bei der Königin« und nicht »bei den Königen«, denn es stand von vornherein fest, daß Ferdinand an den Plänen nicht nur nicht interessiert war, sondern sie wahrscheinlich rundweg abgelehnt hätte. Das von ihm persönlich verwaltete Königreich Aragon besaß in dem bedeutenden Hafen von Barcelona ein Tor zum Herzen der damaligen Welt. Seine Interessen waren auf das Mittelmeer ausgerichtet. Ferdinands Gedanken — man darf nicht vergessen, daß er den Titel eines Königs von Sizilien trug — waren auf Italien ausgerichtet. Kastilien dagegen wandte sich dem Atlantik zu.

In Erwartung des großen Tages, an dem er vor den Thron der hohen Dame geladen würde, siedelte Kolumbus nach Cordoba über. Dort lernte er eine junge Frau, Beatrix Enriquez de Harana, kennen, die für ihre Schönheit bekannt war und die ihm einen Sohn, seinen späteren Chronisten Fernando, gebar. Die Heirat der beiden, falls sie überhaupt stattfand, blieb ein Geheimnis; daran entzündete sich verständlicherweise die Phantasie späterer Generationen. Das abenteuerliche Leben des großen Entdeckers erhielt neuen Stoff. Manche schrieben Beatrix eine jüdische Herkunft zu, was nicht der Wahrheit entspricht. Die »Person, der ich alles verdanke«, wie er sich in seinen Schriften selbst ausdrückte, entstammte einer alten spanischen Familie und sicherte ihrem Gatten oder Liebhaber stattliche Zuwendungen.

Ob es aufgrund dieser neuen Beziehung oder der Fürsprache Medina Caelis war, Christoph Kolumbus wurde im April zur Audienz geladen und konnte Isabella endlich seinen Plan in allen Einzelheiten erläutern. Es wurde oft gesagt, daß der persönliche Charme des Visionärs auf Menschen bescheidener Herkunft ziemlich wirkungslos blieb, daß er aber auf Könige und Fürsten einen unwiderstehlichen Reiz ausübte. Die Geschichte überliefert einen Bericht von einer Unterredung unter vier Augen, die sich bis in die späte Nacht hinein ausdehnte und in deren Verlauf die Königin sich gegenüber der geistigen Verführungskunst des Genuesers nicht unempfindlich gezeigt haben soll.

Wahrscheinlich ist die Wahrheit wieder einmal viel prosaischer. Die Reconquista verschlang jährlich Unsummen. Isabella brauchte dringend Gold und hütete sich, ohne genauere Prüfung einen Vorschlag zurückzuweisen, der ihr vielleicht den Zugang zu den Reichtümern Indiens und Cipangus vermitteln konnte. Und öffnete er zudem nicht noch die Aussicht auf viele Heidenbekehrungen?

Wie Juan II. von Portugal unterbreitete sie Christophs Plan einem Gelehrtenkomitee, in dem der weise Talavera, später Erzbischof von Granada, das größte Ansehen genoß. Den Beschlüssen des Konsortiums vorgreifend, ließ sie Kolumbus vom 5. Mai 1487 an monatlich den Betrag von dreitausend Maravedis auszahlen, der ihn finanziell einem Hofastrologen, Philosophen oder Künstler gleichstellte.

Die Gelehrten versammelten sich zuerst in Cordoba, dann in Salamanca und in Sevilla. Talavera ging mit äußerster Bedachtsamkeit vor, und die Arbeiten des Komitees wollten kein Ende nehmen. Im Januar 1488 verlor Kolumbus die Geduld. Über seine früheren Beziehungen verschaffte er sich einen Geleitbrief an den König von Portugal, reiste nach Lissabon und nahm auch hier seine Bemühungen wieder auf. Während seines Aufenthalts trafen die Karavellen des Bartolomeo Diaz ein, der auf seiner Reise entlang den Küsten Afrikas erstmals das Kap der Guten Hoffnung umsegelt hatte. Man kann sich vorstellen, von welcher Bedeutung der Erfahrungsaustausch mit dem bewährten Seefahrer für ihn war, aber auch, welche Konkurrenz dieser für seine eigenen Pläne darstellte. Zum zweiten Mal lehnte Juan II. das Angebot des Genuesers ab.

Es blieb ihm nichts anderes übrig, als nach Kastilien zurückzukehren und auf die Beschlüsse der Gelehrten zu warten, die unter Talaveras Leitung noch immer in ihre Studien vertieft waren. Zu allem Unglück hatte Christophs Lissaboner Eskapade — ausgerechnet zum Erzrivalen Juan — die Königin sehr verstimmt. Die Pension von dreitausend Maravedis war verwirkt. Mindestens einmal wurde Kolumbus nach Salamanca zitiert, um auf die Fragen der weisen Männer zu antworten. Man kann also nicht behaupten, daß sich das Komitee die Sache leicht gemacht hätte. Ihre Diskussionen dauerten vier volle Jahre, vom Sommer 1486 bis in den Frühling 1490, als Talavera in Sevilla das unerbittliche Urteil fällte:

»Nichts würde das Wohlwollen Eurer Hoheiten für ein Unternehmen rechtfertigen, das auf so schwachen Füßen steht und dessen Ausführung jedem für unmöglich erscheinen muß, der auch nur über die geringsten Fachkenntnisse verfügt.«

»Der Seeweg nach Asien«, hieß es in der Urteilsbegründung weiter, »würde drei Jahre in Anspruch nehmen. Von einer so weiten Reise kehrt keiner zurück.« In Christophs Vorstellungen gab es schließlich zwischen Kastilien und Japan kein Land zu entdecken. In diesem Punkt war sich das Komitee mit ihm einig, wenn er in seinem Plan festlegte: »Nachdem so viele Jahrhunderte seit der Schöpfung verflossen sind, erscheint es undenkbar, daß es noch festes Land von nennenswerten Ausmaßen zu erforschen gibt.«

Dennoch ließ Kolumbus sich nicht beirren. »Der vom Schicksal Erleuchtete schien von einer inneren, dem Verstand nicht zugänglichen Überzeugung wie hingerissen. Er stand unter dem unwiderstehlichen Zwang aufzubrechen!«*

Ohne den nun unvermeidlich ablehnenden Bescheid

---

* Jacques Heers, op. cit.

abzuwarten, schickte er seinen Bruder Bartolomeo aus, um mit dem König von England und der Regentin Frankreichs Fühlung aufzunehmen. Vergebliche Hoffnungen.

Enttäuscht, doch ohne den Mut zu verlieren, lenkte er seine Schritte zum Ausgangspunkt seiner Reise, in das Kloster de la Robida zurück, wo ihm die beiden treuen Franziskaner dringend rieten, Kastilien nicht zu verlassen. Dank ihrer Verbindungen lernte er das Haupt einer der mächtigsten Familien in Palos, den Reeder Martin Alonzo Pinzón kennen. Auch Pinzón grübelte über Forschungsreisen. Auch er hatte die berühmte Karte studiert, auf der Antilia vermerkt war. Seiner Idee nach galt es, über den Archipel hinaus zu dem verlockenden Cipangu vorzustoßen, von dem Marco Polo schrieb: »Dort befinden sich unerschöpfliche Vorkommen an Gold, dessen Ausfuhr streng untersagt ist. Auf diesen Umstand ist der unbeschreibliche Reichtum des Königspalastes zurückzuführen ... Sämtliche Dächer sind mit goldenen Ziegeln gedeckt!«

Die Mönche brachten die beiden ehrgeizigen Träumer einander näher. Anläßlich des Prozesses, der nach dem Tod des großen Entdeckers abrollte, versicherte Arias Pinzón, der Sohn Martins, daß ein Abkommen zwischen den beiden Seefahrern die redliche Teilung der Belohnung vorsah, die möglicherweise von der Königin zu erwarten war. Der genannte Martin zeigte Kolumbus das erwähnte Dokument (die Karte), durch welches sich der Admiral in seinem Vorhaben bestätigt sah. Sie setzten einen Vertrag auf, und Martin bezahlte die Reise des Admirals zu den Königen.

Die zweite Rückkehr an den Hof verdankte Kolumbus ebenfalls dem Ordensbruder Juan Perez vom Kloster de la Robida. Der ehemalige Beichtvater Isabellas hatte die Mühen einer Reise nach Santa Fé während der Belagerung Granadas nicht gescheut und ihr Interesse an den hochfliegenden Plänen seines Schützlings neu geweckt. Wie es scheint, legte auch Beatrix Bobadilla ein Wort für ihn ein. Den ausschlaggebenden Fürsprecher in diesem entscheidenden Augenblick hatte der Admiral jedoch in dem Schatzkanzler Ferdinands, Luis de Santangel gefunden, der einer der namhaftesten Conversos bei Hofe war. Die Königin empfing Kolumbus in einer zweiten Audienz, und sicher war sie, die sonst so Standhafte und realistisch Denkende, von seiner Überzeugungskraft — in holprigem Spanisch zum Ausdruck gebracht — auf besondere Weise angerührt, denn sie bewilligte ihm eine Unterstützung von zwanzigtausend Maravedis.

Allerdings vergaß sie nicht, seine Ideen noch einmal einer Versammlung zu unterbreiten, an der dieses Mal nicht nur Gelehrte, sondern auch die wichtigsten Mitglieder des Kronrats, des weltlichen und des geistlichen Adels teilnahmen.

Wie kaum anders zu erwarten, teilte das neue Schiedsgericht die Ansichten des alten. Das Urteil fiel negativ aus. Kolumbus verließ wütend Santa Fé und schwor, nie mehr zurückzukommen.

Doch gerade jetzt ergab sich eine schicksalhafte Wende. Einer seiner Fürsprecher bei Hof war ebenso hartnäckig wie er selbst. Alles sprach dagegen, daß sich Luis de Santangel weiter für eine Sache einsetzte, die überhaupt nicht den Interessen des Königs von Aragon, seines Herrn, diente, ja ihnen geradezu zuwiderlief. Und doch tat er es. Über seine Beweggründe ist nichts bekannt. Immerhin war er bereit, für das Unternehmen sein eigenes Vermögen zu wagen, wodurch es ihm ein leichtes war, die Königin von der Geringfügigkeit ihres

Risikos zu überzeugen. Könnte es eine bessere Gele- genheit geben, mit einem so kleinen Einsatz vielleicht einen unschätzbaren Gewinn einzustreichen? Ganz ab- gesehen von der Aussicht, Tausende von Ungläubigen dem Schoß der Kirche zuzuführen.

Nun schien auch Isabella plötzlich von einer Art Er- leuchtung durchdrungen, denn von einer Minute auf die andere wischte sie die Argumente der »Experten« vom Tisch, schloß sich denen des Schatzmeisters an und entschied, das Abenteuer zu wagen. Manche Hi- storiker sehen in dem Eingreifen des Conversos in die- ser letzten Stunde einen Beweis für die jüdische Her- kunft des Entdeckers.

Kolumbus hatte die Stadttore von Santa Fé noch nicht weit hinter sich gelassen, als er das Geräusch ga- loppierender Pferde näher und näher kommen hörte. Boten der Königin forderten ihn auf, sie sofort an den Hof zu begleiten und vor Ihrer Hoheit zu erscheinen.

Man schrieb den Januar 1492. Granada hatte kapi- tuliert. Ein neues Zeitalter brach an.

Zwölftes Kapitel

# Die Entdeckung Amerikas

Es kann nicht oft genug wiederholt werden: Alles, was die Vorbereitung dieser Expedition berührte, von der niemand ahnte, daß sie den Lauf der Geschichte und das Gesicht der Welt verändern würde, war und bleibt auf sonderbarste Weise außergewöhnlich.

Dies beginnt bereits mit dem Charakter des Admirals, über den sich bis heute alle, die sein Leben unter die Lupe nahmen, streiten. War er, wie Jeanne d'Arc, der von Gott ausersehene, wirkliche Heilige, den manche in ihm erblicken? Hat er nicht, wie sie, Stimmen vernommen, auch wenn es sich bei ihm um innere Stimmen handelte? Im Gegensatz zu Johanna erfüllten ihn diese Stimmen jedoch mit einem fast unfaßbaren Vertrauen in sein Genie und mit einem maßlosen Stolz.

Johanna wollte Frankreich von Feinden befreien wie Kolumbus das Heilige Land von der Gegenwart der Ungläubigen, wenn nicht mit Hilfe der Katholischen Könige, dann ohne sie. In seiner Vorstellung sollten sämtliche Reichtümer, die er von Indien, von Cipangu und den legendären Königreichen von Ophir und Golconda nach Spanien bringen würde, einzig diesem Zwecke dienen. Er durfte sich also mit Recht als Diener des Allmächtigen betrachten und davon ausgehen, daß ihm die Tore zum Paradies offenstehen würden.

Allerdings verfolgte der fromme Diener mit der gleichen Intensität seinem eigenen Vorteil. In seinen Schriften hebt er immer wieder die »Habgier der Seeleute«, zu denen er sich selber rechnete, hervor. Dabei ließ er die ehrgeizigsten und raffgierigsten unter ihnen weit hinter sich. Keiner von ihnen stellte je ähnlich maßlose Forderungen wie der mittellose Bittsteller, der sieben Jahre lang an alle Türen Kastiliens und Portugals geklopft hatte. Sie wurden ihm ausnahmslos gewährt. Als erstes die Admiralswürde für sämtliche Länder und Meere, deren Entdeckung ihm gelänge, für ihn und seine Nachkommen. Damit änderte sich seine soziale Stellung grundlegend. Der Sohn des Webers aus Genua kam in den Genuß derselben Titel und Privilegien wie Admiral Enriquez, der leibliche Onkel König Ferdinands. Sein Name lautete von jetzt an Don Cristobal Colón.

Seltsam mutet auch das Verhalten der Königin an: Alles außer acht lassend, stürzt sie sich in ein Abenteuer, das sie zu faszinieren scheint. Sie, die sonst mit äußerster Vorsicht zu Werke geht, berät sich mit niemandem, als der Augenblick gekommen ist, den Vertrag auszuarbeiten und das Unternehmen juristisch zu untermauern. Juan de Colonna, einer der glühendsten Bewunderer des Entdeckers, beschreibt, daß die Verhandlungen mit der Königin unter vier Augen stattfanden, sich über drei Monate hinzogen und wegen der unmäßigen Ansprüche des späteren »Gouverneurs über das eroberte Land und Meer« eigentlich mehr als einmal hätten abgebrochen werden müssen. Immerhin handelte es sich bei den Vorstellungen des Admirals keinesfalls um die Besitzergreifung »einiger Inseln und Ländereien mittlerer Bedeutung«. Er maß sich an, ganz Asien — ein Kontinent, von dem er nichts wußte — zu kolonisieren und den

Kaiser von Cathay (China) zum christlichen Glauben zu bekehren.

Trotz dieser Träume, die ihn in eine andere Welt entrücken, vergißt er den Aufbau eines immensen Privatvermögens nicht. Die *Capitulaciones* von Santa Fé, die Charta, die seiner Entdeckungsreise zugrunde liegt, sichert ihm den Zehnten der aus den Eroberungen zu ziehenden Güter und, zusätzlich, ein Achtel des Gewinns an dem Schiffsverkehr, der zwischen ihnen und der Heimat abgewickelt werden würde.

Man fragt sich vergebens, was Isabella dazu bestimmte, Zugeständnisse zu machen, die mit ihrer sonstigen Regierungsaufassung überhaupt nicht zu vereinbaren sind. Kein Dokument, kein Chronist hat dieses Geheimnis gelüftet.

Die *Capitulaciones* sind unterzeichnet, Christoph Kolumbus triumphierte. Offenbar verkannte er vollkommen, daß gerade die Maßlosigkeit seines Triumphs, das Gigantische seines Projekts ihn später ins Verderben stürzen würden.

Welches Urteil kann nun, nach diesen Beweisen einer mit kindlicher Naivität vermischten Großmannssucht, ehrlich und unvoreingenommen über den Menschen Christoph Kolumbus gesprochen werden? Geben wir Alexander Cioranescu das Wort, der seine Werke ins Französische übersetzte und kommentierte:

»Es gibt nichts Aufschlußreicheres als eine aufmerksame Lektüre der Werke des Admirals. Nirgendwo sonst als in diesen Schriften tritt uns der Mensch entgegen, wie er wirklich war, gleichzeitig kompliziert und einfach, geradeheraus und durchtrieben, gläubig und habgierig, bescheiden und anmaßend . . . und das alles in einem Grade, daß es unmöglich erscheint, diese Widersprüche in einer einzigen Person vereint zu finden.

Ein Mensch, der sich dauernd unserem Verständnis entzieht. Nicht etwa, weil er seine Gedanken nicht preisgeben wollte. Er breitete, im Gegensatz zu anderen Männern der Tat, seine Ideen mit selbstgefälliger Bereitwilligkeit vor anderen aus. Wenn er uns schwer verständlich und undurchdringlich erscheint, dann deshalb, weil er einer Epoche angehört, die unserer heutigen Vorstellungs- und Begriffswelt gänzlich entrückt scheint, und, mehr noch, weil er von seinem Werk längst überholt wurde ... Es ist durchaus zutreffend, daß unsere Geschichtsschreibung den Beginn der Moderne auf das Jahr 1492 legt. Aber mit der gleichen Hand, mit der Christoph Kolumbus die Tore zur neuen Zeit aufstieß, riegelte er sie vor der scheidenden Vergangenheit unabänderlich zu und schloß sich mit ein. In den Augen der Geschichte bedeutet sein Werk, die Entdeckung Amerikas, gleichzeitig sein Ende.«*

***

Wie um viele andere Episoden, so rankt sich auch um die Finanzierung der berühmten Expedition manche Legende. Es ist natürlich ein rührendes Bild, wenn eine Königin ihren Schmuck und Kostbarkeiten aus ihrem Privatbesitz verpfändet, um die Pläne eines Abenteurers zu unterstützen.

Was den Schmuck anbetrifft, so befand er sich seit Beginn des Heiligen Krieges in den Händen der Pfandleiher, es sei denn, man hätte ihn mit Hilfe der Vermögen ausgelöst, die die landesverwiesenen Juden zurücklassen mußten. Jedenfalls spielten die Pretiosen Isabellas bei der Ausstattung der Schiffe für die Ent-

---

* Vorwort zu »Die Werke des Christoph Kolumbus«

deckungsfahrt keine Rolle; reiche Bankiers und Händler ebensowenig, ausgenommen vielleicht einige Genueser, was jedoch nicht erwiesen ist.

Die für drei Karavellen nötige Summe war übrigens nicht besonders groß; man schätzt sie auf zwei Millionen Maravedis. Kolumbus selbst steuerte zweihundertfünfzigtausend bei, die er allerdings dem Herzog von Medina Caeli schuldete. Luis de Santangel, der königliche Schatzmeister, brachte den Rest zusammen, teils aus seinem eigenen Vermögen, teils aus der Staatskasse, zur Hauptsache aus dem Fundus der *Santa Hermandad*. Die zwei Millionen Maravedis entsprachen dem Wert von ungefähr fünftausend Goldstücken, mehr betrug die Investition des Alten Kontinents für die Entdeckung der Neuen Welt nicht.

Da die meisten Häfen von jüdischen Auswanderern, oder besser gesagt Vertriebenen, überfüllt waren, erhielt Palos die am 23. Mai 1492 in der örtlichen Pfarrkirche von Sankt Georg verlesene königliche Order, innerhalb von zehn Tagen zwei Karavellen auszurüsten. Recht unwillig ließ sich ein Reeder namens Cristobal Quintero herbei, noch ein drittes Segelschiff bereitzumachen, die Pinta.

Die Santa Maria, die der Admiral als Flaggschiff vorsah, wurde von dem Kartographen Juan de la Cosa, die Niña von Juan Niño, einem Schiffbauer aus Moguér, geliefert. Von Pinzón und dem mit ihm geschlossenen Abkommen war nicht mehr die Rede. Sollte Kolumbus ihn vergessen haben? Wenn dem so war, dann riefen die Schwierigkeiten, die sich dem angehenden Entdecker in Fragen der Schiffsführung stellten, ihn bald in sein Gedächtnis zurück: Don Cristobal war zur See gefahren, hatte aber nie ein Schiff befehligt.

Die Zeitspanne von zehn Tagen wurde natürlich

nicht eingehalten, denn noch fehlte das Wichtigste: die Matrosen. Und gerade sie hatten trotz ihrer seemännischen Erfahrung eine panische Angst vor dem Ozean, den sie das Finstere Meer nannten. Um keinen Preis wollten sie ausgerechnet in diesen unbekannten Fernen ein Wagnis eingehen, schon gar nicht unter dem Befehl eines Mannes, dessen Plan von allen Gelehrten für utopisch und unausführbar erklärt worden war. Keiner antwortete auf den Ruf.

Mangels einer anderen Lösung heuerte der Admiral siebenundachtzig Sträflinge an, denen für die Dauer der ganzen Reise das Deck zugewiesen wurde. Juan de la Cosa, ein Freund der Pinzón, versah als Kartograph Dienst auf der Santa Maria. Der nach einigen Diskussionen hinzugezogene Martin Pinzón übernahm mit seinem Bruder Francesco die Pinta, der jüngste der Familie, Vincente, die Niña.

Auch ein Jude war dabei, der gelehrte Juan de Torrez, der das Hebräische, Lateinische, Griechische, Arabische, Koptische und Armenische beherrschte und beim Kontakt mit dem Großkhan, den man für den Herrscher Chinas hielt, als Dolmetscher wirken sollte.

Am 3. August 1492 um acht Uhr morgens wurden die Anker gelichtet. Die drei Karavellen nahmen Kurs auf Südwest, in Richtung der Kanarischen Inseln. Kolumbus rechnete damit, eine Strecke von siebenhundert Meilen zurückzulegen, bis sie Cipangu erreichten.

*\*\*\**

Es geht an dieser Stelle nicht darum, noch einmal die weltweit bekannte Reise nach dem Bericht des Las Casas oder aufgrund des Briefes an Santangel nachzuvollziehen, da das handschriftliche Tagebuch des Entdekkers leider verloren ging. Einigen Bruchstücken, die bis in die heutige Zeit überlebten, dürfen wir immerhin entnehmen, daß Kolumbus eine poetische Ader besaß. Am 11. September beschrieb er eine Sternschnuppe mit den Worten: »Bei Einbruch der Nacht sahen wir einen wundersamen flammenden Zweig vom Himmel fallen.« Am 20. September: »Die Luft ist mild und köstlich, es fehlt nur der Singsang der Grillen.« Am 8. Oktober: »Die Luft ist von einem süßen Duft angereichert, so daß das Atmen zur Wonne wird. Die ganze Nacht hörten wir den Flügelschlag der Vögel über unseren Häuptern.«

Es sieht fast aus, als wollte der Himmel die Entdeckung Amerikas niemand anderem als einem Dichter anvertrauen; vielleicht weil es der Seele eines Poeten bedurfte, um sich zu einem solchen Wagnis hinreißen zu lassen, ohne sich dabei auch nur im geringsten seiner eigenen Verblendung bewußt zu werden: Don Cristobal erfuhr nie, daß er an den Ufern eines neuen Kontinents Anker geworfen hatte.

Seine sämtlichen Berechnungen, Messungen, Mutmaßungen und Schlüsse gingen von einem grundlegenden Irrtum aus, an dem er verbissen festhielt und damit gleichsam die Bedeutung seiner Tat minderte. Er war von der Idee besessen, die Schätze Indiens und Cipangus zu heben. Er landete auf Haiti und dachte, es sei Japan; er segelte an Kuba entlang und glaubte sich an den Küsten Chinas; er erforschte Panama und verwechselte es mit Indochina. Nie kamen ihm Zweifel an dieser ein für allemal gefaßten Überzeugung: Was er vor sich hatte, war Asien.

»Er hatte einen Traum in die Wirklichkeit umgesetzt und deutete die Wirklichkeit wie einen Traum. In dieser Ohnmacht des Entdeckers seinem eigenen Werk gegenüber liegt etwas Erschütterndes und etwas Groteskes zugleich. Ohne zu übertreiben, darf man von einer Art Tragödie des Christoph Kolumbus sprechen, die nur unter der Oberfläche spürbar wird, da sie sich zwischen der Geschichte und ihrem Schatten abspielt.«*

Das Wunder ereignete sich während der Nacht vom 11. auf den 12. Oktober, nachdem die Mannschaft ihren Kapitän schon mehrfach aufgefordert hatte, umzukehren. Nach seinem eigenen Bericht hat er selbst »schon gegen zehn Uhr abends Lichter tanzen sehen; doch die Finsternis machte es unmöglich festzustellen, ob sie von einem festen Land ausgingen ... Es sah aus, wie wenn ein kleines Kerzenlicht auf und ab bewegt würde, und kaum jemand hätte daraus einen endgültigen Schluß zu ziehen vermocht.«

Trotzdem ließ der Admiral ein Salve Regina anstimmen. Die Katholischen Könige hatten für den, der als erster Land erblickte, eine Rente von zehntausend Maravedis ausgesetzt. Nach seiner Rückkehr nahm Kolumbus sie ohne Skrupel für sich selbst in Anspruch. In Wirklichkeit war es der Matrose im Ausguck, Rodrigo de Triana, der den Schuß aus der kleinen, für diesen Zweck bereitgestellten Kanone auslöste und »Land! Land! Land in Sicht!« rief.

Was sie sahen, war eine der Inseln der Bahamas, wahrscheinlich Guanahani. Amerika war entdeckt.

Francisco Lopez de Gomara, einer der ersten Historiker, der über dieses weltbewegende Ereignis berichtete, kommentierte: »Es gab in der ganzen Menschheitsgeschichte nichts dieser Tat Vergleichbares.« Voltaire verfocht die Ansicht, Kolumbus habe »das Werk der

---

* Alexander Cioranescu, op. cit.

Schöpfung verdoppelt«. Der Admiral beurteilte seine Entdeckung ohne falsche Bescheidenheit: »Seit König David hat der Allmächtige keinem Sterblichen mehr solche Gunst erwiesen.« Da behielt er trotz seines grundlegenden Irrtums recht, denn kaum ein Geschehnis übte auf das Schicksal der Welt ähnlichen Einfluß aus.

Da man sich in Indien befand, nannte man die Bewohner der Inseln, die eine nach der anderen entdeckt wurden, Indios. Sie zeigten sich überaus freundlich, schienen keine Religion zu haben und waren nach Kolumbus große Liebhaber der Schellen, die man ihnen schenkte. Das einzig Dumme war, daß die angeblich in Cipangu vorhandenen Goldberge unsichtbar blieben. Zur großen Wut des Admirals machte sich Pinzón selbständig und begab sich mit der Pintos allein auf die Suche nach dem begehrten Metall.

Als sie in China (in Wirklichkeit auf Kuba) landeten, erhielt der Dolmetscher, Juan del Torrez den Auftrag, die Botschaft der Königin an den Großkhan zu überbringen. Der gelehrte Mann irrte tagelang im Dschungel der Insel umher und mußte unverrichteter Dinge an Bord zurückkehren. Kolumbus überhäufte ihn mit Vorwürfen.

In der Nacht vom 25. auf den 26. Dezember 1492 strandete die Santa Maria. Ein auf einen Kalkulationsfehler des Kartographen Juan de Costa zurückzuführender höchst ärgerlicher Zwischenfall, den der Admiral in seinem Journal wohlweislich verschweigt. Es blieb ihm nur noch die Niña.

Von Pinzón keine Spur. Da nicht zwei Mannschaften auf ein einziges Schiff gepfercht werden konnten, ließ Kolumbus aus dem Material der Santa Maria eine Art Fort, kaum mehr als eine Palisadenburg, errichten. Sie erhob sich an der Steilküste einer Insel, die Pinzón als erster entdeckt und auf den Namen Hispañola getauft hatte: Haiti. Die neununddreißig Mann Besatzung, die der Admiral dort zurückließ, ahnten nicht, daß sie die erste spanische Kolonie Amerikas gründeten.

Und das Gold? Es blieb weiterhin unauffindbar. Die Seeleute lichteten die Anker, um die sagenhafte Insel der Amazonen zu suchen. Auch diese wollte sich nirgends zeigen. Statt dessen begegneten sie in einer Bucht, die sie Las Flechas nannten, einer Gruppe wenig aufgeschlossener Indios. Es kam zum Kampf, bei dem sie mehrere Eingeborene töteten. Das war nur der Anfang. Wir wissen heute, daß Kolumbus mit seiner Landung in Amerika ungewollt zum Urheber eines der verheerendsten Genozide aller Zeiten wurde: Die Indios wurden zu Millionen Opfer der von den Europäern eingeschleppten Krankheitskeime, von Waffen ganz zu schweigen.

Davon war man im Dezember 1492 noch weit entfernt. Von den Goldbergen ebenfalls. Kolumbus ließ sich nicht erschüttern. Das zauberhafte Land, in dem »der Gesang der Nachtigallen süßer klang als in Andalusien«, entzückte ihn, und er war sicher, früher oder später dort Schätze zu entdecken.

Endlich tauchte Pinzón wieder auf, und am 16. Januar 1493 schlug die Stunde des Aufbruchs. Die einschneidendste Episode der Rückreise war ein fürchterlicher Sturm, der sie vom 12. bis zum 14. Februar heimsuchte. Kolumbus gelobte, im Falle ihrer Rettung eine Wallfahrt zu unternehmen. Aus Angst, daß der Bericht über seine Taten beim Untergang des Schiffes verlorengehen könnte, vertraute er das Original seiner Tagebücher einem Faß an, das er ins Meer warf. Es hat diesen Schatz nie mehr hergegeben, aber glücklicherweise überstand eine am Mast der Niña verschnürte Kopie mit Kapitän und Besatzung das Unwetter.

Der Orkan hatte die Pinta endgültig von der Niña abgedrängt. Von da an folgte Pinzón seiner eigenen Eingebung und hoffte als erster in einem spanischen Hafen den Anker zu werfen.

Kolumbus stand noch manches Abenteuer bevor, bis am 4. März die Vorberge der Estremadura mit der Mündung des Tajo aus dem Nebel vor ihm auftauchten. Eine Rückkehr nach Lissabon war nicht geplant, abgesehen davon, daß keiner wußte, ob zwischen Kastilien und Portugal nicht wieder Krieg ausgebrochen war. Und wenn nicht, wie würde Spaniens Rivale sie aufnehmen?

Ihre Furcht erwies sich als unbegründet, denn sie erhielten einen wahrhaft triumphalen Empfang. Die Portugiesen fanden es ganz natürlich, daß der Himmel die Befreier von Granada fürstlich belohnte. Juan II. und die Königin hießen den Admiral willkommen und machten ihm einen Maulesel zum Geschenk.

Inzwischen hatte Pinzón auf seiner Pinta Galizien erreicht; aber zu seiner bitteren Enttäuschung gestatteten ihm die Könige nicht, vor Eintreffen des Expeditionsführers vor ihnen zu erscheinen. Von diesem Schlag erholte er sich nicht. Er starb wenig später, aus Kummer, wie man sagte. Don Cristobal dagegen konnte seinen Triumphzug antreten, ohne je die Rolle seines Partners anders als die eines Verräters zu beschreiben. Der Name Martin Pinzón wurde aus den Annalen der Geschichte und aus der Erinnerung der Menschen gelöscht.

*\*\**

Es ist nichts darüber bekannt, welchen Empfang das Hafenstädchen Palos der Niña bereitete, als sie am 15. März 1493 nach einer Abwesenheit von über sieben Monaten dort vor Anker ging. Man weiß jedoch, daß Kolumbus, seinem Gelübde treu, eine Wallfahrt nach Santa Clara von Moguér und nach Santa Maria de la Cinta von Huelva unternahm und danach noch einige Tage im Kloster de la Robida zubrachte, eine kleine Dankesgeste gegenüber den hilfreichen Franziskanern.

Von dort aus reiste er nach Sevilla, wo ihn die sehnlichst erwartete Einladung erreichte: Die Katholischen Könige forderten ihn auf, in Barcelona vor sie zu treten. In ihrer Botschaft nannten sie ihn Admiral des Ozeanischen Meeres, Vizekönig und Gouverneur der von ihm entdeckten Indischen Inseln und bestätigten seine in den *Capitulaciones* niedergelegten Ansprüche und Privilegien.

Don Cristobal vergaß in seinem Überschwang, daß er sozusagen mit leeren Händen heimkehrte und sah sich fast in der Rolle eines Messias, der das Land mit einer frohen Botschaft beglückte. Von Sevilla nach Barcelona wand sich einer der sonderbarsten Festzüge, den das Volk je zu Gesicht bekommen hatte. Die hohe Gestalt des Admirals, Bart und Haupthaar leicht angegraut, marschierte aufrecht an der Spitze, in stolze Schweigsamkeit gehüllt, umgeben von bärtigen Seeleuten in glänzender Rüstung. Eine Gruppe Bediensteter schwang siegesbewußt Bambusstauden und Häute von Alligatoren. Ihnen folgten sechs Indios in federgeschmücktem Zeremonialornat mit goldenen Ringen in den Nasen. In den Händen trugen sie Käfige, in denen sich Papageien wie wild gebärdeten und ein fürchterliches Geschrei anstimmten. In jeder Kirche wurde eine Messe gehört, an jedem Straßenkreuz ein Gebet verrichtet.

Vor den Toren Barcelonas erreichte die Begeisterung des Volkes ihren Höhepunkt. Im Königspalast ertönte ein Te Deum, bei dem der Entdecker zur Rechten der Majestäten saß. Granden und Prälaten überschlugen sich in Ehrenbezeigungen, und so mancher Adliger empfahl dem

Admiral seinen Sohn. Die Festlichkeiten dauerten fünf Wochen.

Selbstverständlich war weder von Pinzón noch von dem Ausguck Rodrigo die Rede, dem die Pension von zehntausend Maravedis rechtens zustand. Der junge Matrose verließ verbittert seine Heimat und wanderte nach Marokko aus, wo er zum Islam übertrat.

Schließlich kam der Moment, in dem das Fazit der Expedition gezogen werden mußte. Als sich die Beamten der königlichen Finanzen über die Bilanz beugten, stellten sie fest, daß diese ein recht enttäuschendes Bild ergab. Unter den Aktiva waren vierzig grüne Papageien, Dufthölzer, eine Handvoll goldener Nasenringe, einige Stücke Baumwolltuch, Bambus und sechs völlig verstörte Wilde zu vermerken. Die Baumwolle sollte sich als die bedeutendste Errungenschaft erweisen.

Es war nicht einmal mit Sicherheit auszumachen, was der Admiral entdeckt hatte. Die Schreiber begnügten sich mit einem lakonischen »*en la partie de las Indias*«.

Die spärliche Bilanz ließ jedoch die Hoffnung auf weitere Eroberungen zu. Isabella vor allem wiegte sich in der Vorfreude auf die Bekehrung der riesigen Bevölkerung von Hispañola (Haiti). Sie überschüttete den Admiral mit Zeichen ihres Wohlwollens, erhob ihn in den Adelsstand und dehnte diese Würde auch auf seinen Bruder Bartolomeo aus. Das ärmliche Tuchhändlerwappen bereicherte sich um die goldenen Türme Kastiliens, den kriechenden Löwen von León und eine Gruppe goldener Inseln auf azurblauem Meer. Die in der Charta von Santa Fé garantierten Rechte und Privilegien wurden noch einmal bestätigt.

Immerhin war Isabella viel zu realistisch und weitblickkend, als daß sie die Verwaltung der erhofften Eroberungen der Phantasie eines begeisterten Träumers überlassen hätte, und sei er noch so genial. In ihren Augen fand die Charta von Santa Fé nur auf die Entdeckung selbst Anwendung, selbst wenn man von Indien und China geredet hatte.

In dieser Auslegung keimte bereits der noch unausgesprochene Konflikt, der Kolumbus später zum Unglück gereichte. Denn scheinbar gab der Vertrag dem Admiral die Möglichkeit, nicht nur eine der mächtigsten, sondern auch eine der reichsten Persönlichkeiten der Erde zu werden, mit höheren Einnahmen ausgestattet als seine Auftraggeber. Aber eben nur scheinbar. Wie könnte die Begründerin einer absoluten Monarchie einen solchen Zustand hinnehmen?

Im Jahr 1493 stellte sich dieses Problem noch nicht, da alle Beteiligten daran interessiert waren, daß Kolumbus seine Entdeckungen fortsetzte und endlich Gold fand. Einige Kritiker behaupteten bereits, daß die Neue Welt gar keines enthielt. Jedenfalls waren die Nasenringe und die Goldblättchen aus dem pompös Rio del Oro genannten Fluß nicht dazu angetan, den grenzenlosen Appetit nach Reichtum zu stillen.

Don Cristobal ließ sich nicht beirren: Minen und Goldberge existierten. Die Könige sahen ihre Aufgabe darin, sich diese anzueignen und sie auszubeuten. Zu diesem Zweck wurde der Indienrat gegründet, dessen Leitung Juan Rodriguez de Fonseca, Erzdiakon von Sevilla, anvertraut wurde. Vorbehaltlose Bewunderer des Admirals gefielen sich darin, Juan Rodriguez bis zur Karikatur zu entstellen. Das Bild eines gewissenhaften, peinlichst genauen Staatsbeamten, dem es auf exakte Abrechnungen ankam, wäre richtiger gewesen. Zwischen ihm und dem ungezügelten Genie des Eroberers konnte es keine Verständigung geben. Keiner der beiden war in der Lage, die Gedankengänge des anderen auch nur zu erahnen. Der

Erzdiakon hatte die Genugtuung, in Sevilla die Gründung einer ausschließlich den indischen Besitzungen gewidmeten Zollverwaltung zu überwachen, die die Registrierung sämtlicher nach der Neuen Welt auslaufenden und von dort heimkehrenden Schiffe vornahm.

Die Mittel für eine zweite, größere Expedition waren dieses Mal nicht schwer aufzutreiben. Ein Großteil der jüdischen Reichtümer waren der Staatskasse zugeflossen, und der Herzog von Medina Sidonia, der bedauerte, daß er sich wegen seiner Verbannung nicht an der ersten Seefahrt hatte beteiligen können, lieh sechs Millionen Maravedis.

Die zweite Expedition wuchs zu einer regelrechten Flotte an: siebzehn Karavellen mit fünfhundert Seeleuten bemannt und von siebenhundert Passagieren aller Berufe aus allen sozialen Schichten des Landes — Hidalgos (Edelmänner) und Bauern inbegriffen — begleitet. Vater Antonio de Marchena ließ sich überreden, sein Kloster zu verlassen und als Kosmograph an Bord zu gehen. Zwölf Missionare nicht zu vergessen, die Isabellas vordringlichstes Anliegen, die Bekehrung der Eingeborenen, zur Aufgabe hatten. Die sechs unterdessen getauften Indios kehrten als leuchtende Beispiele für die neue Religion in ihre Heimat zurück.

Man hatte an alles gedacht. Die Flotte stach von Cadix aus am 25. September 1493 in See. Sie segelte nicht in ein unbekanntes Abenteuer, sondern einer klar umrissenen kolonisatorischen Aufgabe entgegen.

Beifall und Segenswünsche begleiteten den Admiral. Er stand auf der Höhe seines Ruhms.

Dreizehntes Kapitel

# Von Perpignan nach Rom

Seit ihrer Thronbesteigung hatte Isabella Erstaunliches vollbracht. Mit vierzig Jahren konnte sie auf ein Werk zurückblicken, in dem sich großartiger Fortschritt und Repression auf eigenartige Weise mischten.

In weniger als zwanzig Jahren hatte sie ihr Land aus den Ketten eines unkontrollierbaren, archaischen Feudalismus gelöst und innerlich gefestigt, von fremder Herrschaft befreit und ihm die Tore zu unbekannten Kontinenten aufgestoßen.

Gleichzeitig aber fesselte sie Spanien an die Vergangenheit, indem sie durch religiösen Terror und die Vertreibung einer geistigen und kommerziellen Elite die Grundlagen seiner wirtschaftlichen Entwicklung zerstörte. Am Ende des fünfzehnten Jahrhunderts war diese Gefahr noch nicht sichtbar. Auch wenn die politische Einheit innerhalb seiner Grenzen noch nicht vollzogen war — die Königreiche von Kastilien und Aragon wurden nach wie vor getrennt verwaltet und regiert —, trat Spanien jetzt in den Kreis der europäischen Mächte. Das war ein Gebiet, dem Ferdinand sein besonderes Interesse widmete. Ihm ging es um die Rolle, die seinem Reich in der internationalen Politik zukam. Hier teilten sich die Auffassungen und Ziele des Königspaares. Während Isabella den größten Teil ihrer Mission als erfüllt betrachtete, sah sich Ferdinand, bisher im Schatten seiner Frau, am Anfang einer neuen Aufgabe.

Nichts deutet darauf hin, daß es darüber zu Meinungsverschiedenheiten zwischen den Königen gekommen wäre. Isabella übte weiterhin innenpolitisch uneingeschränkte Autorität aus; dafür nahm sie es hin, daß Ferdinand sein in größeren Dimensionen denkendes staatsmännisches Genie walten ließ, das Machiavelli so sehr bewunderte.

Ferdinand besaß weder die Kultur, die einen echten Renaissancefürsten auszeichnete, noch das Talent eines großen Feldherrn. Seine Stärke lag darin, daß er genau wußte, was er wollte, und ebenso genau die Zeit abschätzen konnte, die er benötigte, das gesetzte Ziel zu erreichen. Daß ihm dabei Glück und Erfolg beschieden waren, wie Machiavelli hervorhob, war nicht nur dem Zufall zuzuschreiben, sondern seiner Meisterschaft, alle Gelegenheiten, die sich ihm boten, mit beiden Händen zu packen. Allerdings stand ihm dafür das zu politischer Bedeutung gereifte Spanien als Sprungbrett zur Verfügung und als Aktionsfeld Europa.

Er war im Gegensatz zu seiner Frau ein Kind des Mittelmeers. Dies wirkte sich dahingehend aus, daß die aragonesische Flotte das *Mare Nostrum* (Mittelmeer) der Alten Welt durchpflügte, während die Karavellen der Königin von Kastilien auf der Suche nach noch unbekannten Gestaden die Segel hißten.

Ihre geographische Lage brachte es mit sich, daß die Interessen Aragons und Kastiliens längst nicht immer übereinstimmten. Ferdinand begriff klarer als Isabella die Bedeutung einer ganz Spanien umfassenden Reichsidee. Doch auch auf anderem Gebiet gingen sie auseinander. Eine alte Freundschaft verband die Trastamare mit Frankreich, seit ihr Ahnherr im vierzehnten Jahrhundert dem Schwert des Konnetabel Du Guesclin die Eroberung des Throns von Kastilien verdankte. Diese Bande zwischen den beiden Ländern hielten sogar den Wirren des hundertjährigen Krieges stand, und Isabella sah keinen Grund, sie zu zerreißen.

Zwischen den Häusern Aragon und Anjou dagegen schwelte seit Jahrhunderten ein Konflikt um das Königreich Neapel, das Ludwig als Erbe der Anjou für die französische Krone beanspruchte. Obendrein gab es seit über zwanzig Jahren Auseinandersetzungen um die Grafschaften Roussillon und Cerdagne, die sich Ludwig XI. zur Zeit Heinrichs IV. – des »Impotenten« – von Juan II. als Pfand für eine Anleihe von dreihunderttausend Dukaten hatte überschreiben lassen; als Pfand wohl bemerkt, was ihn nicht davon abhielt, sie bereits im Jahr 1463 Frankreich einzuverleiben.

Kurz vor seinem Tode empfahl ihm der heilige Eremit François de Paule, seine Seele durch die Rückgabe des fremden Guts auf den Weg in die ewige Seligkeit vorzubereiten, und Ludwig ließ ausnahmsweise seine Frömmigkeit über seine Besitzgier siegen. Er schickte sich an, dem Rat des Weisen zu folgen, als der Tod ihn ereilte. Der Abt von Saint-Denis, der sich bereits auf dem Weg zu Ferdinand befand, wurde auf Befehl der Regentin Anne de Beaujeu zurückgerufen.

Wenn Isabella ihn nicht daran gehindert hätte, wäre Ferdinand leichten Herzens zur Unterbrechung des Heiligen Krieges bereit gewesen, um sich den Tod seines Feindes für die Rückgewinnung der Grafschaften zunutze zu machen. Dieser Weg war ihm verstellt. Es blieb ihm der eines Geheimvertrages, den er 1489 in Medina del Campo mit den Unterhändlern Heinrichs VII. von England und des zukünftigen Kaisers Maximilian von Habsburg abschloß und der auf eine dreifache Invasion Frankreichs abzielte. Zusätzlich hoffte er, seinem Gegner durch eine Heirat seines Sohnes Juan mit

Anna, der Erbin des Herzogtums Bretagne, in den Rücken zu fallen.

Doch daraus wurde nichts. Anna heiratete zuerst, nur auf dem Papier, Maximilian, den sie nie zu Gesicht bekam, aber nie zu lieben aufhörte, dann im Dezember 1491 schließlich den Sohn Ludwigs XI. von Frankreich, Karl VIII.

Der enorme Widerhall, den der Fall Granadas in der christlichen Welt fand, tröstete Ferdinand über die erlittene Schlappe hinweg. Im Herbst desselben Jahres, 1492, landete Heinrich VII. mit einer kleinen Armee in Calais und belagerte Boulogne; Maximilian bereitete sich auf einen Angriff von Flandern aus vor, und die spanischen Truppen massierten sich am Fuße des Passes von Salses, der die Pyrenäengrenze beherrschte.

Karl VIII. ist vielfach von französischen Historikern beschuldigt worden, er habe in dieser Stunde der Gefahr die Interessen Frankreichs seinen Kreuzzugsträumereien und — wie Commines* sich ausdrückte — den »blauen Dünsten Italiens« geopfert.

Das ist nur zu einem gewissen Grade richtig. Frankreich hatte durch die Eingliederung der Bretagne einen ungeheuren Machtzuwachs erfahren, den es zu verdauen galt; gleichzeitig stand es einem dreifachen Gegner gegenüber, den es mit Waffengewalt unmöglich niederringen konnte. Heinrich VII. und Ferdinand waren übereingekommen, daß keiner ohne das Einverständnis des anderen Friedensverhandlungen eingehen sollte. Maximilian, eher säbelrasselnder Sagenheld als Meister der Kriegsführung, wirkte weniger bedrohlich als die

---

* Commines, Vertrauter, Diplomat und Ratgeber im Dienste Ludwigs XI. und Karls VIII. Hinterließ als Chronist eine bedeutende Geschichte seiner Zeit, die *Mémoires*.

beiden anderen, die es gleichzeitig zu neutralisieren galt. Karl VIII. bot dem König von Aragon die Rückgabe des Roussillon und der Cerdagne an, während er den geizigen Heinrich mit einer Abfindungssumme lockte. Der Verzicht auf die beiden Grafschaften, der ohnedies seit längerem geplant war, bedeutete für ihn so etwas wie die Ausführung des letzten Willens seines Vaters und eine Reminiszenz an die großzügige Geste des Heiligen Ludwig, der schon einmal, im Jahre 1258, aus eigenem Anstoß das Roussillon den eigentlichen Besitzern zurückerstattet hatte.

Seine Rechnung ging zunächst auf. Ferdinand ließ Heinrich VII. freie Hand für die Unterzeichnung des Vertrags von Etaples, der diesem für seinen Abzug aus Calais die gewaltige Summe von siebenhundertfünfundvierzigtausend *écus d'or** einbrachte. Die waren ihm wesentlich lieber als einige fragwürdige Besitzungen auf dem Festland. Inzwischen blockierte der Aragonier vorsichtshalber mit seiner Flotte die Einfahrt zur Bucht von Collioure und schürte durch Agenten in Perpignan einen Volksaufstand gegen die französische Herrschaft.

Es war an der Zeit, den Streitfall beizulegen. Am 19. Januar 1493 wurde in Barcelona ein Abkommen unterzeichnet und im folgenden Jahr in Tours bestätigt. Sein erster Artikel erneuerte die »auf ewige Zeiten beschlossene« Allianz zwischen Frankreich und Kastilien. Der zweite legte fest, daß diese Allianz »allezeit vor jeder Verbindung der Vertragspartner mit jedwedem anderen Fürsten, ausgenommen der Stellvertreter Christi, den Vorzug habe«.

Die ganze Schlauheit Ferdinands sprach aus den vier Wörtchen »ausgenommen der Stellvertreter Christi«.

---

* Goldmünze mit einem Feingehalt von ca. 3,2 g

Besaß der Papst nicht die Schirmherrschaft über Neapel? Dabei war das Thema Neapel mit keiner Silbe erwähnt worden. Beide Seiten wichen ihm elegant aus. Nur hatte sich der Aragonier zunächst einmal den Besitz der strittigen Grafschaften gesichert.

Erst einige Monate später, nach Abschluß des Vertrags von Senlis mit Maximilian, kam Karl auf die neapolitanische Frage zu sprechen. Er glaubte, auf Papst Alexander VI. zählen zu dürfen und hielt die Katholischen Könige, von ihren beiden ehemaligen Bundesgenossen im Stich gelassen, für politisch isoliert. Ferdinand erklärte sich bereit, dem Abkommen von Barcelona einen Paragraphen hinzuzufügen, in dem er er seine Neutralität zusagte, falls der König von Frankreich als Erbe der Anjou seine Ansprüche auf das Königreich Neapel geltend machen würde. Gleichzeitig aber informierte er Alexander VI. durch seinen Gesandten Diego Lopez de Haro, daß er gegebenenfalls seine eigenen Rechte auf dieses Königreich, über das sein Schwager Ferrante I. regierte, mit allen Mitteln verteidigen werde.

Am 13. September hielten die Könige bei strömendem Regen feierlichen Einzug in Perpignan. Das Ansehen, das sie in der damaligen Welt genossen, war ungeheuer. Es überschattete bei weitem das Prestige Frankreichs, das seit dem hundertjährigen Krieg als erste Macht der Christenheit gegolten hatte, und weckte in Karl VIII. den Wunsch, das Heilige Grab aus den Händen der Ungläubigen zu befreien. Als Ausgangspunkt für diesen Kreuzzug wählte er Neapel.

*\*\*\**

Gegen Ende des fünfzehnten Jahrhunderts war der

Kreuzzugsgedanke mächtiger, als wir uns das heute vorstellen können. Insbesondere der Sohn Ludwigs XI. hatte während seiner traurigen Kindheit in allerlei glorreichen Prophezeiungen und Vorstellungen von kühnen Heldentaten Trost gefunden und sich für diese großartige Idee begeistert. Jetzt hielt er die Zeit für gekommen, vor dem Hintergrund der rauhen Wirklichkeit seine Jugendschwärmereien in die Tat umzusetzen.

Der scheinbar unaufhaltsame Vormarsch der Türken setzte die Christenheit unvorstellbaren Gefahren aus. Griechenland, Thrakien, Bulgarien, Serbien, die Wallachei waren von den türkischen Horden überflutet, und schon zwanzig Jahre vor der Einnahme Konstantinopels durch Mehmed II. hatte Papst Eugen IV. ausgerufen:

»Überall, wo die Türken hingekommen sind, blieben unfruchtbare Felder, verwüstete Städte und verlassene Werkstätten zurück; die Kirchen stehen leer, ohne Priester und Altäre, nirgends ist Hilfe, nirgends ein Dach!«

Nicht einmal die Eroberung der byzantinischen Hauptstadt im Jahr 1453 hatte den Ansturm der osmanischen Scharen gestoppt. Albanien, Bosnien, Montenegro fielen, und die Truppen des Sultans unternahmen Streifzüge bis hinauf in die Steiermark, wo sie die Bewohner ganzer Dörfer zusammentrieben und in die Sklaverei verschleppten. Am 11. August 1480 setzten sie nach Italien über und nahmen Otranto ein. Europa erstarrte vor Angst und hätte vielleicht auch noch Schlimmeres zu erwarten gehabt, wenn Mehmed II. nicht im Jahr darauf gestorben wäre.

Sein Nachfolger Bajazid war glücklicherweise sanfteren Gemüts und hatte zunächst mit Aufständen in Ägypten vollauf zu tun. Außerdem besaß er einen Bruder, Djem, genannt Zizim, den er vom Thron verdrängt hatte und der für ihn eine permanente Gefahr darstellte. Zizim war nach Rhodos geflüchtet, wo sich die christlichen Herrscher um die kostbare Geisel stritten. Bajazid bezahlte ihnen eine Pension, damit sie den Störenfried von ihm fernhielten. Schließlich wurde der Unglückliche Papst Innozenz VIII., dem Vorgänger Alexanders VI., übergeben; der verpflichtete sich, ihn ohne die Zustimmung des Königs von Frankreich an niemanden auszuliefern. Italien atmete auf. Die Gefahr einer Invasion war in weitere Ferne gerückt.

Dennoch behielt der Kreuzzugsgedanke dort wie in anderen europäischen Ländern zahlreiche Anhänger. Maximilian, zur Kaiserwürde aufgestiegen, begeisterte sich für die Idee, mußte sie dann aber mangels der nötigen Mittel und aus innerpolitischen Gründen fallen lassen. Anders der König von Frankreich. Karl VIII. hatte von seinem Vater ein erstarktes, innerlich gefestigtes Frankreich als Erbe übernommen. Die Einnahme von Granada und der Ruhm, den sich das spanische Königspaar mit dieser Aktion verdient hatte, wirkten auf ihn als Ansporn, der ihn zu ähnlichen Taten anstachelte. Mehrere französische Agenten bereisten in seinem Auftrag den Orient, um die Lage an Ort und Stelle zu erkunden.

Eines Tages machte ein Sonderbotschafter Karls VIII. Heinrich VII. von England seine Aufwartung, um ihm folgenden Plan zu enthüllen:

»Der König, unser erlauchter Herr, hat die Absicht, sich mit Waffengewalt in den Besitz des Königreichs von Neapel zu setzen und dieses Land als Brückenkopf für die Landung seiner Streitkräfte in Griechenland zu benützen. Sein Ziel ist die Zerschlagung des Osmanischen Reiches. Kein Opfer, weder an Blut noch an Schätzen, ist ihm zu groß, das zu erreichen. Nichts kann ihn von diesem Weg abbringen, bis die Tat vollendet ist oder er selbst den Tod gefunden hat. Das Vorbild des von den spanischen Königen geführten edlen und frommen Krieges ist ihm richtungweisend in dieser Sache.«

Die Nachwelt hat die Italienkriege, die sich fast über ein Jahrhundert hinzogen, lange Zeit für eine bloße Verrücktheit gehalten. Damit bewies sie, daß sie die wirkliche Lage des Abendlands zu Beginn der Fehden von Grund auf verkannte. Die türkische Gefahr einzudämmen, das Heer der Hohen Pforte aus Italien zu vertreiben, war eine Lebensnotwendigkeit. Darüber hinaus aber führte die zunehmende Zentralisierung der christlichen Mächte ganz natürlich zur Entstehung eines Nationalbewußtseins und in seiner Folge notgedrungen zum Streben nach territorialer Ausdehnung. Die politische Struktur Europas brachte es zudem mit sich, daß der zukünftige Herr Italiens seinen Rivalen gegenüber einen unbestreitbaren Trumpf in der Hand hielt. Handel, Bankwesen, Kirche, Kunst, alles war auf dieser schmalen Halbinsel konzentriert, ganz abgesehen von ihrer geographischen Lage im Zentrum des Mittelmeeres. Schließlich stellte das in zahlreiche Stadtstaaten zersplitterte Land eine lockende Beute dar.

Daß es Ferdinand, bereits im Besitz der sizilianischen Königskrone, darauf abgesehen hatte, leuchtet ein. Aber auch Karl VIII., der seiner frommen Gattin zum Trotz sein Trachten auf weltliche Belange ausrichtete, meldete sein Interesse an. Vielleicht besaß der Sohn Ludwigs XI. größeres politisches Talent, als ihm seine Chronisten zugestehen wollten.

Welches Bild ist uns von diesem jungen Mann von knapp vierundzwanzig Jahren geblieben? Zaccaria Contarini, der venezianische Gesandte, gab der Serenissima folgende Beschreibung von ihm:

»Er ist klein und schlecht gewachsen, sein Gesicht häßlich. Die großen, farblosen Augen verraten Kurzsichtigkeit; auch die Hakennase ist breiter und länger als normal, seine wulstigen Lippen sind ständig geöffnet. Seine Hände bewegen sich in schrecklich anzusehenden, spasmischen Zuckungen, und seine Rede ist stockend. Es mag sein, daß ich mich irre, aber er wirkt auf mich, als sei sein Geist nicht viel mehr wert als sein Körper.«

Und ausgerechnet diese Mitleid erregende Gestalt war der erste Fürst der Neuzeit, der für sich das Recht in Anspruch nahm, Gebiete zu besetzen, die ihm nicht gehörten und nie gehört hatten. Mit diesen Ambitionen übertraf er sogar seinen habgierigen Vater.

Dabei hatte er nichts von einem Heuchler. Er setzte sich für die Verwirklichung einer Aufgabe ein, die an Gottgefälligkeit dem von Isabella gegen die Juden und Mauren geführten Krieg gleichkam. Und dennoch gab er mit seinem Vorgehen ein Beispiel, dem von da an pausenlos gefolgt wurde: Unter dem Deckmantel dynastischer Erbschaften und dem des wachsenden Nationalgefühls gelangte man schließlich zu einer neuen Maxime, die sich das »Recht des Stärkeren« nannte. Allerdings mußte es sich zur Zeit Karls VIII. erst noch mit der durchtriebenen Wendigkeit Ferdinands messen.

Italien für sich war völlig machtlos. Zum einen wegen seiner zahlreichen selbständigen Signorien, zum zweiten, weil deren führende Köpfe reich, intelligent und kultiviert genug waren, ihre Unabhängigkeit ihrem Nachbarn gegenüber zu behaupten. Nur Lorenzo di Medici, dem Prächtigen, war es gelungen, eine italienische »Liga zum Schutz der Halbinsel vor fremden Eindringlingen« zu gründen; aber sein Tod im Jahr 1492 führte zur Auflösung der zerbrechlichen Koalition.

Im selben Jahr bestieg der spanische Kardinal Roderigo Borgia unter dem Namen Alexander VI. den
Thron Petri. Es hieß allgemein, daß er fast jedes Mitglied des erlauchten Kardinalskollegiums gekauft habe,
um den erbitterten Widerstand seines Todfeindes, des
Kardinals della Rovere, auszuschalten.

Selbst wenn er sich mit dem Wohlergehen seiner be-
rühmt-berüchtigten Kinder allzu eingehend befaßte,
darf man ihn als einen Vollblutpolitiker bezeichnen.
Karl VIII., dem er die Goldene Rose überbringen ließ,
zählte ihn zu seinen sichersten Verbündeten. Dabei hatte ihn der in geheimer Mission reisende aragonesische
Gesandte Diego Lopez de Haro, an seine alten spanischen Verbindungen anknüpfend, bereits für Ferdinand
gewonnen. Als Ferdinands Schwager, Ferrante I., Anfang 1494 starb, erklärte der Papst dessen Sohn Alfons,
einen lasterhaften und grausamen Tyrannen, zum König von Neapel.

Plötzlich sah sich Karl VIII. von zwei gegensätzlichen
Parteien umworben: Della Rovere, mit den Orsini im
Bunde, ließ vorfühlen, wie er sich zu einer eventuellen
Absetzung des neuen Papstes stelle, während dieser
Papst, Alexander VI., ihn um Unterstützung gegen die
Intrigen seines Erzfeindes della Rovere anging. Sollte
das heißen, daß sich die Tore Italiens vor dem König
von Frankreich von selbst öffneten? Es wurde aber
noch komplizierter.

Lodovico Sforza, Il Moro, Usurpator des Herzogtums Mailand, bat Karl um Beistand zur Festigung seines gewaltsam angeeigneten Besitzes. Der fanatische
Prediger Savonarola, der die Medici aus Florenz vertrieben hatte, kündigte ihn seinen Anhängern wie einen
Sendboten des Himmels an. Täglich wurden ausgewie-
sene Neapolitaner, Feinde des regierenden Hauses

Aragon, am französischen Hof vorstellig. Was Papst Alexander anbetrifft, so ließ er sich sein Wohlwollen mit dem Bistum Castre und einer Pfründe von sechstausend Dukaten bezahlen; beides für seinen Sohn Cesare Borgia, der bereits Kardinal war. Karl VIII. wäre ahnungslos geblieben, hätte nicht Kardinal della Rovere das Doppelspiel aufgedeckt und verraten. Auch er drängte ihn zum Eingreifen, allerdings gegen Alexander VI.

Noch im selben Jahr, 1494, übergab Karl die Regentschaft an seinen Schwager, den Herzog Pierre de Bourbon, den er gleichzeitig zum Generalleutnant des Languedoc ernannte und mit der Überwachung der Pyrenäengrenze betraute.

Anfang September 1494 überquerte er mit seinem Heer die Alpen, wurde überall mit Jubel empfangen und kam in Sichtweite von Rom, ohne auch nur das Schwert aus der Scheide gezogen zu haben. Isabella, die in Frankreich einen alten Verbündeten sah, war von diesem beispiellosen Vorgehen nicht allzusehr erschüttert. Ganz anders Ferdinand. Er trug sich seit längerer Zeit mit dem Gedanken, Nordafrika zu erobern und dadurch das Mittelmeer sozusagen in einen spanischen Binnensee zu verwandeln. Die französische Expedition machte seine hochfliegenden Pläne zunichte.

Es gab nur eine Lösung, Zeit gewinnen. Zwei Botschafter, Antonio de Fonseca und Juan d'Albion erhielten den Auftrag, Karl entgegenzureiten und ihn mit allen Mitteln zur Umkehr zu bewegen. Eine schwierige Mission. Wie den Siegreichen einschüchtern und andererseits den Papst zum Aushalten ermuntern?

Alexander VI. befand sich in einer mißlichen Lage. Einerseits dachte er an Flucht zu seinem Verbündeten nach Sizilien, und andererseits fürchtete er um die Tiara, falls er Rom verlassen würde. Das Volk haßte ihn, viele Parteigänger waren ihm nicht geblieben. Während er noch schwankte, erschien Kardinal della Rovere als Vorbote des französischen Heeres in Rom und hetzte die Einwohner vollends gegen ihn auf. Schon zeigten sich die ersten Späher Karls VIII. in den Vororten der Heiligen Stadt. Zur Flucht war es zu spät. Einen Augenblick erwog Alexander, sich in der Engelsburg zu verschanzen und den Ausgang der Belagerung abzuwarten. Dann sah er ein, daß jeder Widerstand unmöglich geworden war, und kapitulierte. Am 31. Dezember 1494 konnte der venezianische Gesandte Zaccaria Contarini der Serenissima berichten: »Am heutigen Tage hielt der König von Frankreich mit seiner ganzen Armee gegen den ausdrücklichen Willen des Papstes Einzug in die Stadt; dieser Einzug vollzog sich ohne jeden Schaden, was ein bemerkenswertes Ereignis darstellte, an das man sich noch lange erinnern wird. Nie ist uns ähnliches zu Ohren gekommen.«

Die vor schaudernder Bewunderung fassungslosen Römer bestaunten die Barbaren aus dem Norden, die sie zum ersten Mal zu Gesicht bekamen, ihre riesige Armee, die schwere, in ihrer Art damals einmalige Artillerie.

Ungeachtet des Drucks, den die Kardinäle auf ihn ausübten, weigerte sich Karl, Alexander VI. abzusetzen. Statt dessen wurde ein komplizierter Vertrag ausgearbeitet, durch den er sich von dem schlauen Fuchs die notwendigen Sicherheiten für seine weiteren Kriegspläne versprach; den Kernpunkt stellte die Auslieferung des unglücklichen Zizim an die Franzosen dar. Auch Cesare Borgia blieb im Lager des Königs von Frankreich, offiziell als päpstlicher Legat, in Wirklichkeit als zweite Geisel.

Die Investitur des Königreichs Neapel gab Stoff für ein Geheimabkommen, denn König Alfons besaß im Lieblingssohn des Papstes, Joffé Borgia, seinerseits eine kostbare Geisel. Karl gab sich mit einer öffentlichen Erklärung Alexanders zufrieden, nach welcher es ihm unmöglich sei, diese Investitur ohne Einberufung des Konsistoriums vorzunehmen, da sie auf »die Schädigung eines Dritten« hinauslaufe.

Am 28. Januar 1495 brach die französische Armee nach Neapel auf. Seite an Seite mit dem König ritt der Kardinal Cesare Borgia.

Alfons hatte bereits am 25. Januar zu Gunsten seines Sohnes Ferrandino abgedankt, denn — bemerkt Commines — »Grausamkeit hat sich noch nie mit Mut vertragen«. Während Vater und Sohn Neapel verließen, ernannte sich seine Frau Johanna von Aragon, Ferdinands Schwester, zum Generalleutnant des Königreichs und rief den Sultan und ihren Bruder zu Hilfe.

Vierzehntes Kapitel

# Die Entdeckung Italiens

Erst Ende Januar 1494, als sich die französische Armee bereits im Anmarsch auf Neapel befand und die Ländereien der dem König verbündeten Colonna durchzog, konnten Ferdinands Sonderbeauftragte Antonio de Fonseca und Juan d'Albion Verbindung mit Karl VIII. aufnehmen; der ließ sich Zeit, sie zu empfangen. Die Unterredung fand schließlich in Velletri statt und nahm einen ursprünglich vielleicht nicht vorgesehenen Verlauf. Auftragsgemäß legten die Diplomaten dem französischen König im Namen Aragons nahe, seine Ansprüche auf dem Rechtswege geltend zu machen, bevor er zur kriegerischen Eroberung Neapels ansetze.

Die Antwort muß klar und eindeutig ausgefallen sein, denn ein Zeuge dieser Audienz berichtete, daß Karl »ihnen so gemessen und achtunggebietend antwortete, daß es alle Italiener sehr erstaunte... auch habe sich im König eine ganz auffallende Veränderung vollzogen, so daß er nicht wiederzuerkennen sei und alle meinten, ein höherer Wille spräche aus ihm.«*

Karl gab ihnen zu verstehen, daß er, da das Pariser Parlament seine Ansprüche bestätigt habe, nicht daran dächte, sich dem Urteil eines spanischen Papstes zu unterwerfen, dessen Parteilichkeit allen bekannt sei. Nicht

---

* Zurita: *Die Annalen Aragons*

einmal die Drohung mit der Vertragsklausel von Barcelona — *Vicario Christi excepto* — konnte ihn davon abbringen. Er habe sich wohl unterrichtet, erwiderte er ungerührt, und wisse, daß der König von Aragon Neapel seine Unterstützung zugesagt habe; aber auch diese Tatsache ändere an seinem Vorhaben nichts.

Darauf rief Fonseca zornbebend Gottes Richterspruch an und zerriß eine Kopie des Vertrags von Barcelona. Ob er mit dieser theatralischen Geste im Auftrag handelte oder seine Kompetenzen überschritt, ist nicht geklärt. Jedenfalls bedeutete sie eine Kriegserklärung.

Karls Minister rieten zur sofortigen Verhaftung der Spanier, doch der König schlug ihren Rat leichtsinnig in den Wind. Er sollte es bereuen, denn es gelang ihnen, mit Cesare Borgia Verbindung aufzunehmen. Am nächsten Morgen waren die Gesandten, der Legat sowie der Inhalt seiner siebzehn Reisetruhen verschwunden.

Ein schwerer Schlag. Ein unersetzlicher Verlust. Sogar Alexander fühlte sich durch Cesares tollkühnen Streich überrumpelt, unterließ es jedoch, einen anderen Legaten zu ernennen. Das Abkommen von Rom war damit hinfällig, der Kampf um Neapel unvermeidlich. Ferdinands Wille triumphierte über den Wunsch Isabellas nach Frieden. Zum ersten Mal in ihrer fünfundzwanzigjährigen Ehe setzte sich einer über des anderen Entscheidung hinweg.

Ohne auf Widerstand gestoßen zu sein, hielt Karl VIII. am 22. Februar, vom Beifall der Bevölkerung begleitet, Einzug in Neapel, aus dem Johanna von Aragon am Vorabend entwichen war. Ein beispielloser Siegeszug. Nur ein einziger Wermutstropfen mischte sich in seine Freude. Djem, der Bruder des Sultans, der erbarmungswürdige Gefangene, ein seit Jahren dem Alkohol ergebenes, menschliches Wrack, das ihm am 25. Januar ausgeliefert worden war, erlag plötzlich einer Erkältung oder — wahrscheinlicher — einer Vergiftung. Damit rückte die Verwirklichung seiner Vision eines Kreuzzugs und eines neu erstehenden byzantinischen Weltreiches plötzlich wieder in weite Ferne.

Es ist immer gefährlich, seine Gegner zu unterschätzen. Um so mehr, wenn sie Ferdinand von Aragon und Alexander Borgia heißen. Diese Erfahrung blieb dem König von Frankreich nicht erspart.

Ferdinand dachte weniger an die Wiedereroberung der heiligen Stätten der Christenheit als an Spaniens Weg zur Großmacht. Dafür war der Besitz Unteritaliens lediglich ein Meilenstein. Im übrigen hoffte er, den spanischen Einfluß, also seine Herrschaft, durch eine geschickte Heiratspolitik über seine Kinder schon bald auf das Reich, die Niederlande, England und Portugal auszudehnen.

Bereits am 20. Januar 1495 kamen die Könige mit Kaiser Maximilian überein, die Verbindung ihrer Häuser durch eine Ehe ihrer Kinder zu festigen. Der Infant Don Juan würde die Erzherzogin Margarethe und die Infantin Johanna Philipp den Schönen (durch seine Mutter, Maria von Burgund, Erbe der Niederlande) heiraten.* Auch die Daten lagen fest: Die Hochzeit

---

* Philipp I., der Schöne, Herrscher der Niederlande (1482-1506), König von Kastilien (1504-1506) und Johanna (die Wahnsinnige) hatten sechs Kinder, darunter Karl V. Seine Schwester Margarethe von Österreich (1480-1530) heiratete den spanischen Thronfolger Don Juan, nachdem sie im Alter von drei Jahren mit Karl VIII. von Frankreich verlobt gewesen war. 1501 geht die junge Witwe eine Ehe mit Philibert, dem Schönen, von Savoyen ein. Diesem ebenfalls früh verstorbenen Gatten zur Erinnerung ließ sie die Kirche von Brou bei Bourg mit einem prächtigen spätgotischen Grabmal errichten. Von ihrem Neffen Karl V. zur Statthalterin der Niederlande ernannt, spielte sie bis zu ihrem Tode eine wichtige Rolle in der europäischen Politik (Damenfriede von 1529).

Don Juans mit Margarethe sollte im November 1495, die der Infantin mit Philipp im Jahr darauf in Valladolid gefeiert werden. Beide Heiratsverträge enthielten eine von Ferdinand sorgfältig ausgearbeitete Klausel: Maximilian mußte sich — wenn auch höchst widerwillig — verpflichten, neben Spanien auch in Italien, falls nötig, mit Waffengewalt einzugreifen. Der französische Siegeszug nach Süditalien setzte das »falls nötig« sehr bald in die Wirklichkeit um. Mit der Eroberung Neapels durch Karl VIII. war das empfindliche Gleichgewicht des italienischen Staatengebildes gestört. Darauf konnten es weder Ferdinand noch Alexander VI. beruhen lassen.

Auf ihre Anregung hin wurde am 1. April 1495 zwischen dem Heiligen Stuhl, dem Kaiser, den Königen von Kastilien und Aragon, der Republik Venedig und Lodovico Sforza, Herzog von Mailand, der Frankreich unterdessen den Rücken gekehrt hatte, ein Bund »zum Schutz von Ruhe und Frieden in Italien, zum Heil der Christenheit, zur Wahrung der päpstlichen Würde und Autorität, zur Sicherung des Heiligen Römischen Reiches« geschlossen, der in der Geschichte die »Venezianische« oder »Heilige Liga« genannt wird.

Die Vertreter der Serenissima erhielten den Auftrag, Karl VIII. von dieser für ihn verheerenden politischen Wende zu unterrichten. Seine Traumgebilde von einem befreiten Konstantinopel und Jerusalem zerstoben. Enttäuscht mußte er erkennen, daß sogar sein Rückzug nach Frankreich gefährdet war. Seine Ratgeber drängten zum sofortigen Aufbruch, bevor die feindlichen Truppen aufgestellt waren und ihnen entgegenzogen. Aber es fehlte an Geld, und eine erste, vielleicht durch Christoph Kolumbus' Seeleute eingeschleppte Pockenepidemie machte die französische Armee kampfunfähig.

Karl sah die Ausweglosigkeit seiner Lage ein. Schweren Herzens ließ er die Hälfte seiner Truppen unter dem Befehl des Grafen von Bourbon-Monpensier zur Verteidigung »seines Königreichs von Neapel« zurück und brach mit dem Rest nach Norden auf. Am 6. Juli 1495 stand er bei Fornovo, in der Gegend von Parma, an der Spitze seiner siebentausend Mann einem Söldnerheer von dreißigtausend gegenüber.

Die Franzosen, verunsichert, begingen Fehler über Fehler und wären wohl hoffnungslos niedergewalzt worden, hätte nicht der in Karls Diensten stehende Mailänder Feldherr Trivulci eine Kriegslist angewandt. Einer Eingebung folgend überließ er den anrückenden Truppen der Liga das königliche Lager zur Plünderung. Kaum waren die Italiener damit beschäftigt, sich die Taschen vollzustopfen, als die Franzosen in der seither sprichwörtlich gewordenen *furia francese* (französische Raserei) über sie herfielen und binnen einer Viertelstunde ein fürchterliches Blutbad unter ihnen anrichteten. Sie machten dreitausend Gegner nieder. Der Weg nach Frankreich war frei.

Am 7. November erreichte Karl VIII. Lyon. Gewiß, er hatte Neapel erobert, doch war es unschwer zu erkennen, daß er es nicht würde halten können. Also ein überflüssiger militärischer Spaziergang in den Süden? Michelet* vertritt die Meinung, daß die »Entdeckung« Italiens größere Auswirkungen auf die Welt des sechzehnten Jahrhunderts hatte als die Amerikas. Immerhin folgten sämtliche Könige und Kaiser späterer Jahre derselben Spur!

\*\*\*

* französischer Historiker des 19. Jahrhunderts

Bevor sich Ferdinand in das italienische Abenteuer stürzte, hätte er gerne Frankreich in die Knie gezwungen. Zunächst versuchte er vergeblich, England zu einer neuen Landung zu bewegen, dann wieder schlug er Maximilian vor, in Burgund einzumarschieren, während er im Süden, im Languedoc, angreifen würde. Doch auch der deutsche Kaiser winkte ab.

Blieb noch die Pyrenäenfront, die der Herzog von Bourbon voll Argwohn überwachte. Auf seine Anfrage, ob der Vertrag von Barcelona noch Gültigkeit habe, erhielt er aus Aragon einen negativen Bescheid. War nicht Kirchenrecht und Kirchengut in Italien mit Füßen getreten worden? Noch einmal bot Isabella ihren ganzen Einfluß auf, Ferdinand die Idee eines Krieges mit Frankreich auszureden, ohne daß sie sich gegen seinen Willen durchsetzen konnte. Im September 1495 gab der König Enrique de Guzman Anweisung, im Norden die Feindseligkeiten zu eröffnen; ein Jahr lang beschränkten sie sich auf gegenseitige, doch lokal begrenzte Überfälle und Razzien. Am 8. Oktober 1496 setzte sich dann Saint-André, Offizier des Herzogs von Bourbon, im Handstreich in den Besitz der spanischen Grenzfeste von Salses und ließ sie schleifen, womit unter Ferdinands französische Absichten zunächst ein Schlußstrich gezogen war. Karl VIII. hätte es in der Hand gehabt, die vielumstrittenen Grafschaften des Roussillon und der Cerdagne zurückzuerobern. Er tat es nicht. Wie Isabella sehnte er sich nach Frieden oder wenigstens nach einem Waffenstillstand. Ferdinand lehnte sein Angebot ab.

Inzwischen verschlimmerte sich in Neapel die Lage der französischen Restarmee von Tag zu Tag. Krankheit und mangelhafte Ernährung lichteten ihre Reihen. Dann versetzten ihr die spanischen Streitkräfte unter Gonzalves von Cordoba einen entscheidenden Schlag. Noch während die versprengten Einheiten einen Fluchtweg nach Norden suchten, starb unerwartet Ferrandino, der junge König von Neapel. Aber auch dieses Mal wurde Ferdinands Griff nach der Krone vereitelt. Die süditalienischen Landedelleute, die keine Lust hatten, ihr Leben als Vasallen des Königs von Aragon zu beschließen, einigten sich auf den Onkel des Verstorbenen, Friedrich von Tarent. Ferdinand war zu klug, die Thronbesteigung, obwohl sie seinen Plänen zuwiderlief, zu verhindern und vertraute auf die Zukunft.

Sein Verbündeter, Papst Alexander VI., vermied es ebenfalls, sich einzumischen, obwohl er als Lehnsherr Neapels ein Einspruchsrecht besessen hätte. Immerhin zögerte er die Investitur des neuen Königs ein ganzes Jahr hinaus und gewährte Ferdinand, gewissermaßen als Trostpflaster, eine Bestätigung seines Titels als Katholischer König. Wenig später wurde die Würde wie vordem auf Isabella ausgedehnt, die nichts unversucht ließ, ihren Gatten doch noch zu einem Friedensschluß mit Frankreich zu bewegen. Zu ihrer Überraschung fand sie in der früheren Regentin von Frankreich, Anna (in den Geschichtsbüchern meist fälschlich Anne von Beaujeu statt Anna von Frankreich genannt), der Herzogin von Bourbon, eine wichtige Verbündete.

Die beiden Damen erreichten trotz der Intrigen der venezianischen Republik und der Verzögerungstaktik des Papstes nach unzähligen Botengängen und Besprechungen wenigstens teilweise ihr Ziel. Am 24. November 1497 wurde in Alcalá de Henarés ein »immerwährender« Waffenstillstand unterzeichnet, dem sich außer den spanischen Königreichen und Frankreich auch noch England und das Deutsche Reich anschlossen; die italienischen Angelegenheiten wurden mit keinem Wort erwähnt. Ferdinand schien sich vorübergehend mit der

Situation Kalabriens abzufinden, das seine Truppen ohnedies besetzt hielten, und bemühte sich im übrigen stillschweigend, seinen Herrschaftsbereich auf Nordafrika auszudehnen.

Im Bericht des venezianischen Gesandten, Domenico Trevisano, an die Serenissima lesen wir: »Die Könige schlossen einen Waffenstillstand mit Frankreich, um die althergebrachte Allianz zwischen den beiden Ländern neu zu beleben und ihren Untertanen friedliche Handelsmöglichkeiten zu schaffen. Sie hoffen auf einen dauerhaften Bestand dieses Vertrags, zum ersten, weil die Königin sehr für Frankreich eingenommen ist, und zum zweiten, weil sie beide seit dem Tod ihres Sohnes in Frieden zu leben wünschen.«

Don Juan war tatsächlich am 7. Oktober 1497 gestorben. Wir werden auf dieses Ereignis, die große Tragödie in Isabellas Leben, später noch zurückkommen.

Trevisano wies in seinem Bericht auf eine weitere Tatsache hin, der im Kräftespiel der beiden Monarchen und Ehepartner sicher eine recht bedeutende Rolle zukam, da sich die aragonesischen Staatskassen durch die Kriege zusehends leerten: »Dem König fließen nur zwanzigtausend Dukaten an Steuereinnahmen zu, während die Königin über sechshunderttausend verfügt.«

Fünfzehntes Kapitel

# Der Fall des Don Cristobal Colón

Es war im Jahr 1493, als Alexander VI., eine der schillerndsten Persönlichkeiten auf dem Heiligen Stuhl, dessen Absetzung mehr als einmal von den Kardinälen geplant und vom Volk Roms gefordert wurde, die noch zu entdeckenden Kontinente des Erdballs zwischen Spanien und Portugal aufteilte. Das westliche Indien und Nordafrika gehörten zum spanischen Herrschaftsbereich. Christoph Kolumbus konnte ruhigen Gewissens die Segel setzen.

Wir wollen uns hier nicht in dem Wirrwarr von widersprüchlichen Schilderungen verlieren, die um seine zweite Reise und die folgenden entstanden sind. Ein Ereignis von entscheidender Bedeutung darf jedoch nicht übergangen werden, nämlich seine erste Fühlungnahme mit dem amerikanischen Festland an der Perlenküste und im Golf von Paria.

Lange Zeit wurde diese epochemachende Entdeckung auf das Jahr 1498 datiert, wahrscheinlich weil der Admiral selbst sie bis zu diesem Zeitpunkt aus irgendeinem Grund geheimhielt. Inzwischen konnte der spanische Historiker Manzano nachweisen, daß bereits im Jahr 1494 fünf Karavellen auf einer Erkundungsfahrt Festland angelaufen hatten, auf das ihn Kannibalen im Vorjahr aufmerksam gemacht hatten.

Die Armada, die am 25. September 1493 von Cadix

aus in See gestochen war, erreichte Gran Canaria am 2. Oktober desselben Jahres, segelte am 13. an der Insel Hierro, dem letzten bekannten Fleckchen Erde, vorüber und entdeckte zwanzig Tage später zwei weitere Inseln, die Kolumbus auf die Namen La Dominicana (nicht mit der heutigen Dominikanischen Republik auf Haiti zu verwechseln) und Maria Galante taufte. Kurz darauf sichteten sie wieder ein Eiland — die Guadeloupe — und noch eines, das der Entdecker »als ebenso groß wie Sizilien« beschrieb, womit er Unrecht hatte, denn es handelte sich um das heutige Puerto Rico. Nirgendwo auf dieser Inselkette war Gold zu finden.

Am 22. November 1493 kam Hispoñala (Haiti) wieder in Sicht, und sie warfen vor La Navidad Anker, wo sich ihnen ein grausiger Anblick bot: Das nach der Strandung der Santa Maria errichtete Fort war abgebrannt, die verstümmelten Leichen der zurückgelassenen Garnison lagen im Gestrüpp verstreut. Die Indios erklärten das Gemetzel mit einer Stammesfehde, aber in Wirklichkeit war die Erklärung im Verhalten der Spanier selbst zu suchen. Die ersten Kolonisatoren führten sich ebenso auf wie die, die nach ihnen kamen. Ein Chronist erzählt, daß sie sich über die harten Schädel der Eingeborenen beschwerten, an denen sich ihre »Säbel stumpfhieben«. Vor dem Eintreffen der weißen Götter kannten die Unglücklichen als einzige Gefahr die hungrigen Rachen der Alligatoren. Fünfzig Jahre später war fast kein Ureinwohner der Inseln mehr am Leben.

Kolumbus' Kummer über die zerstörte Garnison wurde durch die langersehnte Nachricht über ein größeres Goldvorkommen im Innern von Hispañola wettgemacht. Schwere Stürme zögerten die Schatzsuche bis zum 6. Januar 1494 hinaus, als sich zwanzig Mutige in das Urwalddickicht wagten. An eine gründliche Erforschung und damit eine endgültige Inbesitznahme war vorläufig nicht zu denken. Aber zum ersten Mal schienen sich die Hoffnungen auf Bodenschätze zu bestätigen. Die Expedition kehrte mit Rohgoldbarren und Gegenständen aus Gold zurück. Kolumbus triumphierte, denn dieser Fund war dazu angetan, das Vertrauen der Könige in sein Unternehmen zu stärken.

Er beeilte sich, zwölf der siebzehn Karavellen mit allen Querulanten und potentiellen Meuterern unter dem Befehl von Antonio Torrés in die Heimat zurückzuschicken. Die Beute umfaßte eine geringe Menge Gewürze — leider keinen Pfeffer —, eine große Anzahl Papageien und die Hauptsache: dreißigtausend Goldstücke. Auch zahlreiche hier und dort aufgesammelte Indios wurden auf die Schiffe verladen. Die ersten Sklaven der kaum berührten Neuen Welt traten den Weg in die Alte an, die kaum einer von ihnen erreichen sollte, denn die meisten starben unterwegs.

Nachdem er auf diese Weise für seine Rückendeckung gesorgt hatte, beschäftigte sich Kolumbus allen Unkenrufen zum Trotz mit dem Bau einer Stadt, der er den stolzen Namen Isabela gab, und der Festung Sankt Thomas. Die Arbeiten nahmen drei Monate in Anspruch. Zur Verwaltung dieser Kleinkolonie und der immer störrischer werdenden Eingeborenen gründete er einen Rat, der seinem Bruder Diego unterstand.

Es war ihm klar, daß die mühselig zusammengekratzten dreißigtausend Goldstücke niemals die riesigen Hoffnungen befriedigen konnten, die man in sein Unternehmen gesteckt hatte. Alle erwarteten viel mehr. Alle sahen Ströme des gelben Metalles nach Spanien fließen und das Königreich in eine Art Schlaraffenland verwandeln. So wurden am 24. April 1494 erneut die

Anker gelichtet. Frischer Wind blähte die Segel und trieb sie im Mai an die Strände von Jamaika und Kuba, die einen so zauberhaften Anblick boten, daß der Admiral sie die »Gärten der Königin« nannte.

Von Mai bis Mitte Juni segelte er an den Küsten Kubas entlang und ließ sich durch ihre Länge täuschen. Er irrte sich überhaupt auf der ganzen Linie. Einerseits schätzte er die zurückgelegte Strecke doppelt solang, wie sie wirklich war, und andererseits schloß er aus diesen Beobachtungen, daß er nicht eine Insel, sondern eine Halbinsel vor sich hatte, die mit dem asiatischen Kontinent, dem Reich des Großkhan, verbunden war.

Eine Zeitlang wiegte er sich im Glauben, mit Kuba das von Marco Polo besungene Cipangu (Japan), das Land der goldenen Dächer, entdeckt zu haben. Aber auf die Dauer ließ sich diese Theorie nicht halten. Auf die Entdeckung Cipangus zu verzichten, die eines seiner wichtigsten Reiseziele darstellte, kam freilich auch nicht in Frage. Folglich mußte Hispañola (Haiti) als Cipangu herhalten, während er in Kuba einen ins Meer vorspringenden Teil von Cathay (China) sah. Befand sich nicht Cathay nach Marco Polos Beschreibung unweit von Cipangu?

Am 12. Juni 1494 nahm Kolumbus seinen versammelten Mannschaften den Schwur ab, daß Kuba keine Insel sei. Wehe der Zunge, die das Gegenteil zu behaupten wagte! Sie würde ausgerissen. Abgesehen von solchen blutigen Drohungen verfaßte er eine durch die Reisebeschreibungen des Marco Polo inspirierte äußerst phantasievolle »Geographie der sagenhaften Inseln«, die auf seinen Seereisen vor ihm »aufgetaucht« seien.

Im Herbst 1494 galt die Entdeckung der großen Antillen als abgeschlossen. Dafür stellten sich neue Probleme, zu deren Bekämpfung die Verstärkung durch drei Karavellen, die unter dem Befehl von Bartolomeo Colón eintrafen, eine willkommene Hilfe beisteuerte. Die Besatzung der Karavellen, die an der zweiten Expedition teilnahmen, stammte aus den verschiedensten spanischen Provinzen; so konnte es nicht ausbleiben, daß es zwischen Katalanen, Galiziern und Kastiliern immer wieder zu Reibereien kam. Seit dem Sommer herrschten zunehmend Unordnung und Unfrieden in Isabela; Meutereien und Messerstechereien, gegen die Don Diego mit seinem Gemeinderat vergebens einzuschreiten suchte, waren an der Tagesordnung. Als der Admiral aus Kuba zurückkehrte, befanden sich die aufgebrachten Katalanen bereits auf dem Heimweg nach Spanien; er wußte, daß sie alles daransetzen würden, seinen Ruf bei den Königen zu untergraben.

Grund zu Vorwürfen war leider reichlich vorhanden. Cristobals Männer benahmen sich auf Hispañola wie Eroberer in Feindesland, mordeten und plünderten und trieben die Indios wie Vieh zur Sklavenarbeit zusammen, was sich offenbar problemlos mit den christlichen Vorstellungen des großen Mannes vereinbaren ließ. Es ist ein Brief aus seiner Hand an die Könige erhalten, in der er in einer Weise, die uns heute abscheulich erscheint, seinen Plan darlegt, wie mit dem Sklavenhandel Geld zu machen sei.

\*\*\*

Die Verkennung der königlichen Motive, die zu seinem Entdeckungsauftrag geführt hatten, spielte eine tragische Rolle im wechselhaften Schicksal des Admirals. Ihn trieben schemenhafte Welteroberungsträume, niederste Macht- und Geldgier. Isabella wiederum stand nichts ferner, als den Staatshaushalt durch Sklavenhandel zu bereichern. Daß sie Gold brauchte, war ein Punkt, in dem sie sich von den anderen Fürsten ihrer Zeit nicht unterschied. In erster Linie aber ging es ihr darum, den unwissenden Heiden das Wunder der christlichen Religion zugänglich zu machen und die herrenlose Herde dem Schoß der Kirche zuzuführen. Eine von Kolumbus an sie gesandte Fracht von fünfhundert völlig unbekleideten karibischen Frauen hatte ihre Gefühle zutiefst empört. Dabei kam ihr nie in den Sinn, eine Parallele zwischen diesen Sklaven und den maurischen Gefangenen zu ziehen, die im Zuge des Kriegsrechts, also legitim, verkauft worden waren.

Im Oktober 1494 gingen in Isabela vier Karavellen vor Anker. Sie unterstanden dem Befehl eines gewissen Juan Aguado, der von der Königin beauftragt worden war, dem Vizekönig, der seine Machtbefugnisse so deutlich zu übertreten schien, ein wenig auf die Finger zu schauen. Kolumbus ahnte, daß sich bei Hof der Wind zu drehen begann, und fühlte sich wohl auch wegen der noch immer nicht entdeckten Goldvorkommen schuldig. Aber eine Erkrankung hinderte ihn am Aufbruch zu unbekannten Ufern. Ein ganzes Jahr lang blieb er aus gesundheitlichen Gründen an Isabela gefesselt. Als er am 10. März 1496 endlich die Segel hißte, trieben ihn Stürme zurück und zerstörten seine Hoffnung auf neue Entdeckungen. Die Stunde der Heimkehr schlug. Am 11. Juni 1496 landete Kolumbus mit nur zwei Karavellen in Cadix.

Welch ein Unterschied zu seiner Rückkehr vor drei Jahren! Gewiß, er hatte einige exotische Länder entdeckt; aber was bedeutete das schon für die Menschen seiner Zeit, die Gold sehen wollten? In ihren Augen stand er mit leeren Händen da. Zum Zeichen seiner

Demut legte er seine glänzende Rüstung ab und kleidete sich in die schlichte Kutte der Franziskaner.

Am Hof wimmelte es von Neidern, die für üble Nachrede sorgten. Unter ihnen tat sich Bruder Buyl, ein Geistlicher aus Katalonien, besonders eifrig hervor und erging sich in Greuelgeschichten, die er zweifellos in den Seemannsspelunken aufgesammelt hatte. Im Volk machte sich der Unwille über die versprochenen und nicht vorhandenen Reichtümer bemerkbar.

Mag sein, daß auch Isabella im Innersten den hohen Einsatz bereute, der so gar keine Zinsen abwerfen wollte. Wirklich empört allerdings war sie über die Schiffsladungen eingeborener Sklaven. Ihre Gunstbeweise gegenüber dem Vizekönig beschränkten sich auf ein kühles Schreiben, mit dem sie ihn willkommen hieß und gleichzeitig ihre Enttäuschung durchblicken ließ (allerdings erwähnte sie lobend seinen Reisebericht). Die von Kolumbus ihrer Huld empfohlenen Offiziere erhielten eine Belohnung, doch nicht den erwarteten Adelstitel.

Der Mann, der die Grenzen der Welt in unvorstellbare Fernen hinausgeschoben hatte, verkroch sich bei Freunden, um den Schmähungen zu entgehen, die ihn draußen auf Schritt und Tritt begleiteten. Sein Freund Bernaldez notierte: »Viele seiner ehemaligen Untergebenen, die ihm den Gehorsam verweigert hatten, gehen jetzt herum und behaupten überall, er habe den König und die Königin bewußt mit der Behauptung getäuscht, daß es dort drüben viel Gold gäbe, was gar nicht stimme. Und wenn tatsächlich Schätze vorhanden seien, so kämen die Kosten ihrer Hebung höher als der Wert, der ihnen innewohne.«

Während dieser Zeit brach in Isabela eine Revolte gegen den abwesenden Vizekönig aus. Francisco Roldan, den er als Alkalden zurückgelassen hatte, erklärte Santo Domingo, am anderen Ende der Insel Hispaňola zur Hauptstadt, falls dieser Ausdruck überhaupt anwendbar ist. Die Reste der Stadt Isabela wurden vom Urwald überwuchert.

Der Tuchhändlersohn aus Genua ließ sich durch diese Prüfungen und Rückschläge nicht entmutigen. Nach wie vor war er von seiner Mission überzeugt und verstand es, das Feuer seines Sendungsbewußtseins auf andere zu übertragen. Wahrscheinlich ist auch die Königin diesem eigenartigen Charme wieder verfallen, denn weniger als sechs Monate nach seiner Rückkehr erhielt er die Erlaubnis, einen neuen Versuch zu starten.

Dieses Mal kostete es den Admiral viel mehr Zeit und Überredungskunst, die Mittel für seine dritte Expedition aufzutreiben. Am 30. Mai 1498 endlich konnte er im Hafen von San Lucar sechs bescheidenen Karavellen den Befehl zum Aufbruch geben.

*** 

Drei der Schiffe, mit Lebensmitteln beladen, nahmen Kurs auf Hispaňola. Die drei anderen segelten volle Fahrt voraus ins Unbekannte, von dem unverzagten Admiral angetrieben. Dort drüben, jenseits des Atlantiks, mußte der Kontinent liegen, von dem sie alle träumten.

Zuerst liefen sie eine Insel an, die er Trinidad nannte, weil ihre Silhouette durch drei Bergkegel gekennzeichnet war. Dann glaubte er eine zweite zu entdekken. Tagelang steuerte er an ihrer Küste entlang, bis ihm am 15. August 1498 klar wurde, daß er den gesuchten Kontinent vor sich hatte. Dieses Datum gilt als eines der wichtigsten auf seinen Entdeckungsfahrten.

Wieder lag, wie 1494, die berühmte Perlenküste zum Greifen nah vor ihm. Doch statt die Schätze zu heben, die sie barg, drehte er ab und wandte sich den gefährlichen Steilküsten des Golfs von Paria zu, die er, den Stürmen trotzend, erforschte.

Seine Mühen wurden damit belohnt, daß er das Paradies auf Erden fand. In seinem Bericht notierte er in einem Ton, der keinen Widerspruch duldet: »Das Paradies befindet sich dort, zwischen den Großen Inseln und dem Kontinent, oder noch weiter südlich in der Nähe des Äquators, am äußersten Zipfel der Reiche des Orients. Die Erde, die dort nicht rund ist, sondern eher die Form einer Birne annimmt, kommt dem Himmel ganz nahe, und das Meer scheint den Mond zu berühren. Jenen Inseln und dem Festland gab Gott die reichste und liebenswerteste Natur, die frischeste und süßeste Luft, die man sich vorstellen kann. Auch die Menschen dort, dem ursprünglichen Leben so nah, zeichnen sich durch unsagbare Sanftmut, Freundlichkeit und Selbstlosigkeit aus. Ihr Empfang ist herzlich und von Toleranz geprägt.«*

Von seiner Begeisterung mitgerissen, deutete er seine Entdeckung als eine Bestätigung der Schriften des Sir John de Mandeville: Kein Zweifel, er befand sich an den Quellen des Paradieses, die den Euphrat, den Tigris, den Ganges und den Nil speisen.

Kolumbus war ein unverbesserlicher Träumer. Selbst der Kurs, den er für die Rückkehr nach Hispaniola einschlug, erwies sich als verkehrt. Er befand sich mindestens hundertachtzig Meilen weiter westlich, als er angenommen hatte.

Als er am 31. August 1498 in Santo Domingo lande-

---

* Aus Jacques Heers, op. cit.

te, fand er die Lage auf der Insel so verworren vor, daß sie ihn fast vierzehn Monate festhielt. Roldan führte mit sechzig Spaniern und ein paar hundert Indios einen erbitterten Guerillakrieg gegen Christophs Bruder Bartolomeo, der erst 1499 durch erhebliche Zugeständnisse an den Rädelsführer beigelegt werden konnte. Der Admiral hatte zwar für Entdeckungsfahrten einen sechsten Sinn, für Fragen der Verwaltung jedoch überhaupt keinen. Kaum war der Friede wiederhergestellt, verliebte sich Roldan in eine schöne Indianerin, auf die auch ein spanischer Edelmann, Fernando de Guzman, sein Auge geworfen hatte; neuer Streit entstand. Den darauf folgenden Aufstand warf der Vizekönig erbarmungslos nieder, ohne daß sich die Unruhen gelegt hätten. Sie dauerten noch an, als eines Tages die Segel spanischer Karavellen in der Bucht von Santo Domingo das Eintreffen einer Untersuchungskommission ankündigten.

Berichte über die blutigen Vorfälle auf Hispañola waren an den Hof gelangt, und die Könige wurden seit vielen Monaten von Beschwerden über angeblichen Amtsmißbrauch und Verfehlungen des Admirals und seiner Brüder überschwemmt. Isabella zögerte lange, bis sie ihnen Gehör schenkte. Dann aber entschloß sie sich, der Sache auf den Grund zu gehen. Für diese Aufgabe wählte sie Francesco de Bobadilla, einen ihrer engsten Ratgeber, den sie mit unbeschränkten Vollmachten ausstattete. Ob es die beste Wahl war, bleibt dahingestellt; es zeigte sich jedenfalls sehr bald, daß es zwischen diesem fähigen, aber buchstabengetreuen Rechtskundigen und einem Abenteurer vom Format eines Christoph Kolumbus keine Berührungspunkte geben konnte.

Der erste Anblick, der sich Bobadilla in Santo Domingo bot, war der von einigen hundert Galgen, an denen die Leiber der Hingerichteten im Winde schaukelten. Angeblich hat er daraufhin die Geschäfte der Kolonie in die Hand genommen, ohne den Vizekönig auch nur anzuhören. Schon am nächsten Morgen erklärte er sich zum Gouverneur, ernannte Offiziere, entschied in Rechtsstreitigkeiten, traf neue finanzielle Maßnahmen und ließ den Admiral mit seinen Brüdern Bartolomeo und Diego ins Gefängnis werfen.

Es kam soweit, daß der berühmteste Seefahrer seiner Zeit in Ketten auf ein Schiff verladen und gewaltsam nach Spanien verfrachtet wurde. Stolz lehnte er es ab, daß der Kapitän ihm während der Überfahrt die entehrenden Fesseln abnahm; im Hinblick auf die Nachwelt zweifellos die richtige Entscheidung, denn das Bild des mit Ketten beladenen großen Mannes überdauerte die Jahrhunderte. Er trug sie noch auf der Heerstraße, auf der er von Cadix nach Sevilla zog, wo ihm die Zisterzienser Unterkunft boten. Isabella wartete sechs Wochen, bis sie sie ihm abnehmen ließ.

Das Schiff, das ihn nach Spanien gebracht hatte, lieferte der Königin gleichzeitig einen neuen Stoß von Klageschriften gegen ihren Schützling. Die meisten entstammten der Feder von drei Franziskanermönchen, die im Dienst Bobadillas standen. Wenn man ihren Ausführungen Glauben schenken wollte, dann gäbe es auf Hispañola »bald nur noch Tod, Verderben und Zerstörung, weder Christen noch Religion«, falls man dem Admiral die Rückkehr gestattete.

Nun darf man nicht vergessen, daß Cisneros, zu diesem Zeitpunkt auf der Höhe seines Ansehens, dem Franziskanerorden angehörte und daß ihm die Heidenbekehrung Christenpflicht und Lebensinhalt bedeutete. Die brutalen Methoden der Brüder Kolumbus und ihre Sklavenhalterambitionen erreichten das Gegenteil dessen, was er anstrebte. In seinen Augen hatte der Vize-könig in seiner Rolle als Überbringer der christlichen Botschaft versagt und das Vertrauen, das man in ihn setzte, enttäuscht. Er verdiente Strafe.

Noch unerbittlicher als der Kardinal zeigten sich allerdings die Überlebenden der ersten Expedition des Admirals, die sich in ihren Erwartungen getäuscht sahen. Als er mit seinen Brüdern am 17. Oktober 1500 in der Alhambra von Granada vor den Königen erschien, belagerten sie den Palast, forderten lärmend ihren Sold und hetzten das Volk gegen die »blutrünstigen Brüder« auf.

Der Mann, der für Kastilien ein Inselreich und einen Kontinent entdeckt hatte, stand nicht im Glanz seiner Leistungen, sondern als Verdächtiger und Bittsteller vor Gericht, seine Interessen nach besten Kräften verteidigend und immer wieder an die gegebenen Versprechen erinnernd. Wollte man ihn um die ihm zugestandenen Rechte bringen? Sein Stern war im Sinken begriffen. Acht Jahre waren seit der ersten abenteuerlichen Expedition vergangen, und andere hatten sich auf den Atlantik gewagt. Amerigo Vespucci hatte Südamerika erreicht, Vasco da Gama — gemäß Diaz — durch die Umschiffung des Kaps der Guten Hoffnung den richtigen Seeweg nach Indien entdeckt.

Für Kolumbus blieben alle diese Neuigkeiten ohne jede Bedeutung. Nichts vermochte seine Überzeugung ins Wanken zu bringen, daß er der Entdecker Indiens war und daß nur satanische Mächte ihn daran gehindert hatten, Gold zu finden. Er redete von überirdischen Erscheinungen, die nur ihm wahrnehmbar waren, errechnete das Datum des Weltuntergangs auf das Jahr 1650, verkündete, daß er zum Nordpol segeln wolle, den er von Christen bevölkert glaubte. Er befaßte sich mit der Niederschrift eines *Buchs der Propheten*, das er Isabella widmete und in dem er zum Kreuzzug aufrief.

Immerhin dauerte es eineinhalb Jahre, bis die Könige am 14. März 1502 den Admiral von den auf ihm lastenden Anklagen freisprachen. Sie bestätigten die ihm einstmals verliehenen Würden und Ämter unter der Bedingung, daß er sie nicht ausüben dürfe. Ein neuer Gouverneur wurde ernannt, Ovando.

Und was geschah mit den in den *Capitulaciones* von Santa Fé zugestandenen außerordentlichen Privilegien? Sie blieben ihm ungeachtet all seiner Gesuche und der vorgelegten, überzeugenden Unterlagen bis zum Schluß versagt.

Mit dem Herrschaftsverständnis Isabellas war es einfach nicht zu vereinbaren, dem Seefahrer, auch wenn er sich um die Interessen des Königreiches noch so verdient gemacht hatte, ein Zehntel der Einkünfte aus den Ländern zuzugestehen, die er entdeckt hatte (außer Hispañola, Kuba, Jamaika und einigen Küstengebieten auf dem Festland immerhin an die siebenhundert Inseln)

Kolumbus starb dennoch nicht mittellos und noch weniger in bitterer Armut, wie es in der Legende immer wieder dargestellt wird.

\*\*\*

Manch einen hätten diese Enttäuschungen und Schicksalsschläge gebrochen. Christoph Kolumbus dagegen hatte nur eine Idee im Kopf: die Segel setzen und zu neuen Entdeckungen aufbrechen. Die Zeit drängte. Er mußte Gold für die Durchführung des Kreuzzugs gegen die Türken finden. Christus sei ihm erschienen, behauptete er, und habe ihm versprochen, daß er sieben Jahre nach seiner ersten Reise fündig würde.

Isabella ließ sich noch einmal umstimmen. Allerdings schreiben wir nicht mehr das Jahr 1492, als das Gelingen der Expedition von den Fähigkeiten und Inspirationen eines Schwärmers abhing. Man stellte ihm etwa dreihundertfünfzigtausend Maravedis sowie die von ihm geforderten Schiffe und Waffen zur Verfügung, der Rest war Punkt für Punkt schriftlich niedergelegt. Er hatte sich streng an die vom Papst vorgezeichnete Einflußzone Spaniens zu halten, seine Aufmerksamkeit ausschließlich auf die Auffindung von Gold, Perlen und anderen Edelmetallen zu richten. Entgegen seinen früheren Machtbefugnissen besaß er keinerlei persönlichen Handelsspielraum mehr. Ein in den Diensten der Könige stehender Aufsichtsbeamter hatte die Aufgabe, Geschäfte und Warenaustausch zu prüfen. Kein Eingeborener durfte gegen seinen Willen an Bord genommen werden, Sklavenhandel war verboten.

Die beschämendste Direktive des Vertrags lief darauf hinaus, daß er Hispañola, die Blüte seiner Entdeckungen, nur in allergrößter Not anlaufen durfte. Das Amt des Inselverwalters ging auf den neuen Gouverneur, Ovando, über, der für den alten alles andere als Wohlwollen empfand. Kolumbus, der sich in seinen Träumen als König von Hispañola gesehen hatte, wurde in die Rolle eines weisungsgebundenen Beamten verwiesen.

Am 3. April 1502, fast zehn Jahre nach dem Aufbruch ins Ungewisse, lichteten vier Karavellen in Sevilla die Anker. Von einem aufkommenden Sturm bedroht, wurden sie, entgegen den Anweisungen, am 29. Juni an der Einfahrt von Santo Domingo gesichtet. Ovando,

Bobadilla und der unermüdliche Roldan verhinderten ihre Landung.

Der Sturm erreichte sie auf halbem Wege zwischen Hispañola und Jamaika. »Gewiß«, sollte Kolumbus später schreiben, »wir hatten schon manchen Sturm erlebt, aber dieser wollte nicht enden und nahm fürchterliche Ausmaße an ... Ein Orkan von nicht gekannter Heftigkeit fegte über uns hinweg. In der Nacht wurden unsere Schiffe durch die niedergehenden Böen zersprengt. Jeder glaubte, seine letzte Stunde sei gekommen, die anderen seien gekentert und auf den Meeresgrund gerissen.« Ein guter Stern führte die drei Karavellen, wenn auch in jämmerlichem Zustand, am 3. Juli doch wieder zusammen.

Der Zufall — oder war es etwa die Strafe des Himmels? — wollte es, daß der gleiche Orkan über die Flotte von dreißig Schiffen herfiel, die Bobadilla von Hispañola nach Spanien führte. In ihren Laderäumen lag der erste, riesige, nach langem Suchen geschürfte Goldschatz im Wert von zweihunderttausend Golddukaten, den die Neue Welt der Alten schickte. Er ging mit Mann und Maus unter. Eine einzige Karavelle erreichte Cadix.

Weder Sturm noch Krankheit konnten den Admiral beugen. Unbekümmert durch die entfesselten Elemente setzte er seine Fahrt fort. Am 27. Juli sichtete er eine kleine Inselgruppe und dahinter Festland: Honduras. Nach einer kurzen Atempause auf einer Landzunge, die noch heute den treffenden Namen Cap Gracias a Dios trägt, nahm er unter fast unmenschlichen Bedingungen seine Expedition wieder auf. Sie blieb die am wenigsten bekannte und ist dennoch zweifellos seine bedeutendste.

»Meine Schiffe waren leck«, lesen wir in seinem

Logbuch, »die Segel zerfetzt. Anker, Takelage, Beiboote und ein großer Teil des Proviants waren verloren. Viele zitterten vor Angst und gelobten, ihr Leben im Kloster zu beschließen oder eine Pilgerfahrt zu unternehmen.«

In diesem Zustand schleppten sie sich an der mittelamerikanischen Küste dahin, immer auf der Suche nach einer Durchfahrt nach Asien, die sich nirgends zeigen wollte. Statt dessen entdeckten sie ständig neue Gebiete: Costa Rica, die Costa Veragua (der Name wurde den Nachkommen des Admirals verliehen) und Panama. Eines der Schiffe mußte aufgegeben werden.

Vorübergehend machte er Aufenthalt an einer Stelle, die er Belem (Bethlehem) taufte, weil er am Dreikönigsfest 1503 dort an Land ging. Mit frischer Nahrung versorgt, stürzte er sich erneut ins Abenteuer, das beinahe in einer Tragödie geendet hätte. Am 25. Juni 1503 liefen die beiden verbliebenen Karavellen in der Bucht von Puerto Santa Gloria auf Jamaika auf Grund.

Ein volles Jahr blieben die Gestrandeten dort Gefangene. Und als ob diese Prüfungen nicht genügten, hatte Kolumbus auch noch eine Meuterei niederzuwerfen, die von zweien seiner Seeleute, den Brüdern Porras, angezettelt wurde. Zurückgeschlagen versuchten die Meuterer ihr Glück auf eigene Faust und verschwanden mit der Hälfte der Besatzung im Dschungel.

Dann zeigten sich die Indios aufsässig und lieferten keine Nahrungsmittel mehr. Vielleicht wären sie schließlich alle umgekommen, wenn der Admiral nicht in früheren Jahren in Lissabon die berühmten *Ephemeriden* des Regiomontanus so eingehend studiert hätte. Aus ihnen wußte er, daß am 29. Februar 1504 eine Mondfinsternis bevorstand. Er verkündete den Eingeborenen, daß Gott über ihr Verhalten erzürnt sei und demnächst seinen Zorn äußern werde. Als sich dann mitten in der Nacht die Mondscheibe zu verhüllen begann, wurden sie wie erwartet von panischer Angst gepackt; der Admiral dämpfte ihr Entsetzen mit dem Versprechen, daß er bereit sei, zu ihren Gunsten zu vermitteln. Von da an stand täglich wieder frische Nahrung zur Verfügung. Nun griffen die Porras erneut das Lager an. Es kam zu einer regelrechten Schlacht, in der Kolumbus letztlich Sieger blieb.

Die Nachricht von dem Schiffbruch war sehr wohl nach Santo Domingo gelangt, aber es dauerte über ein Jahr, bis am 28. Juni 1504 endlich — gegen den Willen Ovandos — eine Karavelle auslief und den Admiral auf Jamaika an Bord nahm.

Als er am 7. November 1504 in San Lucar landete, lag die Königin im Sterben. Christoph Kolumbus, der Seefahrer, der nur Land und kein Gold gefunden hatte, war vergessen. Es blieb ihm nichts mehr, als in übertriebener Weise seine Not zu beklagen und seine alten Forderungen vergeblich geltend zu machen.

Beim Tod seiner Gönnerin sagte er zu seinem Sohn:

»Es soll uns das Wichtigste sein, Gott mit aller Liebe und Inbrunst zu bitten, die Seele der Königin, unserer Herrin, in Gnaden aufzunehmen. Ihr Leben war das einer Heiligen, die zu jeder Stunde und bei jeder Gelegenheit Gott diente. Darum dürfen wir sicher sein, daß sie nun im Kreise der Seligen sitzt und von den Sorgen dieser harten Welt nichts mehr spürt.«

Der Admiral überlebte Isabella um zwei Jahre. Er starb 1506 in Valladolid.

\*\*\*

Rückblickend sei die Frage erlaubt, was das sagenhafte

Abenteuer, das sich unter der Regierung von Isabella und Ferdinand abspielte, eingebracht hat. Das heiß umkämpfte Gold war endlich gefunden worden. Doch trug es nicht zur erhofften Neuerung der Königreiche bei, weil man die Menschen, die damit umzugehen wußten, aus dem Land vertrieben hatte. Immerhin schenkte es Spanien ein Weltreich.

Sevilla, wo das kostbare Metall von den Schiffen geladen wurde, nahm — mit den Kriterien des fünfzehnten Jahrhunderts gemessen — die Form einer modernen Metropole an. Wenn wir uns auf die Ziffern stützen, die der Gelehrte E. J. Hamilton* errechnete, so häuften sich zwischen 1503 und 1510 4.965kg und zwischen 1511 und 1520 9.153kg Gold in den dortigen Schatzkisten, bevor die Lieferungen abrupt zurückgingen.

Die Kehrseite dieses Goldsegens war abscheulich, denn die Krankheitserreger der Alten Welt rafften den größten Teil der Urbevölkerung in der Neuen dahin. Inquisition und Sklaverei taten das übrige. Außer Las Casas und einigen wenigen seiner Anhänger ließ sich niemand im Reich der Katholischen Könige von diesem Detail erschüttern.

---

* E. J. Hamilton, *American Treasure and Prices Revolution in Spain*

Sechzehntes Kapitel

# Der Triumph des Doppelspiels

Zur Zeit der zweiten Expedition des Christoph Kolumbus waren die Interessen der Könige im Grunde eher auf das Mittelmeer als auf den Atlantik ausgerichtet.

Ohne die Hilfe Ferdinands und seiner Aragonier hätte Isabella das Königreich Granada niemals in die Knie zwingen und die spanische Reconquista niemals zu einem siegreichen Ende führen können. Daß sie jetzt die Unternehmungen ihres Gatten unterstützte, war nicht mehr als recht und billig, selbst wenn die Ziele, die er verfolgte, nicht mit ihren Idealen übereinstimmten.

Der König von Aragon beobachtete mit steigendem Mißvergnügen die Entwicklung der Städte Marseille und Toulon, vor allem aber das Anwachsen der französischen Mittelmeerflotte. Er war nicht der einzige. Auch der Doge von Genua notierte verärgert: »Die Galeeren des Königs von Frankreich rammen alles in den Grund, was ihnen in den Weg kommt, ohne daß ihnen irgend jemand die Stirn zu bieten wagt.«

Karl VIII. hing noch immer der Idee eines Kreuzzugs gegen den Großtürken an. Ebenso hartnäckig wie er hielt Ferdinand an dem Plan einer Invasion des maurischen Nordafrika fest, weil er dadurch der Gefahr arabischer Angriffe auf die spanischen Küsten vorzubeugen glaubte. Daß er gleichzeitig noch einen

Eroberungszug bis nach Ägypten in Betracht zog, paßt zu dem Bild, das er sich von der künftigen politischen Struktur der Alten Welt machte.

Nachdem sich die Lage in Italien beruhigt hatte, entwickelte er diese grandiosen Möglichkeiten vor den Augen Alexanders VI. und verschaffte sich auf diese Weise einen finanziellen Rückhalt, der ihm von Isabella, die in Geldsachen äußerst vorsichtig handelte, gewiß vorenthalten worden wäre. Der Verstärkung seiner Armee und dem Ausbau seiner Flotte stand nun nichts mehr im Wege.

Da traf am 7. April 1498 wie ein Blitz aus heiterem Himmel eine völlig unerwartete Nachricht ein: Karl VIII. war im Alter von siebenundzwanzig Jahren verstorben, nachdem er sich an einer Tür im Schloß von Amboise den Kopf eingerannt hatte. So wenigstens lautete offiziell die Todesursache, die nie genauer untersucht wurde.

Die Venezianer, die sich von der wachsenden französischen Macht besonders bedroht fühlten und ein Abkommen mit der Pforte getroffen hatten, brachten ihre Freude darüber so schamlos zum Ausdruck, daß man sie verdächtigte, den König mit einer Orange vergiftet zu haben. Auch auf die Borgia, die hier Opfer ihres Rufs wurden, fiel ein Schatten des Verdachts.

Ferdinand beschränkte sich dem Gesandten der Serenissima gegenüber auf die ironische Bemerkung: »Der König scheint an gebrochenem Herzen gestorben zu sein.« — Zerbrochen am Tod seines einzigen Sohnes in der Wiege und am Verlust des Königreichs von Neapel.

Mit der Thronbesteigung Ludwigs XII. änderte sich die Lage. Er entstammte einer Seitenlinie der Valois (Orléans) und war der Enkel von Valentina Visconti, deren Familie über das Herzogtum Mailand geherrscht hatte, bis es durch Heirat an Francesco Sforza überging. Genügend Anlaß für ihn, sofort seine Ansprüche auf das Herzogtum und auf das Königreich Neapel geltend zu machen.

Des weiteren faßte er den Vorsatz, die Witwe seines Vorgängers, Anna, Herzogin der Bretagne, zu ehelichen und damit den Anschluß des Herzogtums an Frankreich Dauerhaft zu festigen. Dummerweise war er schon mit der jüngsten Tochter Ludwigs XI., Johanna von Frankreich, verheiratet, einer gütigen Seele in einem verwachsenen Körper. Eine päpstliche Nichtigkeitserklärung war unerläßlich, was die Überweisung einer beachtlichen Bestechungssumme an die Borgia zur Folge hatte. Sie muß so überzeugend gewirkt haben, daß Cesare Borgia seine Kardinalswürde abstreifte, eine Schwester des Königs von Navarra (aus der Familie d'Albret) zur Frau nahm und von da an den Titel des Herzogs von Valentinois trug. Die Vereinigung der Bretagne mit Frankreich war gesichert, der Papstsohn als Bundesgenosse gewonnen.

Blieb noch die Versöhnung mit Venedig. Sie wurde am 15. April 1499 durch den Vertrag von Blois besiegelt, der auf Kosten von Ludovico Sforza (seit dem angeblichen Mord an seinem Neffen Galeazzo, Herzog von Mailand) aus den ehemaligen Erzfeinden plötzlich Aliierte machte, indem er eine Teilung des Herzogtums zwischen der Republica Serenissima und dem König von Frankreich vorsah. Ludovico Sforza ergriff die Flucht. Am 6. Oktober 1499 zog Ludwig XII. unter dem Vivat der Bewohner in Mailand ein.

Man kann nicht behaupten, daß diese Vorgänge Ferdinand mit Entzücken erfüllten. Dafür gaben sie ihm den Anstoß zu einem der hinterlistigsten Winkelzüge der Geschichte; es muß zu Isabellas Entlastung gesagt werden, daß sie in keiner Weise an dessen Vorbereitung beteiligt war. Vom Tod ihres Sohnes tief getroffen, überließ sie die Regierungsgeschäfte zu diesem Zeitpunkt ihrem Mann.

Eines Tages machte dem Kardinal von Amboise, Mentor und erster Ratgeber Ludwigs XII., zu seiner großen Überraschung ein Gesandter des Königs von Aragon namens Mosen Gralla seine Aufwartung. Nachdem sie einige Höflichkeiten ausgetauscht und von diesem und jenem geredet hatten, kam Mosen Gralla zu der Frage:

»Was würdet Ihr sagen, Monseigneur, wenn wir in bezug auf Neapel zu einer ähnlichen Einigung kämen, wie Ihr sie mit Venedig über das Herzogtum Mailand gefunden habt?«

Federico von Taranto, derzeit König von Neapel, verdankte seine Thronbesteigung der wohlmeinenden Zurückhaltung Ferdinands und des weiteren der Stationierung einer spanischen Armee unter Gonzalves von Cordoba in Sizilien; diese würde ihm im Notfall, wie Federico meinte, zu Hilfe kommen.

Es war aber gar nicht so einfach, Neapel, wie Mailand, unter zwei Monarchen aufzuteilen, die beide vom gleichen Machthunger besessen waren. Außerdem besaß das Königreich eine lange Tradition territorialer Einheit. Trotzdem verständigte man sich. Die von Mosen Gralla nach Granada überbrachten Vorschläge wurden angenommen. Frankreich erhielt ein Königreich, das Neapel, Gaeta, die Campagna und die Abruzzen umfaßte, Aragon gab sich mit einem von Kalabrien und Apulien gebildeten Herzogtum zufrieden.

Man unterzeichnete ein Geheimabkommen. Es war so geheim, daß nicht einmal die Agenten des Papstes dahinterkamen, von dem braven Federico ganz zu schweigen. Zudem würde es wahrscheinlich, um zu gegebener Zeit Isabellas Gewissen zu beruhigen, mit einer Präambel versehen, die allerlei fromme Absichten enthielt, so die Verpflichtung der Könige, den Frieden zu erhalten, Gotteslästerei zu bestrafen, die Tugend der Jungfrauen zu schützen und die Kirche gegen die Türken und »diesen Türkenfreund Federico« (eine reine Erfindung) zu verteidigen. Einzig Gonzalves von Cordoba war peinlich berührt, einen Verbündeten derartig schamlos hinters Licht zu führen.

Im Sommer 1501 überquerte Ludwig XII. mit seiner Armee die Alpen und begegnete auf seinem Zug in den Süden ebensowenig Widerstand wie Karl VIII. sieben Jahre zuvor. Gonzalves, zum Beistand aufgefordert, begnügte sich damit, über die Meerenge von Messina zu setzen und einige unverteidigte kalabrische Festungen in Besitz zu nehmen. Federicos Hilferuf an den Sultan, dem er sogar den Hafen von Taranto anbot, kam zu spät. Die Franzosen standen vor den Toren der Stadt. Enttäuscht unterwarf er sich dem Eroberer, der ihn mit dem Herzogtum von Anjou und einer Rente von dreißigtausend Dukaten fürstlich abfand.

Das Schwierigste stand noch bevor. Wie Ferdinand vorausgesehen hatte, war das Königreich Neapel auf Grund seiner geographischen Struktur, seiner Sitten und Gebräuche nun einmal nicht teilbar. Binnen Jahresfrist kam es zu Streitigkeiten zwischen den Verbündeten, obwohl beide versicherten, den Vertrag weiterhin einzuhalten. Ludwig XII. meinte unschuldig:

»Ich wünsche nicht, daß der Krieg, außer in meinem eigenen Interesse, neu entfesselt wird.«

Trotz dieser selbstlosen Vorsätze brach er aus und gab Gonzalves von Cordoba Gelegenheit, seine überlegenen Fähigkeiten unter Beweis zu stellen, was Isabella in Entzücken versetzte. Sie hegte für den schönen Ritter eine Zuneigung, die um ihre Tugend hätte fürchten lassen, wenn es sich um eine andere Frau gehandelt hätte. Bei der Katholischen Königin war derlei Gefährdung undenkbar.

Die Franzosen verfügten zweifellos über sehr gute Soldaten und über hervorragende Heerführer wie La Trémoille und La Palice, aber gegen Gonzalves konnten sie nichts ausrichten. Geschickt nutzte er die Erfahrungen, die er im Kampf mit den Mauren in den zerklüfteten Regionen Südspaniens gesammelt hatte, und gab ein Vorbild für moderne Kriegsführung, die ebenso geschickt auf dem Schlachtfeld wie im Hinterland mit der Zivilbevölkerung manövriert. Seine Devise lautete:

*»Ingenium superat virum.«* (»Die Kraft des Geistes ist der Kraft des Körpers überlegen.«)

Dessen ungeachtet kam es zu keiner Entscheidung, woraufhin Ferdinand seine nächste Karte ausspielte. Er schickte seinen Schwiegersohn Philipp von Österreich, genannt Philipp der Schöne, zu Ludwig XII., der in Lyon Hof hielt. Der bei dieser Gelegenheit ausgehandelte und unterzeichnete Friedensvertrag wurde durch die Verlobung der beiden Königskinder, des zukünftigen Karl V. mit Claude von Frankreich, bekräftigt. Die friedlichen Absichten der Vertragspartner schienen garantiert.

Auch der von Ludwig ernannte Vizekönig von Neapel, Herzog von Nemours, nahm das Abkommen für bare Münze und entließ seine Armee. Darauf hatte Ferdinand gewartet. Die Friedensverhandlungen in Lyon gaben Gonzalves Zeit, seine Streitkräfte aufzufüllen und mit Nachschub zu versorgen. Nach Abschluß der Operation machte er sich über die ahnungslosen Franzosen her und zersprengte sie in alle Winde. Nemours kam im Kampf um. Neapel fiel am 16. Mai 1503,

Gaeta, die letzte Festung in französischer Hand, am 1. Januar 1504.

Während dieser Ereignisse verschied Alexander VI. auf viel weniger romantische Weise, als erzählt wurde. Die Geschichte von dem Gift, das er für einen Kardinal bestimmte und dann selber trank, ist eine Legende.

Im üblichen Gezänk um die päpstliche Nachfolge glaubte Ludwig XII. eine Möglichkeit zu haben, die erlittene Niederlage auszugleichen, indem er die scheinbar berechtigten Ansprüche des Kardinals von Amboise militärisch unterstützte. Die Idee, endlich wieder einen französischen Papst auf dem Stuhl Petri zu sehen, war so verlockend, daß seine Armee sich sofort von Mailand nach Rom in Bewegung setzte. Wohlgesinnte Berater überzeugten jedoch den Kardinal, daß seine Wahl als gesichert gelten durfte und daß es ehrenvoller für ihn sei, die fremden Truppen zurückzuschicken. Was er tat. Kaum waren sie abgezogen, als Gonzalves über sie herfiel und ihnen eine neue Niederlage zufügte. Die Tiara fiel an Kardinal Piccolomini (Pius III.), der offenbar nicht nur Freunde hatte, denn auch er starb bald.

Dafür rächte sich die Geschichte allerdings. Ludwig XII., Ferdinand von Aragon und Cesare Borgia, die sich eigentlich noch im Kriegszustand befanden, einigten sich, anläßlich der Neuwahl Kardinal della Rovere zu unterstützen. Wer immer von ihnen die anderen zu übervorteilen suchte, ist nicht klar. Jedenfalls wurde ihnen mit della Rovere ein typisch italienischer Papst beschert, der entschlossen war, sie alle gegeneinander auszuspielen und einen nach dem anderen aus dem Land zu jagen: Julius II.

Bis es dazu kam, durfte sich Ferdinand freilich weiter am Besitz seines Königreiches Neapel erfreuen, das,

verbunden mit dem Königreich Sizilien, einen stattli-
chen Machtzuwachs für ihn darstellte. Er hatte allen
Grund zu triumphieren. Zum ersten Mal standen die
Reiche von Aragon und Kastilien auf derselben Stufe:
Das eine wie das andere zählte jetzt vier Millionen Ein-
wohner.

»Ferdinand der Katholische«, schrieb der venezianische Gesandte, »erlangte den Ruhm und die Bewunderung der Öffentlichkeit, weil er bewiesen hatte, daß er
nach und nach alles erreichte, was er wollte, indem er
sich stets auf ein einziges Problem konzentrierte. Eine
Kunst, die den meisten Staatsmännern von Natur aus
verschlossen bleibt.«

Siebzehntes Kapitel

# Geistige Erneuerung

Das turbulente und ausschweifende Leben am Hof
Heinrichs IV. hat das Bild, das dieser unglückliche
Fürst in der Geschichte hinterließ, auf Jahrhunderte
verzerrt. Isabella hegte den festen Vorsatz, der Welt ein
anderes Bild zu bieten. Viele Historiographen schildern
das Königspaar als ein von Zeitgenossen und Nachwelt
viel bewundertes Musterbeispiel. In Wirklichkeit lagen
die Dinge anders. Wenn auch als gesichert gelten darf,
daß die Königin ihren Gemahl ehrlich liebte, so hat er
diese Gefühle doch schon sehr bald nicht mehr erwi-
dert. Immerhin hatte er den guten Geschmack, den
Schein zu wahren und sich nicht mit Mätressen zu zeigen, wie es zu dieser Zeit an den Höfen üblich war.

Als erster Grundsatz im Eheleben der Katholischen
Könige galt die Staatsräson, ein damals völlig neuer Begriff. Da die alten Rivalitäten zwischen Kastilien und
Aragon in den Monarchen lebendig blieben und beide
sich vornehmlich den Interessen ihres eigenen Landes
widmeten, kamen sie eigentlich nur zusammen, um den
Fortbestand der Dynastie zu sichern, und das bis zu
dem Tag, an dem die Königin fand, sie habe ihre
Pflicht getan. Von da an ließ sie Ferdinand freie Hand.

Die von den burgundischen Herzögen ererbte erstik-
kende Hofetikette, die sich eines Tages in Spanien
durchsetzen sollte, existierte damals noch nicht. Immer-

hin war das Zeremoniell soweit geregelt, daß die früheren Unruhen vermieden wurden und die üblichen Adelsrevolten gegen die Könige als gebannt gelten konnten.

Dieser Adel steckte zu Beginn der Renaissance noch ganz in den Gewohnheiten, die er sich während des Niedergangs des mittelalterlichen Feudalismus angeeignet hatte. Seine Vertreter waren ungebildet und brutal. Sich mit Kunst, Literatur oder Philosophie zu befassen, schien ihnen nicht nur verächtlich, sondern unnütz und schädlich, weil diese Beschäftigung sie von der einzigen ehrenhaften und lohnenden abgehalten hätte, die vor ihren Augen Gnade fand: dem Kriegshandwerk.

Das sollte sich jetzt ändern. Nicht umsonst war Isabella die Tochter des hochgelehrten, feingeistigen Königs Juan II. von Kastilien. Nicht umsonst hatte sie sich als Kind in die kostbaren Manuskripte der Bibliothek ihres Vaters vertieft. Das spanische Reich, das sie gegründet hatte, mußte auch auf dem Gebiet der Geisteswissenschaften zum Mittelpunkt Europas werden, Träger eigener Traditionen, befreit von den Malen der arabischen Zivilisation, die sich in Jahrhunderten festgesetzt hatten.

Der Funke der neuen Zeit, der sich in Italien entzündet hatte, erreichte nun auch Spanien, ohne daß es Isabella in den Sinn gekommen wäre, wie die anderen Fürsten ihrer Epoche Künstler aus diesem sittenlosen Land an ihren tugendhaften Hof zu laden. Die Bilder und Skulpturen der Italiener atmeten, selbst wenn sie religiöse Themen darstellten, eine profane und allzu menschliche Atmosphäre, die sich mit der spanischen Glaubensstrenge nicht vereinbaren ließ. Bei Männern wie Torquemada und Cisneros hätte der Liebreiz einer

Madonna von Bellini, von Botticelli ganz zu schweigen, als Inbegriff von Unzüchtigkeit Anstoß erregt.

Dagegen rief Isabella Dichter und Gelehrte nach Granada, damit sie dem Adel die Pforten zu den unbekannten Welten des Geistes, der Kultur und des Studiums öffneten. Allein dem Prestige, das sie genoß, war es zu verdanken, daß sie solche bisher unvorstellbaren Ideen überhaupt durchsetzen und mit ihnen vor allem die Jugend begeistern konnte. Nach einigen Anfangsschwierigkeiten stimmte Petrus Martyr ein wahres Loblied darauf an:

»Mein Haus ist den ganzen Tag voll junger Edelleute«, verkündete er begeistert, »die ihre üblen Vergnügungen mit den Wissenschaften vertauschen und sich überzeugen lassen, daß diese ihnen für das Waffenhandwerk nicht abträglich, sondern äußerst nützlich sind. Ich werde nicht müde, ihnen deutlich zu machen, daß echte menschliche Größe im Krieg wie im Frieden nur über sie zu erlangen ist. Es hat unserer königlichen Herrin, Besitzerin aller hohen Tugenden, gefallen zu veranlassen, daß ihre nahen Verwandten, die jungen Herzöge von Guimaraens und Villahermosa, ganztägig bei mir Unterkunft nehmen. Dieses Beispiel wurde von den erlauchtesten Edelleuten des Hofes nachgeahmt. Sie wohnen mit ihren Hofmeistern tagsüber dem Unterricht bei und vertiefen die Themen abends gemeinsam in ihren Studentenquartieren.«

Die im dreizehnten Jahrhundert gegründete Universität von Salamanca entwickelte sich im Verlauf dieses Wandels zur »Mutter aller Tugenden«, wie Mariana sich ausdrückte. Gemäß Petrus Martyr sogar zu einem »Athen der Neuzeit«. Neben dem sizilianischen Poeten Lucio Marmo Siculo hatten dort jetzt der Sohn des Herzogs von Alba und der junge Graf von Haro ein

Lehramt inne. »Unser ungebildeter, streitsüchtiger Adel verfällt dem Humanismus!« jubelte Siculo.

Unter Isabellas Schirmherrschaft kam es zu einer bisher unbekannten Blüte der Universitäten von Sevilla, Toledo, Granada und Alcalá, letztere von Cisneros mit auffallenden Sonderrechten ausgestattet. Ob es aus Selbsterhaltungstrieb oder wissenschaftlicher Einsicht geschah, jedenfalls rettete er die in Granada zurückgebliebenen medizinischen Lehrbücher der Araber vor dem Scheiterhaufen und brachte sie in Alcalá in Sicherheit.

Cisneros, der fanatische Prälat, der einst Talavera daran hinderte, zur Verständigung beider Glaubensgemeinschaften die Heilige Schrift ins Arabische zu übertragen, kam Luther zuvor, indem er Auftrag gab, eine in der Landessprache niedergeschriebene Bibel zu verfassen. Drei Conversos übersetzten die hebräischen, drei Hellenisten die griechischen Texte. 1514 lag als erstes das Neue Testament in einer polyglotten Ausgabe vor.

Eine weitere Revolution kündigte sich unter Isabella mit dem Eintritt des weiblichen Geschlechts in das öffentliche Geistesleben an. Bald besaß Spanien, wie Italien, seinen Kreis gelehrter Frauen, für den die Königin durch Antonio Lebrija, genannt Nebrisseusis, eine Grammatik ausarbeiten ließ. Die Tochter dieses Humanisten lehrte später Rhetorik an der Universität von Alcalá, eine andere Frau unterrichtete die Studenten von Salamanca über die großen lateinischen Autoren.

Kein Zweifel, die Entdeckung dieses Labyrinths der Wissenschaften war ein Neuland, das auf den Adel dieselbe Faszination, denselben Reiz ausübte wie die Neue Welt auf Christoph Kolumbus.

Wir nannten bereits Pulgar und Bernaldez als Chronisten der Regierungszeit von Isabella und Ferdinand. Aber Diego de Mendoza übertraf beide mit seiner Geschichte des Heiligen Krieges, die den Grundstein der berühmten Archive von Simancas bildete.

Überall schossen Druckereien aus dem Boden, und mehrere Städte stritten um die Ehre, die erste in ihren Mauern aufgenommen zu haben. Natürlich konnte von einer Freiheit des Druckereigewerbes nicht die Rede sein, denn die königliche Autorität nahm für sich das Recht in Anspruch, die Veröffentlichung von »Fälschungen und Texten törichten oder abergläubisch-neuartigen Inhalts« zu verhindern. Freilich war es nicht untersagt, ein Loblied auf die Monarchen anzustimmen und im gleichen Zug für die Verbreitung der Mär von der Beltraneja Sorge zu tragen. Es galt als das sicherste Mittel, das Wohlwollen der Königin zu erregen, wenn man das Leben ihres bedauernswerten Bruders nach Strich und Faden verunglimpfte. Diese offiziellen Verleumdungen lieferten Generationen von Polemikern und Satirikern Stoff für Spottgeschichten, von denen der *Don Quichote* des Cervantes und Schelmenromane wie *Lazarillo de Tormes* wenig später in glänzender Weise Zeugnis ablegen.

Nach einem Aufenthalt in Italien entwarf Bartholomeo de Torres Naharro die Grundregeln für die dramatische Kunst in Spanien; schon bald brachte sie ein Meisterwerk, die berühmte, 1499 veröffentlichte *Celestine* hervor. Ihr mutmaßlicher Autor Fernando de Rojas wollte ursprünglich einen Roman schreiben, gab ihm jedoch durch seine Aufteilung in zwanzig Bilderdialoge die Form eines Bühnenwerks.

Hauptfigur der Handlung ist eine Kupplerin großen Stils, um die herum eine ganze Welt verkommener, zweifelhafter, intriganter, teilweise possenhafter, dann wieder bösartiger, immer jedoch buntschillernder Personen existiert, die bis in Goyas Spukgestalten hinein fortwirkten. Vor diesem zwielichtigen Hintergrund heben sich Calixt und Melibea ab, das in reiner, leidenschaftlicher Liebe entbrannte Paar. Cervantes erklärte eines Tages, daß *Celestine* ein göttliches Buch wäre, wenn es nur das Menschliche etwas mehr verschleierte.

Daß die Fehler und Schwächen ihrer Untertanen so unmißverständlich ans Tageslicht gezogen wurden, störte Isabella wenig. Wichtig war ihr einzig, daß dabei die Rechtgläubigkeit unangetastet blieb.

Es versteht sich von selbst, daß unter Isabella zahlreiche Kirchen und Kapellen entstanden sind. Die schönsten noch existierenden Bauwerke dieser Epoche sind jedoch die Grabdenkmäler. In Santo Thomas ließ die Königin ein Mausoleum für ihren Sohn, in Miraflorés eines für ihre Eltern errichten. Ihre Mutter, die Irre von Arevalo, erhielt posthum einen prunkvollen Palast, nachdem sie zweiundvierzig Jahre ihres Lebens in einer düsteren Festung zugebracht hatte.

Die Katholischen Könige dagegen, die Gründer des spanischen Reiches, ruhen in Granada in einem Grab, dessen Großartigkeit auf seiner schmucklosen Einfachheit beruht.

Achtzehntes Kapitel

# Dynastische Tragödien

Für die Monarchen des Abendlandes bestand viele Jahrhunderte hindurch eine ihrer Hauptaufgaben in der Sorge um den Fortbestand der Dynastie; war der Thron usurpiert worden, wurde sie gar zur Existenzfrage. In gewisser Weise legitimierten die Nachfolger das Herrschertum. Damit ist über das Gewicht, das den Kindern der Katholischen Könige zukam, alles ausgesagt. Sie waren es, die das Schreckgespenst der Beltraneja in Schach hielten.

Die Älteste, die im Jahr 1470 geborene Infantin Isabella, galt als ein so kostbarer Talisman, daß sie ihre Jugend als Geisel in den Händen Cabreras zubrachte. Die spätere Geburt des Infanten Don Juan, der den Titel des Prinzen von Asturien erhielt, im Jahre 1478 erschien den Eltern wie ein Unterpfand ihres endgültigen Sieges. Obgleich eher von schwächlicher Natur, sah die Königin in ihm ein Geschenk des Himmels, an dem sie mit abgöttischer Liebe hing.

Sie hatte noch drei weitere Kinder, alles Töchter, die Infantinnen Johanna, Katharina (Catalina) und Maria. Die Frage ihrer Eheschließungen wurde zur Staatsaffäre. Kein Bündnis, kein Abkommen wäre damals ohne einen verlockenden Heiratsvertrag auch nur denkbar gewesen. Wie viele Bindungen wurden angebahnt und wieder fallengelassen im Wechselbad politischer und militärischer Veränderungen.

Der Fürst, der die Heiratspolitik mit höchster Meisterschaft beherrschte, war zweifelsohne Maximilian von Habsburg, eine Art Bettelpotentat, der Zeit seines Lebens von Königreich zu Königreich wechselte, ohne je eines wirklich zu regieren. Der Tod seiner Frau, Maria von Burgund, hatte ihn um seine flandrischen Besitzungen gebracht, deren Erbe auf seinen Sohn Philipp (den Schönen) überging. Ludwig XI. riß Burgund und die Picardie an sich.

Sein erster Versuch, dafür an Frankreich Rache zu nehmen, indem er Anna, Herzogin der Bretagne, *per procurationem* ehelichte, schlug fehl, wie wir gesehen haben. Das begehrte Herzogtum wurde durch ihre Heirat mit Karl VIII. der französischen Krone zugeschlagen.

Daraufhin wandte sich Maximilian, der seit 1486 den nichtssagenden Titel eines deutschen Königs, seit 1493 den wesentlich wohlklingenderen eines Kaisers des Heiligen Römischen Reiches Deutscher Nation trug (obwohl er nie gekrönt wurde), an die spanischen Königreiche und erbat die Hand der Infantin Isabella für sich, die der Infantin Johanna für seinen Sohn. Aber die Könige wiesen ihn ab. Eine Allianz mit dem kaiserlichen Glücksritter hatte damals nichts Verlockendes für sie. Allen Kriegen und Streitereien zum Trotz hielten sie an der Tradition der Ehen mit Portugal fest, ohne zu ahnen, welch verheerende Folgen dies für ihre Nachkommen haben würde. Im November 1490 heiratete Isabella Alfons, den portugiesischen Thronfolger.* Bereits acht Monate nach ihrem feierlichen Einzug in Lissabon machte der tragische Sturz ihres Mannes vom Pferd sie mit einundzwanzig Jahren zur Witwe.

---

* Er war der Enkel König Alfons V., des Großmütigen, der die Beltraneja zur Frau nehmen wollte.

Dadurch starb die männliche Linie des portugiesischen Königshauses mit dem Vater des Verunglückten, Juan II., aus. Die Krone ging auf seinen Vetter Manuel über, der zur großen Freude der Katholischen Könige sofort um die Hand der Infantin anhielt. Die junge Witwe, von einem fast krankhaft zu nennenden religiösen Feuer verzehrt, lehnte zunächst ab. Schließlich gab sie unter der Bedingung nach, daß die Hochzeit in schlichter Einfachheit gefeiert und die Juden aus Portugal verjagt würden. Manuel gewährte ihr beides und heiratete sie im Jahr 1497.

Zur gleichen Zeit führten die Ereignisse in Italien zur Bildung der Heiligen Liga, die Maximilian mit Ferdinand gegen Karl VIII. verband. Eine Allianz der beiden Familien war die Folge, besiegelt durch ein großartiges, zweifaches Eheprojekt.

Maximilian selbst stand dafür nicht mehr zur Verfügung, denn er hatte unterdessen eine Sforza geheiratet. Dafür würde sein Sohn Philipp mit der Infantin Johanna und seine Tochter Margarethe von Österreich mit dem Prinzen von Asturien vermählt. Niemandem wäre es in den Sinn gekommen, daß dieses Abkommen die Strukturen Europas auf Jahrhunderte prägen und außerdem Tausende von Todesopfern fordern würde.

Schon vorher hatte Ferdinand mit dem Hintergedanken, Karl VIII. zwecks Herausgabe des Roussillon unter Druck zu setzen, seine Fühler nach England ausgestreckt und mit Heinrich VII., Thronräuber wie er selbst, den Vertrag von Medina del Campo abgeschlossen. Beide waren aus ähnlichen Gründen an einer Festigung ihrer Dynastien interessiert. Ein Verlöbnis der Infantin Catalina mit dem englischen Thronfolger Arthur, dem Prince of Wales, wurde in Aussicht gestellt.

Doch nach der friedlichen Wiederangliederung Perpignans an Aragon ließ Ferdinand diesen Vertrags-punkt in Vergessenheit geraten. England blieb, ge-schwächt durch die dreißig Jahre währenden Rosen-kriege, eine Macht zweiten Ranges; die Herrschaft der Tudor mußte sich erst etablieren. Eine engere Bin-dung zwischen ihnen und den Katholischen Königen war aus spanischer Sicht noch nicht wünschenswert.

\*\*\*

Im November 1495 und Februar 1496 hatten in Val-ladolid die Hochzeitsfeierlichkeiten für die Infanten mit allem gebührenden Prunk stattgefunden; die Kin-der des Hauses Habsburg waren dabei nicht anwe-send. Eine schwierige Aufgabe stand nun bevor: die durch Meere voneinander getrennten, jungen Braut-leute zusammenzuführen. Für Isabella eine einmalige Gelegenheit, der ganzen Welt, vor allem aber Frank-reich, die neu erworbenen Reichtümer, Macht und Glanz der spanischen Königreiche vor Augen zufüh-ren.

Eine Armada nie gesehenen Ausmaßes wurde aus-gerüstet, um die Infantin Johanna nach Flandern zu ihrem Gemahl zu bringen und mit der Erzherzogin Margarethe nach Spanien zurückzusegeln. Hundert-dreißig Schiffe nahmen zwanzigtausend Mann Besat-zung, Hunderte von Kammerherren, Ehrendamen und Höflingen, Schildknappen, Schatzmeistern, Hofmei-stern, Kaplanen und dienstbaren Geistern an Bord, die dem Haushalt der Prinzessin zugeordnet waren. Unmengen von Vorräten (fünfundachtzig Pfund Räu-cherfleisch, fünfzigtausend Heringe, tausend Hühner, zehntausend Eier, vierhundert Fässer Wein) wurden geladen. Der Kommandant des Geschwaders, Federico Enriquez, besaß für sich allein ein Gefolge von vier-hundertfünfzig Personen.

Die Vorbereitungen dauerten bis in den Sommer hinein. Zu Johannas großem Kummer begleitete sie die Königin und nicht der König nach Laredo an der Biscaya, wo am 20. Juli 1496 endlich die Einschiffung stattfand.

Obwohl Johanna als die »Schönheit der Familie« galt, war sie nicht Isabellas Lieblingstochter. Sie glich auf eine ganz verblüffende Weise ihrer Großmutter Joana Enriquez, der Königin von Aragon, und Isabella nannte sie lachend »meine Schwiegermutter«. Die verschiedenen Porträts, die wir von ihr besitzen, zeigen wenig Übereinstimmung, aber sie muß sehr dunkle Haare und grüne Augen gehabt haben, eines davon mit einem leichten Schönheitsfehler, den sie von ihrem Vater erbte.

Johanna war nicht nur das schönste, sondern auch das intelligenteste der Königskinder. Sie hatte die schnellste Auffassungsgabe, spielte mehrere Instrumente, sprach mehrere Sprachen, darunter Latein. Kein Wunder, daß die stolzen Eltern sie gern fremden Besuchern vorstellten. Aber das junge Mädchen haßte es, sich in der Öffentlichkeit zu zeigen. Rein äußerlich war sie eine echte Tochter des Hauses Aragon, in Geist und Charakter jedoch ähnelte sie der mütterlichen Linie; ihre sprunghaften Launen wiesen in Richtung ihrer portugiesischen Vorfahren.

Ihrem Vater widmete sie einen fast morbiden Kult, den sie sorgsam vor der Außenwelt versteckte. Für ihre Mutter, die sich häufig über ihre Lieblosigkeit und ihre stumme Auflehnung beklagte, hatte sie nichts übrig. Ebensowenig verband sie mit ihren Geschwistern. Stundenlang konnte sie in störrischem Schweigen verharren, das sie dann plötzlich mit einer beißenden Bemerkung brach. Alle anderen Königskinder hinterließen Schriften und Briefe, Johanna nicht ein Wort.

Schlechtes Wetter hinderte die Flotte zwei Tage lang am Auslaufen; diese Zeit verbrachte Isabella bei ihrer Tochter an Bord. Bis dahin hatte Johanna eine rätselhafte Gelassenheit zur Schau getragen. Erst im letzten Moment verlor sie ihre Fassung und vergoß wahre Sturzbäche von Tränen, als ob sich ein fürchterliches Schicksal vor ihrem inneren Auge abzeichnete.

Auch die Seereise könnte wie ein Vorspiel, ein Vorzeichen für die ihr bestimmte Zukunft gedeutet werden. Zunächst ging alles gut, dann setzten Stürme ein und brachten zwei der Schiffe zum Kentern. Johanna hatte das Meer nie kennengelernt und kam fast um vor Angst.

Es gelang dem Kommandanten, mit der Flotte die englische Küste anzulaufen und in Portland Schutz zu suchen. Erst im September nahmen sie die Fahrt wieder auf und erreichten das Zeeland unter andauernden, orkanartigen Unwettern. Das Schiff, das die fürstliche Aussteuer trug, ging ebenfalls unter. Nach zweimonatiger Quälerei stieg Johanna in Middelburg durchnäßt, vor Kälte zitternd und krank an Land.

Philipp der Schöne war nicht da. Er wußte nicht einmal, daß seine Gemahlin Spanien verlassen hatte, denn seltsamerweise reiste der Kurier, der ihm die Botschaft überbringen sollte, mit der Infantin zur See. So befand sich der Erzherzog von Österreich, der auch den Titel des Herzogs von Burgund trug, in Gesellschaft seines Vaters auf der Jagd in Tirol, von wo er jetzt eilends aufbrach.

Unterdessen bereiteten die Flamen der neuen Herrscherin, die durch ihre dunkle Schönheit und die wenigen kostbaren Gewänder, die sie gerettet hatte, großen Eindruck machte, begeisterte Empfänge. Ein rauschendes Fest reihte sich an das andere, wofür sie mit einem gefrorenen Lächeln dankte. Der feierliche Einzug in das festlich geschmückte Antwerpen, die Hochrufe der fröhlichen Menge, die prächtigen Wandteppiche, die zu ihrer Begrüßung an den Häusern hingen, gaben ihr zum ersten und zum letzten Mal im Leben Gelegenheit, sich bei einer öffentlichen Zeremonie glücklich zu fühlen.

Die Trauung sollte vereinbarungsgemäß in Lier, auf halbem Weg zwischen Antwerpen und Mechelen stattfinden. Johanna traf einen Tag vor Philipp, am 19. Oktober 1496, dort ein. Nach den Vorgaben der herzoglichen Zeremonienmeister wäre ihre erste Begegnung ganz dazu angetan gewesen, die burgundische Hofetikette in ihrer vollen Pracht und Starrheit zu entfalten. Doch dazu kam es nicht.

Noch ehe irgend jemand begriff, was vor sich ging, wurde diese erste Begegnung zwischen dem blonden Philipp und der dunklen Johanna bei beiden zu Liebe auf den ersten Blick. Wortlos (keiner verstand die Sprache des anderen) nahmen sie sich bei der Hand und entfernten sich, den versteinerten Hof zurücklassend, auf der Suche nach einem Priester.

Der erste, dem sie begegneten, war ein Spanier, Don Diego Villanesca. Da Philipp sich nicht verständlich machen konnte, gab ihm Johanna den Befehl, sie unverzüglich zu trauen. Ohne darauf zu achten, was um sie hervorging, knieten sie mitten auf der Straße nieder, um seinen priesterlichen Segen zu empfangen. Daraufhin zogen sie sich in den Palast zurück, der für sie hergerichtet worden war, und schlossen sich ein.

Erst am nächsten Tag ließen sie, noch ganz abwesend, die grandiose Hochzeitszeremonie und den Segen des Bischofs von Cambrai über sich ergehen. Teilnahmslos wohnten sie dem Hofball, den Volksbelustigungen und einem gigantischen Bankett bei, an dem die Geladenen zwölfhundert Liter Wein tranken. Sie waren erfüllt von ihrer Leidenschaft; daneben war für Philipp und Johanna, die beide portugiesische Vorfahren besaßen, alles andere bedeutungslos. Philipp war ein kräftiger junger Mann von achtzehn Jahren, sinnlich, leichtlebig, fröhlichen Gemüts und den Genüssen des Lebens zugewandt. Der Rausch, den die fremdartige Schönheit seiner jugendlichen Gattin in ihm auslöste, hatte nichts mit der Leidenschaft gemein, an welcher der Verstand der schwermütigen Spanier für gewöhnlich zerbrach.

Johanna lebte, seit sie denken konnte, in der Überzeugung, daß kein Mensch sie mochte. Sich nun plötzlich geliebt zu wissen oder diesen Eindruck als Tatsache nehmen zu dürfen, bewirkte in ihr einen Schock, der durch den Zauber dieses blonden Helden, seine blauen Augen, in denen sich Träumerei und Lebenslust mischten, noch gesteigert wurde. Eine ungekannte Wärme erfüllte ihr ganzes Wesen. Alles in ihrem Leben bezog sich von da an nur noch auf diesen Sturm der Sinne und Gefühle; was mit ihm nicht in Verbindung gebracht werden konnte, war für sie der Wirklichkeit entrückt.

\*\*\*

Margarethe von Österreich mußte mit ihrer Abreise in die neue Heimat bis in den Frühling hinein warten. Winterstürme hielten die Spanier in einem Land zurück, das ihnen in seiner ganzen Lebensweise fremd war und in dem sie sich durch ihre Arroganz von Tag zu Tag unbeliebter machten. Die Flamen rächten sich mit tausend Schikanen, die bis zu der Weigerung gingen, ihnen Nahrungsmittel zu verkaufen. Einige spanische Seeleute verhungerten, andere erlagen dem ungewohnten Klima. Als das Geschwader endlich die Segel hißte, waren die Karavellen nur noch mit sechstausend Matrosen bemannt.

Wie ihre Schwägerin hatte Margarethe auf ihrer Brautfahrt mit den Elementen zu kämpfen, und mehr als einmal glaubte sie sich dem Tod nahe. Sie reimte sogar ihren eigenen Grabspruch, der beweist, daß sie Galgenhumor besaß:

»Hier ruht Margot, aller Ehren wert,
zweimal vermählt und dennoch unberührt.«

Statt in La Coruña landete sie in Santandér, wo sie von niemandem erwartet wurde, aber einen unvergeßlichen Eindruck hinterließ. Petrus Martyr beschreibt die Siebzehnjährige als Prinzessin mit »Augen, schwarz wie die Nacht, und Haaren, die einem reifen Kornfeld gleichen«.

Ein zweites Wunder geschah. Zum zweiten Mal innerhalb weniger Monate entflammten die Brautleute bei dieser erneuten Begegnung von Nord und Süd in einer alles verzehrenden, unlöschbaren Liebe. Für Don Juan und Margarethe jedoch gab es kein Entrinnen vor der Etikette. Begleitet von Jubel und Festlichkeiten ritten die Königskinder unter einem seidenen Baldachin von Schloß zu Schloß, bis sie in Burgos von der Königin empfangen wurden.

Isabella setzte alle ihre Hoffnungen auf diese Heirat und deren Nachkommenschaft, die die spanischen Königreiche zu einer untrennbaren Einheit zusammenschmieden würden. Zum Zeichen der Bindung von

268

Vergangenheit und Zukunft schenkte sie Margarethe das mit Perlen und Edelsteinen besetzte Halsband von Joana Enriquez.

Nach der Trauung am 3. April 1497 verschwand das Brautpaar in seinen Gemächern und ließ sich wochen- und monatelang nicht mehr blicken. Der Prinz und die Prinzessin von Asturien nahmen weder an den Bällen und Festen noch an den Jagden, ja nicht einmal an religiösen Feiern teil; bald verbreitete sich das Gerücht, daß Don Juan, von »Liebestollheit« befallen, vom Leib seiner Frau besessen, weder Speise noch Trank zu sich nähme.

Isabella war aufs höchste beunruhigt. Ihr Sohn hatte eine zarte Gesundheit – böse Zungen behaupteten, nicht nur in körperlicher, sondern auch in geistiger Hinsicht. Von Kindheit an hatte sie ihn mit einer für die damalige Zeit ganz ungewöhnlichen Sorge umhegt und gepflegt. Auf ihr Geheiß brachen die Hofärzte das Schlafgemach der Jungvermählten auf. Sie entdeckten einen »gespenstisch aussehenden« Infanten und rieten, ihn von Margarethe zu trennen. Wie vorauszusehen war, sperrte sich das Ehepaar. Isabella gab nach. »Man kann diese leidenschaftlich Liebenden unmöglich trennen«, seufzte sie.

Es war Herbst geworden. Nach jahrelangen Gebeten und Entsagungen hatte sich die Infantin Isabella endlich herbeigelassen, ihre Nonnenkutte abzustreifen und in Lissabon König Manuel zu heiraten, der sie seit Jahren heiß liebte. Als die Königin glaubte, das Ziel ihrer Wünsche erreicht zu haben, setzte sich Schritt für Schritt der Reigen eines Totentanzes um sie herum in Bewegung.

Don Juan, beauftragt, seine älteste Schwester an die portugiesische Grenze zu begleiten, mußte sich nun doch zu einer vorübergehenden Trennung von seiner Frau, die in Hoffnung war, durchringen. Aber er kam nicht weit. In Salamanca streckte ihn ein schweres Fieber nieder, und Margarethe, die trotz ihres Zustandes an sein Krankenbett eilte, fand einen Sterbenden vor. Er flüsterte ihr zu, daß seine Seele in ihr weiterleben werde, und verstarb. Alle Welt war überzeugt, daß er seiner »Liebestollheit« zum Opfer gefallen sei. Viel wahrscheinlicher ist, daß er einen tödlichen Krankheitskeim in sich trug, der durch seine unstillbare Leidenschaft zum Ausbruch kam und ihm zum Verhängnis wurde. Er war neunzehn Jahre alt.

Ein furchtbarer Schlag für Isabella. Der erste, den das Schicksal für sie bereithielt und von dem sie sich nie mehr erholte. Ihre Kraft war gebrochen, ihre Gesundheit ließ nach, und doch blieb sie weiterhin sich selber treu:

»Der Herr hat ihn mir gegeben, der Herr hat ihn genommen, der Name des Herrn sei gelobt«, sagte sie.

Auch Ferdinand litt unter dem Verlust, der ihn als Vater und als Souverän im Innersten traf, aber er bemühte sich ebenfalls um eine stoische Haltung. Nach einer Hoftrauer von vierzig Tagen »ließ er sich den Bart abschneiden (ein vernachlässigter Bart galt als äußeres Zeichen des Schmerzes) und tat alles, um den Tod seines Sohnes zu vergessen und sich des Lebens zu freuen.«[*]

Margarethe kam mit einem Sohn nieder, der nur wenige Stunden lebte. Petrus Martyr notiert unverhüllt: »Statt eines Thronfolgers schenkte uns die kaiserliche Prinzessin ein unförmiges Häufchen Fleisch.« Nach ei-

---

* Sanudo, *Diarii I.*

nem herzzerreißenden Abschied reiste sie nach Flandern zurück.

Der Tod des Prinzen von Asturien bedeutete auch für Maximilian das Ende einer großen Hoffnung. Auf seine Anregung machte Philipp der Schöne die Ansprüche seiner Frau auf die spanische Thronfolge geltend, eine zu diesem Zeitpunkt voreilige Idee, die verständlicherweise bei den Königen auf Widerstand stieß. Erbin des Reiches war ihre älteste Tochter, die ein Kind des Königs von Portugal unter dem Herzen trug. Es gelang ihnen, diese Wahl trotz einiger Widerstände bei den Cortes von Kastilien und Aragon durchzusetzen.

Am 13. August 1498 schenkte Isabella einem Prinzen das Leben, der auf den Namen Miguel getauft wurde. Sie selbst starb bei der Geburt im Alter von achtundzwanzig Jahren, in den Armen ihrer »völlig gebrochenen« Mutter.

Noch blieb eine Hoffnung: der kleine Miguel. Die erneut zusammengerufenen Cortes leisteten ihm, der einmal alle Kronen der Iberischen Halbinsel in seiner Hand vereinen sollte, den Treueeid. »Wird er überleben?« lautete die bange Frage beim Anblick des überaus zarten Kindes. Wenn nicht, dachten mit Schrecken die Katholischen Könige, dann fielen die Reiche der rätselhaften Johanna zu, die auf dieses schwere Amt nicht vorbereitet war und über die zudem besorgniserregende Berichte aus Flandern eintrafen.

Neunzehntes Kapitel

# Die unseligen Infantinnen

Der Tag war nicht fern, an dem Spanien und die Niederlande die wirtschaftlichen Vorteile erkennen sollten, die ihnen aus der Tatsache erwuchsen, politisch unter einem Zepter vereint zu sein. Am Ende des fünfzehnten Jahrhunderts allerdings standen die Flamen zu ihren traditionsreichen Bindungen an Frankreich, von wo ihnen Aufträge und Kredite zuflossen. Eine Allianz mit Spanien schien ihnen unnütz und uninteressant. Die flämischen Ratgeber des jungen Herzogs von Burgund dachten nicht anders; Philipp der Schöne, in Flandern aufgewachsen und erzogen, ließ sich weitgehend von ihnen beeinflussen, selbst wenn er wesentlich besonnener war, als man ihm nachsagte, und die Phantasmen seines Vaters Maximilian mit Zurückhaltung beobachtete.

Die eheliche Liebe konnte nicht verhindern, daß Johanna Opfer dieser Situation wurde. In gewissem Sinne geriet sie unter die Vormundschaft der flämischen Minister ihres Mannes, die ihr spanisches Gefolge mit Ausnahme des Schatzmeisters Moxica, der ihnen den Großteil des für Johanna bestimmten Haushaltsgeldes zufließen ließ, in die Heimat zurückschickten.

Allerdings berührte es die Infantin auch nicht weiter. Es war ihr gleichgültig, wo ihre Landsleute blieben. Sie verspürte weder nach Spanien noch nach ihren Eltern

Sehnsucht. Sie schrieb nicht einmal Briefe, sondern dachte und lebte nur für ihre Liebe. Eine wilde, mißtrauische, unglückliche Leidenschaft, denn Philipp nahm es mit der ehelichen Treue nicht allzu genau.

Isabella, über das Ausbleiben jeder Nachricht von ihrer Tochter aus Flandern beängstigt, schickte ihr einen ihrer Beichtväter, den Prior Thomas de Matienzo, dem Johanna einen höchst ungnädigen Empfang bereitete.

»Die erlauchte Prinzessin ist verschlossen und mißtrauisch«, schrieb er enttäuscht. In seinem Bericht an die Königin war aber vor allem von den beunruhigenden Anzeichen einer schweren *turbación*, einer schweren seelischen Zerrüttung die Rede.

Sie litt darunter, fast wie eine Gefangene gehalten zu werden und ihr Geld in den Taschen der Freunde ihres Gatten verschwinden zu sehen. Die Erbin eines der reichsten Höfe des Abendlandes wurde in Flandern so kurzgehalten, daß ihr nicht ein Maravedi für die Verteilung von Almosen blieb, was nicht eben für die Großzügigkeit ihres Mannes spricht. »Die erlauchte Prinzessin ist so gedemütigt, daß sie nicht einmal ihren Kopf hochzuhalten wagt«, heißt es in Thomas de Matienzos Bericht weiter.

Im November 1498 kam sie mit ihrem ersten Kind nieder, unglücklicherweise einer Tochter, der Erzherzogin-Infantin Eleonore, die später Franz I. von Frankreich heiratete. Ihre Mutter erhielt nie auch nur einen Teil der Apanage, die ihr rechtens zugestanden hätte.

Nur allzubald zeigten sich bei Johanna krankhafte Eifersuchtsanfälle. Es kam zu fürchterlichen Szenen zwischen den Eheleuten, die manchmal in richtige Schlägereien ausarteten und doch den Zauber, der die beiden ungleichen Menschen aneinanderkettete, nicht zerstörten. Philipp fand nach seinen zahlreichen Eskapaden immer wieder zu seiner Frau zurück. Tränenreiche Versöhnungsszenen und orkanartige Ausbrüche wechselten einander ab.

Im Jahr 1499 forderte Ludwig XII. von Erzherzog Philipp den Feudaleid für die Provinzen Flandern, Artois und Charolais, für die die französische Krone die Oberhoheit beanspruchte. Da Ludwig die flämischen Minister des Herzogs massiv bestochen hatte, hatte er zur Empörung des Kaisers und der Katholischen Könige gewonnenes Spiel. Zum ersten Mal regte sich der spanische Nationalstolz in Johanna. Sie protestierte heftig, selbstverständlich ohne jedes Resultat.

Zu Ende des Winters 1500 hielt sich Isabella in Granada auf, um in der milden Luft der »Perle Andalusiens« ihre schwer geschädigte Gesundheit wiederherzustellen und ihren kostbarsten Schatz, den kleinen Miguel, zu umsorgen. Dort erhielt sie die Nachricht, daß Johanna am 24. Februar in Schloß Prinsenhof bei Gent, im Laufe eines Festes, fast nebenbei, einen Sohn geboren hatte. Man gab ihm den Namen seines Urgroßvaters, des letzten großen Herzogs von Burgund, den die Mitwelt den »Schrecklichen« und die Nachwelt den »Kühnen« nannte: Karl.

In Flandern wurden verschwenderische Feste veranstaltet. Das vom Kirchturm von Sankt Niklaus in Gent abgeschossene Feuerwerk war auf sechs Meilen im Umkreis zu sehen. Anläßlich der Taufe beleuchteten zehntausend Fackeln den Umzug, der sich durch die Straßen zur Johanniskirche wälzte.

In Spanien nichts dergleichen. Niemand im Königreich, am wenigsten die Könige, schien zu ahnen, daß ihnen dort oben im Norden einer der Großen der Geschichte geboren worden war, der künftige Karl V. Isabella hatte nur Augen und Ohren für ihren geliebten

Miguel. Aber der Enkel, auf den sie alle ihre Hoffnungen baute, starb am 20. Juli 1500. Vielleicht traf sie der Fluch von Torquemadas Opfern. Zum dritten Mal in drei Jahren war die Erbfolge und das Mosaik der europäischen Königreiche durcheinandergeworfen.

Durch Miguels Tod wurde die düstere Johanna Erbin von Kastilien und Aragon, von Sizilien und den indischen Besitzungen. Eine Katastrophe für die Eltern und Gründer dieser Reiche, welche nun zu Gunsten eines burgundisch-österreichischen Herzogs zu einer politischen Einheit zusammenwachsen würden. Wußten die Eltern Johannas doch, daß ihre Tochter ihrem Mann sklavisch ergeben war und keine Erziehung genossen hatte, die sie zur Regierung befähigte.

Schon warfen Ludwig XII., Maximilian und sogar der König von England ihre Netze aus, um den Erzherzog für ihre Interessen zu gewinnen. Man mußte ihnen zuvorkommen. In Windeseile schickten Isabella und Ferdinand einen Botschafter mit dem Auftrag nach Gent, das Herzogspaar sofort nach Spanien zu holen. Auf die Infantin warte der zeremonielle Treueeid der Cortes. Über die zukünftigen Aufgaben des Schwiegersohns sollte entschieden werden, sobald man seine Bekanntschaft gemacht hatte.

Die Botschaft der Könige verärgerte Philipp den Schönen und seine Umgebung. Eine überstürzte Abreise würde sich auf die Beziehungen mit Frankreich unvorteilhaft auswirken, selbst wenn zwischen Ludwig XII. und Ferdinand in der neapolitanischen Frage scheinbar Einklang herrschte.

Soweit man dem Urteil des spanischen Gesandten, Gomez de Fuensalida, Glauben schenken darf, gab es für den Widerstand, der in Gent gegen die Aufforderung der Könige aufkam, noch andere, prosaischere

Gründe: »Sie wollen diese Reise mit allen Mitteln verhindern, denn für sie liegt in den Freuden der Tafel und allem, was damit zusammenhängt, das ganze Glück dieser Erde, und sie haben Angst, in Spanien nicht auf ihre Kosten zu kommen!« In Fuensalidas Augen waren die drallderben, buntbewamsten, schmatzenden, fettfingrigen Biertrinker allesamt schlechte Christen und gottlose Prasser.

Philipp wiederum, dem die herben Sitten jenseits der Pyrenäen nicht unbekannt waren, fürchtete um seine Unabhängigkeit und um seine ungebundene Lebensweise. Außerdem hatte er keine Lust, den Katholischen Königen Einblick in sein zerrüttetes Eheleben zu geben.

Zu ihrem großen Ärger sahen Ferdinand und Isabella statt des Herzogspaars den Erzbischof von Besançon mit dem Edlen von Veyre bei Hof erschienen; beide waren bekanntermaßen eingeschworene Parteigänger Ludwigs XII. Ihrer Darstellung nach war die Infantin durch eine neue Schwangerschaft, der Herzog durch »belastende Angelegenheiten von größter Wichtigkeit« daran gehindert, gerade jetzt diese gefahrvolle Reise zu unternehmen.

Weitere Gesandtschaften wurden daraufhin eilends nach Flandern geschickt: Wenn Philipp unabkömmlich sei, sollte wenigstens die Infantin erscheinen, falls ihr an der Thronfolge läge. Aber Johanna, die nichts so sehr fürchtete wie die Aussicht auf die erdrückende Allgegenwart ihrer Mutter, hatte ein für allemal beschlossen, den Mann, den sie abgöttisch liebte, möglichst nicht aus den Augen zu lassen.

Am 15. Juni 1501 kam sie mit einer zweiten Tochter nieder, der Infantin und späteren Königin Isabella von Dänemark. Jetzt gab es keine Ausflüchte mehr, der Reise nach Kastilien stand nichts mehr im Wege.

*\*\**

Im gleichen Maße, in dem sich Isabella von dem verschlossenen Charakter Johannas gelähmt und abgestoßen fühlte, wurde sie vom ernsten Charme ihrer Jüngsten angezogen. Schon seit längerer Zeit hatte Heinrich VII. von England in dem Bestreben, der neuen Dynastie der Tudor Glanz und Dauer zu verleihen, sein Augenmerk auf die Infantin Katharina gerichtet, die er mit dem Prinzen von Wales, Arthur, zu vermählen gedachte. Allerdings war ihm dieser Wunsch wohl kaum ausschließlich von der Notwendigkeit diktiert, seinen Thron durch eine Verbindung mit Kastilien abzusichern. Die Mitgift der jungen Prinzessin bedeutete für den ersten Tudor, den man allgemein »den Krämer« nannte, mindestens genausoviel.

Heinrich VII. und Ferdinand von Aragon hatten vieles gemeinsam. Die Geschichte sieht in ihnen − zusammen mit Ludwig XI. von Frankreich − die Begründer der modernen Monarchie. Alle drei gelten aber auch als Musterbeispiele von Verschlagenheit und Habgier. Die ihnen eigene Zähigkeit befähigte sie, nach und nach alle Hindernisse aus dem Weg zu räumen, die sich ihren Plänen in den Weg stellten. Gegen Ende des fünfzehnten Jahrhunderts stand Heinrich VII. noch am Beginn seines Aufstiegs, England bedeutete nicht viel mehr als ein in sich zerstrittenes Land am Rande Europas. Und doch setzte er seinen Wunsch durch. Die Heirat zwischen Arthur und Katharina war beschlossene Sache. Nur konnte sich Isabella, untröstlich über den Tod ihrer beiden Ältesten, noch nicht von ihrer Lieblingstochter trennen.

Im August 1501, als Katharina fünfzehn Jahre alt war,

schlug die Stunde des Abschieds. Die Jahre der Hoftrauer hatten jeden Gedanken an eine imponierende Armada verdrängt. Nur sechs Schiffe begleiteten die zukünftige Prinzessin von Wales durch Stürme und Unwetter zu den englischen Gestaden. Dennoch wirkte ihr Gefolge eindrucksvoll. Bischof Fonseca sowie ein spanischer Grande, der Beichtvater Geraldino und einige Schatzmeister befanden sich darunter, letztere ausschließlich zur Überwachung und Versorgung der Mitgift, von der Ferdinand wohlweislich zunächst nur die Hälfte, als Anzahlung auf noch ausstehende Leistungen gewissermaßen, übergeben ließ. In den kommenden Jahren ein unerschöpfliches Streitthema zwischen den beiden Halsabschneidern.

Im Hofstaat der Infantin fehlten weder Zeremonienmeister noch Haushofmeister, Mundschenk, Küchenmeister, Geistliche oder Sekretäre; außerdem gab es einen ganzen Reigen dienstbarer Geister, von den zahlreichen kastilischen Hofdamen ganz zu schweigen. Schließlich wollte Isabella ihrer Tochter eine vom spanischen Geist, von spanischer Kultur geprägte Umwelt auf ihren Weg in die Fremde mitgeben. Als Spanierin war sie geboren, Spanierin sollte sie auch in England bleiben. Daß das keine besonders gute Idee war, sollte sich später herausstellen.

Man hatte die Infantin Katharina nach strengsten Glaubensprinzipien erzogen, woraus ihr eine fast klösterliche Auffassung des ihr auferlegten Dienstes an Gott und Staat erwuchs. Ihre Mutter war ihr Vorbild und Leitstern. Ihre Ehe betrachtete sie als die einer Prinzessin von Standes wegen auferlegte Pflicht.

Im Gegensatz zu ihrer Schwester Johanna konnte man sie nicht als schön bezeichnen. Sie besaß eine zu hohe Stirn, vorquellende Augen und ein vorspringendes Kinn, das fälschlicherweise als habsburgisches Erbgut betrachtet wird. Dafür strahlte sie in hohem Maße jene Würde aus, welche Herrschern eigen ist, die sich ihrer göttlichen Sendung bewußt sind. Weder von dem Wahnsinn, den ihre Großmutter an ihre Schwester Johanna weitergab, noch von der seltsamen »Melancholie«, die ihre Familie belastete, war in ihrem Charakter etwas zu spüren.

Die beschwerliche Überfahrt dauerte so lange, daß sich Heinrich VII. bemüßigt fühlte, eine Flotte auf die Suche nach seiner Schwiegertochter zu schicken. Erst Anfang Oktober 1501 konnten die Spanier im Hafen von Plymouth Anker werfen und, wenn auch krank und durchnäßt, endlich wieder festen Boden unter den Füßen fühlen. Die Stadt, erst kürzlich durch eine französische Expedition verheert, betrachtete sie als Retter und Beschützer vor dem Erzfeind und bereitete ihnen einen begeisterten Empfang.

In ihrer fremdartigen Erscheinung wirkte die junge Prinzessin, die so gar nicht den englischen Damen glich, fast anmutig, und die Feierlichkeit, mit der sie, gefolgt von ihrem gesamten Hofstaat, Gott für die gesunde Landung dankte, brachte sie dem Volk sofort nahe. »Der Heiland selbst hätte nicht mit größerer Freude begrüßt werden können!« berichtete der kastilische Gesandte befriedigt der Katholischen Königin.

Wenn es nach ihm gegangen wäre, hätten sich die Verlobten, der spanischen Sitte gemäß, vor dem Hochzeitstag nicht zu Gesicht bekommen. Aber Heinrich VII. dachte anders darüber. Man veranstaltete eine jener typischen, steifen Begegnungen, bei denen die Hauptpersonen aus Verlegenheit und mangelnden Sprachkenntnissen nicht wissen, was sie sagen sollen. Sie tauschten einen flüchtigen Kuß aus, und Arthur fragte Katharina, ob es in ihrem Land, das für ihn fast exotischen Charakter besaß, wohl Vögel gäbe. Ein Bi-

schof übersetzte die Frage ins Lateinische, ein Kanzlei-
angestellter aus dem Lateinischen ins Kastilische. Die
Antwort der Infantin nahm denselben Weg:

»Ja, es gibt weiße Vögel dort.«

Zum Entzücken der Höflinge deutete sie ein paar
Tanzschritte an, womit die Zeremonie zur Erleichterung
der Anwesenden beendet war.

Katharina konnte freilich nicht ahnen, daß zur selben
Stunde ihr zu Ehren ein Mord verübt wurde. Gleichsam
als Abschluß des königlichen Bruderzwists, den man
den Krieg der Weißen und der Roten Rose nannte, und
als Hochzeitsgeschenk nach dem Geschmack der Tudor.

Rechtmäßiger Thronerbe war ein harmloser
Schwachsinniger, Graf von Warwick, Neffe König Edu-
ards IV., folglich der Krone näher als dessen Schwiegersohn Heinrich VII. Der Usurpator »schaffte ihn beiseite,
wie man eine kränkelnde Tanne fällt, die das Auge
stört«, damit der Unglückliche nicht die neue Dynastie
belastete. Seltsamerweise aber nahm die Tante des Er-
mordeten, die für ihre Güte und Frömmigkeit bekannte
Königin Elisabeth, Katharina unter ihre Fittiche und
stärkte ihr Selbstvertrauen, das sie bald dringend benötigen sollte.

Die Hochzeit fand in der Kathedrale von Sankt-Paul
statt und gab zu so großartigen Festlichkeiten Anlaß,
wie man sie dem geizigen Heinrich gar nicht zugetraut
hatte. Der Ablauf der darauf folgenden Hochzeitsnacht
bleibt unklar.

Katharina und Dona Elvira Manuel, die ihr zugeord-
nete treue Anstandsdame, behaupteten hartnäckig und
bisweilen sogar mit Heftigkeit, daß die Ehe, den Regeln
der Sittlichkeit entsprechend, in dieser ersten Nacht
nicht vollzogen worden sei und daß man der zarten Gesundheit des Prinzen Rechnung getragen habe.

Heinrich VII. dagegen konnte es nicht abwarten, den Rest der Mitgift in Empfang zu nehmen. Den Katholischen Königen ihrerseits war an einer Festigung der Allianz gelegen. Beide Seiten priesen die Vollkommenheit der Bindung, was den kastilischen Gesandten veranlaßte, an das traurige Ende des Prinzen von Asturien zu mahnen und vorzuschlagen, die Jungvermählten vorübergehend zu trennen. Dem Brautvater, der »es nicht übers Herz brachte, die Liebenden zu trennen«, gelang es, Katharinas Hauskaplan für sich zu gewinnen.

In einem Schreiben, das er an Isabella und Ferdinand richtete, wurde er noch deutlicher: »Obwohl sich viele gegen diese Entscheidung aussprachen, konnten wir es nicht zulassen, den Prinzen und die Prinzessin voneinander zu trennen. Es liegt uns am Herzen, Euch dies mitzuteilen, damit Ihr von der großen Liebe überzeugt seid, die uns mit Eurer und unserer hoheitlichen Tochter Katharina verbindet und der wir sogar die Gesundheit unseres Sohnes Arthur unterordnen.«

Schon kurze Zeit später bestätigten sich seine Sorgen, denn Arthur starb im März 1502, wenn auch nicht an übermäßiger Liebe, sondern an Tuberkulose. Damit wurde sein jüngerer Bruder Heinrich, Herzog von York — der spätere Heinrich VIII. — Erbe der Krone Englands. Vom politischen Standpunkt aus gesehen, wäre es das einfachste gewesen, nun Heinrich mit Katharina zu verheiraten, doch erschwerten religiöse Dogmen diese Lösung. Schon zeichnete sich die Gefahr einer heißen Debatte über dynastische Fragen und europäische Bündnisse im Schatten des dritten Buch Mose ab, in dem geschrieben steht: »Wenn ein Mann die Frau seines Bruders nimmt, ist das unrein; denn er enthüllt die Blöße seines Bruders. Ihre Verbindung soll unfruchtbar sein.«

Aus diesem Dilemma gab es nur einen Ausweg und dieser machte Katharinas Unberührtheit zur Voraussetzung, eine Frage, die bald sämtliche christlichen Höfe beschäftigte. Vater Geraldino befragte Dona Elvira auf Ehre und Gewissen, diese befragte die Prinzessin. Katharina wiederum, bestürzt durch die Gefahr, sich einer Todsünde auszusetzen, aber doch ganz die Tochter ihrer strengen Mutter, versenkte sich ins Gebet und befragte Gott.

»Kommt, ich bin bereit«, forderte sie nach einer durchwachten Nacht am Betstuhl Dona Elvira auf, die alsdann triumphierend verkünden konnte:

»Die Prinzessin ist unberührt wie am Tage ihrer Geburt!«

Alles atmete auf, die Klippe war umschifft. Isabellas Vertreter am englischen Hof bekamen detailgenaue, zwingende Instruktionen. Die in Rom vorgelegte Eingabe erhielt den päpstlichen Dispens. Kurz vor seinem zwölften Geburtstag wird der neue Prince of Wales mit Katharina verlobt.

Doch dann geriet Sand in das scheinbar wohlgeölte Räderwerk. Heinrich, über die noch nicht voll ausgezahlte Mitgift erbost, verbot jeden Kontakt zwischen den beiden Verlobten. Ferdinand, der davon hörte und dessen Interesse an der Allianz mit England in demselben Grade sank, wie die politische und militärische Bedeutung seines Landes zunahm, verlangte die Rückkehr seiner Tochter nach Spanien und die Rückzahlung der bis dahin ausgehändigten Brautgabe. Das nun wieder betrachtete der englische König als unzumutbar. Die Infantin blieb in London, allerdings vom Hof verbannt und fern den Blicken ihres Bräutigams, als Pfand für die noch ausstehende Summe, die nicht eintraf. Ihr Vater hatte Wichtigeres zu tun.

Für Katharina brachen bittere Jahre an. War sie nun die Verlobte des Prince of Wales? Wurde nicht bei Hof getuschelt, daß Arthur, nach der bewußten Hochzeitsnacht mit seiner Frau seinen Freunden lachend erzählt habe:

»Diese Nacht war ich in Spanien.« und »Heiraten macht durstig!«

Die Tochter der Katholischen Könige war von der Welt abgeschnitten. Niemand kümmerte sich um sie, und manchmal fehlte es ihr am Nötigsten. Heinrich VII. besuchte sie nur, um ihr Vorhaltungen über die noch immer nicht eingetroffene Mitgift zu machen. »Wir ernähren Euch aus reiner Gutherzigkeit«, ließ er sich wiederholt vernehmen.

Der zukünftige Heinrich VIII. unterzeichnete in Anwesenheit des Bischofs von Winchester eine Protestakte, in der er gegen die »ihm aufgezwungene Verbindung« Einspruch erhob. Fünfundzwanzig Jahre lang schlummerte sie dann in den Archiven der königlichen Kanzlei, bis man sie hervorholte und entstaubte. Dann erst, als man sie zur Durchführung des Kirchenschismas und zur Scheidung von der lästig gewordenen Königin brauchte. Katharina beschloß ihr Leben in England, wie sie es begonnen hatte, in einsamer Verbannung.

Das Gerücht begann sich zu verbreiten, daß die spanischen Infantinnen Tod und Unheil um sich verbreiteten.

Nur die zweitjüngste Tochter der Katholischen Könige, Maria, entkam diesem Schicksal. Sie heiratete 1500 den Witwer ihrer Schwester, Manuel von Portugal.

Zwanzigstes Kapitel

# Johanna die Wahnsinnige

Philipp der Schöne ließ die Flotte, die seine Schwiegereltern für ihn und seine Frau geschickt hatten, wieder
absegeln. Er hatte vor, über Land durch Frankreich zu
reisen und Ludwig XII. den Lehnseid für die flandrischen Provinzen zu leisten, die dieser seit längerer Zeit
beanspruchte. Er machte noch einen weiteren Schritt
auf Frankreich zu. Während sich der König im Vorjahr
in Italien herumschlug, hatte er sich mit Anna, der Herzogin der Bretagne, über eine Verlobung zwischen ihrer
Tochter Claude und seinem Sohn Karl, der gerade seine ersten Schritte machte, geeinigt.

Anna war von der Idee entzückt. Gab sie ihr nicht
eine Art Revanche für ihre einst nicht vollzogene Ehe
mit dem schönen Maximilian von Habsburg? Einen
Dauphin gab es zu ihrem großen Kummer noch nicht.
Keines ihrer Kinder mit Karl VIII. hatte das Wiegenal-
ter überlebt, und sie übertrug ihre ganze Hoffnung auf
ihren zweiten Ehemann. Sollte sie sich verwirklichen,
blieb Claude immerhin Erbin des unabhängigen Herzogtums der Bretagne. Das Abkommen bot für beide
Seiten verlockende Aussichten, jedoch nicht für Ludwig
XII.

Er erkannte sofort die Gefahren der hinter seinem
Rücken beschlossenen Vereinbarung, die Frankreich
eine seiner wichtigsten Provinzen kosten würde. Da er

jedoch im Augenblick die kaiserliche Unterstützung für seine Investituren in Mailand und Neapel brauchte, gab er seine Zustimmung. Das zarte Alter der Versprochenen würde ihm genügend Zeit geben, das Verlöbnis zu lösen, sobald es nutzlos für ihn geworden war. Zunächst bereitete er für das erzherzogliche Paar einen glanzvollen Empfang vor.

Johanna befand sich in einem alarmierenden Zustand; neurasthenische Anfälle folgten auf Ohnmachten und Wahnvorstellungen. Im Grunde war sie an Politik überhaupt nicht interessiert. Isabella hatte ihr inzwischen aber einen fähigen Gesandten, den Bischof von Cordoba, Fonseca, geschickt, der ihren spanischen Stolz zu wecken wußte. Sie, eine Trastamare, sollte sich vor den Franzosen beugen? Niemals. Nicht einmal Philipp konnte sie zu dieser beschämenden Geste zwingen. In dieser geistigen Verfassung verließ sie mit ihrem Mann am 16. November 1501 Brüssel, gefolgt von einer riesigen Eskorte von sechshundert Pferden und Karren, auf die Kisten mit Silberzeug, Wandteppichen, Gewändern und Möbel geladen waren.

Im Schneckentempo durchquerte der Zug Nordfrankreich. In allen Ortschaften kam es zu Volksansammlungen, die sich das einmalige Schauspiel nicht entgehenlassen wollten. Beim Einzug in Paris gab es ein derartiges Gedränge, daß mehrere Menschen erstickten. Am 7. Dezember erreichten die Gäste bei Einbruch der Dunkelheit den mit Fackeln erhellten Hof des Schlosses zu Blois.

Es gibt zahllose Berichte über den tragikomischen Aufenthalt des Herzogspaares am französischen Hof. Flamen, Spanier und Franzosen überlieferten mit Vergnügen jedes kleinste Detail darüber.

Johanna, von vornherein mißgelaunt, hatte ihren ersten Wutanfall, weil sie die Hofetikette als beleidigend empfand. Tatsächlich wurde sie — ein unverzeihlicher Affront — erst eine halbe Stunde nach ihrem Mann vom König empfangen. Mit eifersüchtiger Genauigkeit verglich sie die ihr und der Königin — gleichzeitig unabhängige Herzogin der Bretagne — erwiesenen Ehren und rief immer wieder ärgerliche Zwischenfälle hervor, die eines Tages in einem Zusammenprall vor der Kirche in aller Öffentlichkeit gipfelten. Die üppigen Mahlzeiten machten sie krank, und sie behauptete, das Klima nicht zu vertragen. Dessen ungeachtet war sie gezwungen, der kleinen Claude, die sie vom ersten Augenblick an nicht ausstehen konnte, zuzulächeln und ihr ein mit Diamanten besetztes Krönchen auf den Lockenkopf zu drücken.

Je mehr seine Frau sich erregte, desto leutseliger und vergnügter zeigte sich Philipp. »Ein prächtiger Fürst«, urteilte Ludwig XII.

Der König behandelte ihn gleichrangig mit dem Grafen von Artois, dem ersten Pair von Frankreich, und räumte ihm als solchem einen Platz im Parlament ein, was Johannas Wut ins Maßlose steigerte. Sie weigerte sich, an den Jagden teilzunehmen, auf denen die beiden hohen Herren ihre politischen Probleme aushandelten. Es gab niemanden bei Hof, der nicht Grund zur Klage über die Erzherzogin gehabt hätte.

Was sie auch immer versuchte, es gelang ihr nicht, die Unterzeichnung der Heiratsverträge zu verhindern: Claude von Frankreich war Karl von Österreich bestimmt, und der noch zu erwartende Dauphin einer seiner Schwestern. Zum Zeichen ihres Widerwillens erschien Johanna zum Abschiedsbankett in einer spanischen Tracht und legte in diesem Aufzug zusammen mit ihrem Mann und dem Königspaar den Eid ab, der die Endgültigkeit der beschlossenen Ehen besiegelte. Kurz darauf wurde zum Aufbruch geblasen.

Zwischen der Loire und den Pyrenäen söhnte sich das schwierige Ehepaar wieder aus. Johanna lag wahrhaftig nicht viel daran, ihre Heimat und ihre Familie wiederzusehen, aber sie genoß die Vorfreude auf die Bewunderung, die ihr strahlender Gemahl bei ihren zukünftigen Untertanen auslösen würde. Das sollte sich rasch ändern. Kaum hatten sie die Grenze überschritten, war es an Philipp, eine finstere Miene aufzusetzen. Verglichen mit den Niederlanden, ihren Bächen, Wäldern und Auen, erschien ihm dieses reiche Spanien karg, ungastlich und kümmerlich. Sogar die Vertreter des Kleinadels liefen teilweise barfuß herum, von den zerlumpten Bauern, die wie wilde Tiere aussahen, ganz zu schweigen.

Seit dem Tod des kleinen Miguel herrschte in Madrid strengste Hoftrauer. Immerhin bemühte man sich zu Ehren der Eintreffenden um einige, kaum merkliche Milderungen. Für die lebensfrohen Flamen hatte die Würde, die *seriedad* der Spanier, etwas Irritierendes. Die schmucklose Strenge ihrer Kleidung und die endlosen Messen, die bereits um sechs Uhr morgens begannen, befremdeten sie. Mit wachsendem Grauen beobachteten sie Flagellantengruppen, die blutend und schreiend durch die Straßen zogen.

In dem kleinen Ort Olias legte sich Philipp mit Masern nieder. Ferdinand, der in Toledo auf den Schwiegersohn wartete, der ihm einmal auf den Thron folgen, ihn vielleicht verdrängen sollte, konnte seine Ungeduld nicht länger zügeln und ritt ihm entgegen. Als Johanna ihren Vater so überraschend vom Pferd springen sah, war sie so erschüttert, daß sie die Etikette vergaß und sich ihm weinend an den Hals warf, ein für sie einzigartiger Gefühlsausbruch. Noch immer tränenüberströmt ließ sie sich am Krankenbett nieder, während Ferdinand, die Augen lauernd halb geschlossen, ihren Mann mit gewinnenden Worten begrüßte. Sie konnte nicht ahnen, daß diese beiden Menschen, die ihrem Herzen am nächsten standen, bald Todfeinde sein würden.

Das Wiedersehen mit ihrer Mutter gestaltete sich ganz anders. In Anwesenheit der achtunggebietenden Persönlichkeit wurde sie sofort wieder reizbar, unberechenbar und absonderlich.

Nach Philipps Genesung hielt das Ehepaar in Toledo einen Einzug, der durch seine Prachtentfaltung Aufsehen und Anstoß erregte. Isabella, unnahbar und statuengleich auf ihrem Thron, empfing ihre Kinder, wie sie ihre Untertanen empfing. Auch das Bankett am Abend ließ keine Wärme aufkommen, Philipps goldbesticktes Wams und sein violetter Umhang paßten nicht zu den Trauerroben seiner Schwiegereltern. Johanna war verärgert und ließ es alle spüren. Die turbulente Beziehung des ungleichen Paares blieb nicht lange ein Geheimnis.

Isabella hatte nun Muße, ihre Kinder mit einem Blick zu prüfen, der es gewohnt war, Herzen und Stirnen forschend zu durchdringen. Das also waren die Erben ihrer Krone! Was sollte in diesen Händen aus den Ländern werden, die sie gestaltet hatte, aus dem Weltreich, dessen erste Bausteine sie aufeinanderfügte?

Von der Enttäuschung, die diese erste Begegnung nach so vielen anderen Prüfungen bei ihr auslöste, sollte sich die große Königin nie mehr erholen.

*** 

Philipp verzehrte sich vor Ungeduld: Er mochte weder die Stierkämpfe noch die in seinen Augen farblosen

Turniere noch die makabren Trauerprozessionen mit ihrem ewigen Singsang. Die Autodafés waren ihm ein Greuel. Nicht einmal die schönen Spanierinnen konnten ihn aussöhnen. Sie zeigten sich weit unwilliger als die blonden Mädchen in der flandrischen Heimat. Um das Maß vollzumachen, war Johanna wieder schwanger.

In diese Atmosphäre tödlichen Ernstes platzte die Nachricht vom Tod des englischen Schwiegersohns. War Katharina noch Prinzessin von Wales? Probleme auch dort. Die Hoftrauer nahm von da an geradezu groteske Formen an. Zur Zerstreuung wurden nur noch Bußmessen und Inquisitionsgerichte mit brennenden Scheiterhaufen geboten.

So konnte es nicht ausbleiben, daß der Erzherzog den Ratschlägen seines Schwiegervaters über die Art und Weise, wie die kastilischen und spanischen Angelegenheiten am besten angepackt würden, nur höchst unwillig Gehör schenkte. Der junge Mann war von sich und seiner Intelligenz — die von dem venezianischen Gesandten Quirini als »äußerst brillant« beschrieben wurde — sehr eingenommen. Er hatte keine Lust, sich bevormunden zu lassen.

Am 22. Mai 1502 fand die Zeremonie statt, anläßlich derer die Cortes von Kastilien ihrem neuen Souverän den Treueid leisteten. Für Philipp ein neuer Anlaß zum Mißmut, weil die Reichsinsignien seiner Gattin stets den Vorrang vor seinen eigenen hatten.

Blieb noch der Untertaneneid der aragonesischen Cortes, der sehr viel schwieriger zu erhalten war. Die Statuten der beiden Reiche hatten seit dem berühmten Ehevertrag von 1469 keine Änderung erfahren. Sie wurden eigenständig regiert, hatten ihre eigenen Traditionen, Ziele und Gesetze, wir würden heute von Verfassung sprechen. Kastilien und Aragon lebten mit- und nebeneinander. Die Verschmelzung zu einem Großreich hatte noch nicht stattgefunden. Jeder der beiden Herrscher regelte seine Nachfolge nach den überlieferten Erbgesetzen. Gemäß einer Bestimmung des verschlagenen Juan II. von Aragon, Ferdinands Vater, war die Krone mangels eines männlichen Thronfolgers zwar durch die Frauen übertragbar, durfte jedoch nicht in ihren Händen bleiben. Sie waren gezwungen, das Zepter an ihren Sohn weiterzugeben.

Ferdinand reiste nach Saragossa, um, wenn auch ungern, eine Änderung dieser Vorschrift zu Gunsten seines Schwiegersohns auszuhandeln. Die Gespräche erwiesen sich als schwierig, und Monate vergingen in trübem Nichtstun. Spanier und Flamen aus Philipps Gefolge vertrugen sich immer weniger. Zunehmend gab es Zwischenfälle und Prügeleien. Dann senkte sich ein nicht enden wollender, flirrend heißer Sommer über die Halbinsel, dem zahlreiche Männer aus dem Norden zum Opfer fielen, unter ihnen Philipps engster Freund, der Erzbischof von Besançon. Er begann dieses Land, dem er am liebsten den Rücken gekehrt hätte, vom Grund seines Herzens zu hassen.

All diesen Widrigkeiten zum Trotz machte er sich zahlreiche Freunde. Vielen Spaniern wurden sein gewinnendes Wesen, seine angeborene Fröhlichkeit, seine Großzügigkeit, das Gepränge, mit dem er sich umgab, zu einem nachahmenswerten Vorbild. Mochte sich Ferdinand darüber auch noch so sehr ärgern, sein Schwiegersohn war bald populärer als er selbst. Was Isabella über seine Beliebtheit dachte, ist nicht bekannt.

Dann warteten im Oktober 1502 neue Demütigungen auf ihn, als die Cortes in Saragossa endlich einem Kompromiß in bezug auf die aragonesische Thronfolge zustimmten. Wohl erkannten sie Johanna als Erbin des Königreiches an. Ihrem Gemahl aber gestanden sie nur eine untergeordnete Position zu, die der eines Prinzgemahls entsprach. Der Beschluß der Cortes lief darauf hinaus, daß die Krone im Falle einer eventuellen Wiederverheiratung Ferdinands nach dem Ableben Isabellas auf einen möglichen Sohn aus dieser zweiten Ehe und nicht auf Johanna und ihre Söhne überginge.

Inzwischen kam es in Süditalien zwischen Frankreich und Aragon erneut zum Krieg, worauf der mit Ludwig XII. verbündete Herzog von Geldern in Flandern einfiel und einige Dörfer verwüstete. Ein Wink des Schicksals. Philipp ließ seine Frau in Saragossa zurück und ritt nach Madrid, wo er seinen Schwiegereltern eröffnete, daß die Zustände in seinem Herzogtum seine Anwesenheit in Flandern unabdingbar machten.

Isabella war betroffen. Die überstürzte Abreise durchkreuzte nicht nur ihre Pläne, sie blieb ihr auch völlig unverständlich. Was wog dieses Herzogtum oben im Norden schon gegenüber dem Riesenreich, das sie mit Ferdinand geformt hatte. Sofern er einmal über Kastilien und Aragon regieren wollte, war Philipps Platz hier, in Spanien. Ein spanischer Prinz mußte aus ihm werden. Abgesehen davon durfte der hochschwangeren Johanna die beschwerliche Reise keinesfalls zugemutet werden. Ein Wort gab das andere, doch Philipps Entschluß stand fest. Wenn seine Frau ihn nicht begleiten konnte, meinte er, dann sei er eben »bei der Niederkunft von Madame nicht zugegen«.

Ferdinand hatte seine ganz eigene Meinung in dieser Angelegenheit. Ihm konnte es nur recht sein, den Schwiegersohn, der ihm durch seine Beliebtheit langsam gefährlich wurde, auf so bequeme Weise loszuwerden. Die Abreise konnte ihm sogar doppelten Gewinn bringen, indem er sich des Erzherzogs bediente, um einen seiner heimtückischen Schachzüge gegen Ludwig XII. auszuführen. Er schlug Philipp vor, auf seiner Rückreise mit dem König von Frankreich eben jenen Waffenstillstand in Süditalien auszuhandeln, der es ihm erlauben würde, den französischen Truppen unter Nemours bei Neapel mit frischen Streitkräften in den Rücken zu fallen.

Philipp ließ sich nicht zweimal bitten und veranlaßte die noch ahnungslose Johanna, ihm nach Alcalá de Henarés entgegenzukommen. Eine Botschaft ihrer Mutter, die sie anflehte, ihren Mann zurückzuhalten, öffnete der Armen die Augen. Petrus Martyr erwähnt, daß sie die ganze Nacht hindurch weinte und schrie. Zum ersten Mal vergaß sie ihren kastilischen Stolz. Bettelnd, wimmernd, schluchzend warf sie sich dem Angebeteten zu Füßen. Der aber blieb, nach den Worten von Petrus Martyr »härter als ein Diamant«.

Philipp reiste am 19. Dezember 1502 ab und ließ seine Frau in einer beängstigenden Depression zurück. Sie schlief nicht mehr, rührte kaum die Speisen an. Wie abwesend wandelte sie durch die Gänge des Palastes und erwachte aus ihrer Lethargie nur, wenn sie den Namen ihres Mannes nennen hörte. Man gab vor zu glauben, daß dieses sonderbare Verhalten ihrem Zustand als werdende Mutter zuzuschreiben sei.

Am 10. März 1503 kam sie mit einem Sohn nieder, dem ersten ihrer Kinder, das in Spanien geboren wurde. Ferdinand fand, daß dieses Ereignis damit gewürdigt werden müsse, daß man dem Neugeborenen seinen Vornamen gab. Ausnahmsweise wurde die Taufe zum Anlaß eines mit Pracht und Üppigkeit gefeierten Festes.

Nach der Geburt änderte sich Johannas Zustand, doch leider nicht zum Besseren. Haltlos überließ sie sich ihrer rasenden Eifersucht, glaubte sich betrogen und rächte sich an ihrer Umgebung für die Abwesenheit ihres treulosen Mannes. Auch ihre Übersiedelung nach Segovia, in die Nähe ihrer Mutter, brachte keine Änderung. Im Gegenteil. Isabella stieß nur auf Haß und Ablehnung. Obgleich in ihren Gefühlen und Empfindungen um Welten voneinander entfernt, besaßen sie denselben herrischen, aufbrausenden Charakter. Für Isabella gab es außer der Religion nur noch die Staatsräson, Werte, denen sie kompromißlos alles unterordnete; daher vermochte sie für ihre Tochter, die völlig ihrer Leidenschaft verfallen war, kein Verständnis aufzubringen. Täglich kam es zu immer heftigeren Zusammenstößen. Am Ende dieser Szenen war die Königin so erregt, daß man sie zur Ader lassen mußte.

Auf der Suche nach einem Ausweg verfiel man auf eine andere Idee, die noch vernichtendere Auswirkungen hatte. Man stellte der Infantin in Aussicht, daß sie abreisen könne, sobald der Friedensvertrag mit Frankreich unterzeichnet sei. Anstatt sie zu beruhigen, machte sie dies Versprechen noch ungehaltener. Der Eindruck, der eigenen Familie als Geisel zu dienen, brachte sie in Rage; sie machte eine so unbeschreibliche Szene, daß man ihr gestattete, sich in Schloß La Mota, einer mit Türmen und Zinnen gespickten Festung, einzuschließen. Hier war sie mit ihren Gedanken allein.

Von ihrem Mann im Stich gelassen, eine Gefangene ihrer Eltern, das war das Schicksal der Erzherzogin-Infantin, Erbin der spanischen Königreiche, Siziliens, Neapels und der westindischen Besitzungen, Schwiegertochter des deutschen Kaisers.

*** 

Philipp erging es nicht viel besser. Nach der Eroberung

Neapels durch Gonzalves von Cordoba durchschaute er rasch das falsche Spiel seines Schwiegervaters, der ihn als Instrument seines Verrats mißbraucht hatte. In seiner Ehre gekränkt, bot er sich Ludwig XII. als Geisel an, wurde aber so schwer krank, daß man eine Vergiftung fürchtete. Nach seiner Genesung entließ ihn der König edelmütig in die Freiheit.

Der Erzherzog kehrte nicht gleich nach Brüssel zurück. Kurze Zeit erholte er sich bei seiner Schwester Margarethe, der Herzogin von Savoyen, dann traf er sich mit seinem Vater in Innsbruck. Der Kaiser war in Probleme verstrickt, die seine zerrütteten Finanzen unentwirrbar machten. Gemeinsam versuchten sie, auf der Gamsjagd in Tirol ihre Sorgen zu vergessen.

Erst im November 1503, ein Jahr, nachdem er Alcalá verlassen hatte, traf Philipp wieder in den Niederlanden ein. Wollte er seine Frau in der Nähe wissen, oder wollte er es zum Bruch mit Ferdinand kommen lassen? Wie dem auch sei, er schrieb Johanna einen zärtlichen Brief, in dem er sie aufforderte, ihm nachzukommen. Isabella ließ die Korrespondenz der Infantin überwachen. Dieser Brief aber gelangte unbemerkt durch die Maschen des Netzes und löste bei der Unglücklichen einen Zustand höchster Erregung aus. Der Beschreibung des Petrus Martyr zufolge »gebärdete sie sich wie eine Löwin.«

Davon in Kenntnis gesetzt, schickte die Königin Bischof Fonseca, mit den nötigen Vollmachten ausgestattet, nach La Mota. Er traf im Schloß ein, als Johanna im Begriff war, es zu verlassen. Fonseca hielt sie zurück. Ihre Diskussion nahm immer bedrohlichere Formen an. Die Erzherzogin war entschlossen, Spanien zu verlassen, ganz gleich, was komme, mochte man ihr auch Pferde und Schiffe vorenthalten. Der Bischof ließ die Zugbrücken hochziehen.

Die Prinzessin saß in der Falle. Ihr nun folgender Wutausbruch war so schreckenerregend, daß sich der Prälat zitternd einschloß. Aber der Tobsuchtsanfall wich einer lähmenden Niedergeschlagenheit. Johanna fiel auf die Knie, und so blieb sie, taub für alle, die sie umgaben, die ganze Nacht, den Blick ins Leere gerichtet, die Stirn an die Ketten der Zugbrücke gepreßt. Am nächsten Morgen weigerte sie sich, ihre Gemächer im Schloß aufzusuchen, und ließ sich endlich willenlos in das Häuschen des Wächters führen.

Eine aussichtslose Lage. Isabella machte einen neuen Versuch, indem sie die höchsten Würdenträger des Königreiches, Admiral Enriquez und den Erzbischof von Toledo, Cisneros, zu ihrer Tochter entsandte. Ohne jeden Erfolg. Johanna muß ihnen einen Empfang bereitet haben, den Cisneros ihr nie verzieh.

Schließlich zwang sich die Königin, seit Wochen bettlägerig, zu einer letzten übermenschlichen Anstrengung. Sie erhob sich von ihrem Krankenlager und machte sich selbst nach La Mota auf. Die Aussprache — wenn man dieses Wort überhaupt gebrauchen darf — fand im Wächterhäuschen statt, weil sich die Infantin weigerte, ihre Mutter im Schloß zu empfangen. Nach einer schauderhaften Szene schrieb Isabella an Fuensalida: »Ihr Verhalten war so würdelos, ihre Worte so voller Heftigkeit und Respektlosigkeit meiner Person gegenüber, daß ich sie nie ertragen hätte, wenn mir nicht ihr Geisteszustand zu denken gäbe.« Schaudernd erkannte sie in den Ausfällen ihrer Tochter die Zustände ihrer eigenen Mutter wieder, Isabellas von Portugal, der Irren von Arevalo.

Was tun? Offiziell war Johanna Thronerbin, zukünftige regierende Fürstin der spanischen Königreiche. Hier lag ihre Aufgabe. Auf den Rat der Ärzte und Priester jedoch rang Isabella sich zu dem Entschluß durch, der Infantin zu gestatten, im Frühling das Land zu verlassen.

Am 11. April 1504, endlich am Ziel ihres leidenschaftlichen Begehrens angelangt, traf Johanna in Brüssel ihren Gemahl wieder. Aber ihre krankhafte Eifersucht verschloß ihr den Weg zum Glück. Ihr Zustand wurde zum Gesprächsthema an den europäischen Höfen. Der venezianische Gesandte Quirini berichtete an die Serinissima: »Durch ihre dauernden Verdächtigungen regt sie ihren Mann derartig auf, daß sich der Unglückliche immer in einem Zustand höchster Reizbarkeit befindet. Sie richtet an kaum jemanden das Wort und macht sich allen verhaßt; sie schließt sich tagelang in ihren Gemächern ein und wird von Eifersucht verzehrt; sie gefällt sich in der Einsamkeit, meidet Geselligkeit, Vergnügungen und Feste. Vor allem aber duldet sie keine Frauen um sich, weder flämische noch spanische, weder alte noch junge.«

In der Wahnvorstellung, von ihrem Mann betrogen zu werden, war sie unaufhörlich auf der Spur möglicher Rivalinnen. Eines Tages richtete sie ihren Verdacht auf eine rothaarige Hofdame, der sie die Haare schor, das Gesicht zerkratzte und zerbiß; zum Schluß versuchte sie noch, sie mit einer Schere zu entstellen. Im letzten Moment kam ihr Mann dazu, verprügelte Johanna und schloß sie ein. Er hatte ihr den Namen »der Schrekken« gegeben. Sie rächte sich, indem sie die Nahrung verweigerte und die ganze Nacht über den Fußboden ihres Zimmers mit einem Stock bearbeitete. Philipps Nerven waren durch diese Szenen so zerrüttet, daß er sich angeblich mit Selbstmordgedanken trug.

Dieser letzte Zwischenfall schien zu beweisen, daß sich die Infantin in einem Zustand jenseits aller Vernunft befand. Philipp beauftragte Moxica, den einzigen Spanier, der sein Vertrauen besaß, den Katholischen Königen Bericht über das Verhalten ihrer Tochter zu erstatten: Isabella war außer sich über den Skandal um die rothaarige Hofdame, so daß sich ihr Gesundheitszustand verschlechterte. Was sie sich insgeheim zweifellos längst hatte eingestehen müssen, wagte Moxica als erster offen auszusprechen. Das Wort ging in Spanien schon von Mund zu Mund. Es war das Volk von Kastilien, das der Infantin den Beinamen gab, den sie in der Geschichte behielt: *la Loca*, die Wahnsinnige.

Ferdinand fühlte sich verpflichtet, die Cortes über die Lage der Dinge in Kenntnis zu setzen, was Johanna empörte. »Es erstaunt mich nicht«, schrieb sie an eine Freundin, »daß man falsches Zeugnis gegen mich vorbringt, hat man doch unserem Herrn Jesus Christ dasselbe angetan.«

Der Gesandte des Erzherzogs am spanischen Hof erhielt einen überraschend einsichtigen Brief von ihr, in dem es heißt: »Solche Dinge sollten zwischen Vater und Tochter bleiben. Wenn ich eine gewisse Leidenschaft zur Schau trug und wenn mein Benehmen möglicherweise nicht der Würde meines Ranges entsprach, so ist der einzige Grund dafür in der Eifersucht zu suchen, das ist allseits bekannt. Indessen bin ich nicht die einzige, die darunter leidet: Selbst die Königin, eine so außergewöhnliche Persönlichkeit, war eifersüchtig. Die Zeit heilte ihre Hoheit, wie sie auch mich heilen wird.«

Leider nicht. Weder die Zeit noch irgendetwas anderes vermochten das Übel zu mindern, geschweige denn zu heilen. Ihre Eifersucht nahm immer barbarischere Züge an. Sie umgab sich nur noch mit maurischen

Sklavinnen, die sie aus Spanien kommen und entstellen ließ. Man glaubte sich an den Hof eines orientalischen Tyrannen versetzt, sobald man ihre Gemächer betrat. Philipp tobte, als er sah, was sie angerichtet hatte, und drohte — wie schon so oft —, auf das gemeinsame Eheleben zu verzichten.

Das half, aber nur vorübergehend. Vorläufig kapitulierte sie aus ihrer leidenschaftlichen Liebe heraus. Doch bald zeigte sich eine neue Schwangerschaft an; mit ihr tauchten abermals Sklavinnen mit entstellten Gesichtszügen als Begleiterinnen der Erzherzogin auf.

Philipp ließ nichts unversucht, seine Frau von ihren Wahnvorstellungen abzulenken. Er schlug ihr die verschiedensten Beschäftigungen vor, dachte daran, sie an der Regierung zu beteiligen, auf die Jagd mitzunehmen, doch vergeblich. Die Erbin des Weltreichs interessierte sich für nichts. Stundenlang, tagelang verharrte sie unbeweglich, zurückgezogen in sich selbst, im hintersten Winkel eines dunklen Raumes. Manchmal hörte man sie eine Melodie summen. Zum Glück befaßte sie sich nicht einmal mit ihren Kindern. Fern vom burgundischen Hof erzogen, blieb dem späteren Karl V. dieses deprimierende Schauspiel erspart, das für seine Entwicklung nur eine Belastung hätte sein können.

Einundzwanzigstes Kapitel

# Die letzte Reise

Vom Kummer über das Schicksal ihrer eigenen Kinder gezeichnet, hatte Isabella weder die Kraft noch das Interesse, sich um die Zukunft ihres Enkels Karl von Österreich, auch Karl von Gent oder Karl von Luxemburg genannt, zu kümmern. Dieser vierjährige Knabe, Abkömmling der geistesgestörten Tochter weit oben im Norden, wurde in Segovia und in Saragossa einfach übersehen.

Seit den Auseinandersetzungen um Neapel war Philipp der Schöne mit Ferdinand zerstritten, hatte seine Verbindungen mit Frankreich noch enger geknüpft und auch seinen Vater auf diesen Weg gelenkt. Ludwig XII.,von seinen transalpinen Plänen ebenso besessen wie seine Frau von ehrgeizigen Plänen für ihre Tochter, kehrte krank von dem italienischen Feldzug zurück. Anna, Herzogin der Bretagne, nützte seine Schwäche aus und sicherte sich mit seiner Zustimmung das alleinige Verfügungsrecht über die kleine Claude.

Sie hatte Ludwig, ihrem zweiten Ehemann, noch zwei Söhne geboren, von denen jedoch keiner das erste Jahr überlebte. Seither übertrug sie all ihre Liebe, all ihre grenzenlosen Hoffnungen auf ihre einzige Tochter, Claude von Frankreich. Die Franzosen hätten es am liebsten gesehen, wenn man sie mit dem offiziellen Thronerben, Franz von Angoulême, dem zukünftigen

Franz I. von Frankreich, verheiratet hätte. Doch von dieser Verbindung wollte Anna nichts wissen. In ihren Plänen verdiente nur das Verlöbnis mit Karl Aufmerksamkeit. An seiner Seite würde Claude als Königin und Kaiserin über die ganze Christenheit herrschen. Die Herzogin konnte nicht ahnen, wie oft dieser ersehnte Schwiegersohn dem tatsächlichen auf dem Schlachtfeld gegenüberstehen würde.

Im Herbst des Jahres 1504 fühlte Isabella ihre Kräfte schwinden. Am 23. Oktober diktierte sie ihr Testament. Sie beschwor ihre Untertanen, Johanna als ihre Königin, Herrin der Königreiche und der Länder jenseits der Meere, anzuerkennen und dem Erzherzog Philipp »denselben Gehorsam« zu zollen. Bis zum Eintreffen des Herrscherpaares legte sie die Regentschaft in die Hände ihres Gatten, der sie bis zur Volljährigkeit von Erzherzog Karl ausüben solle, falls die Infantin regierungsunfähig sei.

Sie empfahl, Gibraltar unter keinen Umständen aufzugeben.

Des weiteren ernannte Isabella eine Kommission von Juristen, die für das Königreich, das unter ihrer Regierung so viele Reformen erlebt hatte, ein neues Gesetzbuch ausarbeiten sollten.

Sie verlangte, daß die Bekehrung der Indios zum christlichen Glauben fortgesetzt und daß ihnen eine menschliche Behandlung zuteil würde.

Ferdinand erhielt ihren gesamten Schmuck und eine königliche Rente. Für sich selbst wünschte sie sich ein Begräbnis von äußerster Einfachheit. Die dabei eingesparte Summe sollte für die Mitgift mittelloser junger Mädchen und als Lösegeld für gefangene Christen verwendet werden.

Es lag ihr unendlich viel daran, in Granada begraben

zu werden, wo sie ihren größten Sieg davongetragen hatte. »Es sei denn«, schrieb sie, »daß der König an einem anderen Ort beigesetzt zu werden wünscht. Dann ist es mein Wille, daß mein Leib dorthin transportiert und an seiner Seite bestattet wird, auf daß die Gemeinschaft, die uns hienieden verband, auch unter der Erde fortbestehe und daß, so Gottes Wille es fügt, sich unsere Seelen im Himmel wiederfinden.«

Ihre letzten Lebenswochen ließ sie sich in schlichte Franziskanerinnentracht kleiden und verbrachte viele Stunden in Buße und Gebet. Sie war mit der Welt ausgesöhnt. Weder die Scheiterhaufen, die mit ihrem Einverständnis angezündet worden waren, noch die Erinnerung an die Beltraneja, der sie den Thron raubte, konnten ihren Seelenfrieden stören.

Am 26. November 1504 starb Isabella die Katholische in Medina del Campo so sanft und friedlich, daß manche sie für heilig erklärten.

Ihre Weigerung, einbalsamiert zu werden, warf erhebliche Probleme auf. Die Überführung des schlichten Holzsarges, auf dem sie bestanden hatte, gestaltete sich zu einem dem Genie Goyas würdigen Geisterzug. Drei Wochen lang kämpften die Granden, die geistlichen Würdenträger, Höflinge, Mönche und Offiziere auf ihren schwarzverhängten Pferden gegen Unwetter apokalyptischen Ausmaßes an, die nicht eine Minute aussetzten. Hundertmal riskierten sie ihr Leben auf Straßen, die sich in Ströme von Schlamm verwandelten, auf sturmgepeitschten Höhen, auf einsturzgefährdeten Brücken, bis sie endlich die Alhambra erreichten. Man konnte sich fragen, ob der Himmel die Königin, die so viele Widersprüche in sich vereint hatte, beweinte oder zurückwies.

Petrus Martyr schrieb an Cisneros: »Ich kenne niemanden ihres Geschlechts, weder in vergangenen Zeiten noch heute, der im gleichen Atemzug mit dieser unvergleichlichen Frau genannt werden könnte.«

Er übertreibt ein wenig. Aber die Geschichte kennt nicht viele Herrscherinnen, die ein vergleichbares Werk in derartig kurzer Zeit vollbracht haben.

# Epilog

Die Botschafter aus Segovia hatten kaum Zeit gehabt, in Brüssel die Trauernachricht zu verlesen, als Philipp der Schöne bereits den Titel König von Kastilien und León annahm und ein Schreiben an seinen Schwiegervater richtete. Nicht, daß ihm der Tod der großen Königin besonders zu Herzen gegangen wäre oder daß er dem Witwer sein Beileid hätte ausdrücken wollen, nein, er forderte ihn auf, sich nach Aragon zurückzuziehen und die Regierung der Königreiche von Kastilien und León der rechtmäßigen Erbin, Königin Johanna, zu überlassen.

Gemäß Alonso de Santa Cruz, der alle Einzelheiten des schweren Konflikts miterlebte, welcher hier seinen Anfang nahm, soll Ferdinand geantwortet haben, daß »Kastilien sich zu der Zeit, als er dort eintraf, in einem Zustand der Unruhen, der Revolten und der Uneinigkeit befand und daß sich ganze Provinzen und Städte gegen die Krone erhoben, weil sich König Heinrich IV. und seine Vorgänger als unfähig erwiesen hatten, Frieden und Ordnung herzustellen.« Diese Situation habe er gemeinsam mit seiner Frau, der Katholischen Königin, von Grund auf geändert.

Folglich wäre er (Philipp) gut beraten, wenn er seine Pläne wohl bedenke. Sei er doch sehr jung und unerfahren in der Verwaltung von Königreichen, die sich mit den Niederlanden nicht vergleichen ließen . . . Er (Ferdinand) wisse nur zu gut, daß er nicht König von Kastilien sei, habe er doch selbst zu Gunsten seiner

Tochter Johanna auf diesen Titel verzichtet. So wolle er denn auch nichts anderes sein als Gouverneur von Kastilien, bis Philipp mit der Königin Johanna persönlich zur Stelle sei und alle Fragen der Verwaltung und der Finanzen des Staates geregelt werden könnten.*

Wie weise und edel klang das alles. Dabei hatte Ferdinand sehr wohl vor, die Königreiche von Kastilien und León zu usurpieren. Allein die Tatsache, daß er sich nicht schämte, in aller Form um die Hand der Beltraneja anzuhalten, ist Beweis genug. Allerdings wies sie den zynischen Antrag verächtlich ab.

So einfach, wie er es sich vorgestellt hatte, war die Sache nicht. Kaum daß die Katholische Königin in Granada zur ewigen Ruhe gebettet war, bildete sich unter dem Einfluß einiger Granden, des Marquis von Villena, des Herzogs von Najera und des Don Juan Manuel, Sire de Belmonte, der sich am burgundischen Hof in Brüssel aufhielt, eine mächtige Partei gegen ihren Mann. Viele der alten Feudalherren, von Isabella entmachtet und durch die Schaffung einer zentralistischen Staatsstruktur ins politische Abseits gedrängt, träumten von Revanche. Wer sollte wissen, ob sie nicht unter der Regierung eines jugendlichen, in den Problemen des Reiches unerfahrenen Ausländers wieder ihre alten Rollen übernehmen könnten? Viel eher jedenfalls als unter Ferdinand. Ehemalige Anhänger der Beltraneja schlossen sich ihnen an. Dazu kamen Kaufleute, die von den neuen Handelsverbindungen mit Flandern lebten, wo ihre Rohstoffe reichlich Absatz fanden. Dagegen ergriffen die Mitglieder des Verwaltungsapparats, des städtischen Mittelstands, Rechtsgelehrte und Staatsbeamte für Ferdinand Partei. Wie zu Zeiten Heinrichs

---

* Alonso de Santa Cruz *Chronik Kaiser Karls V.*

IV. spaltete sich Kastilien in zwei verfeindete Koalitionen, die »Philippisten« und die »Ferdinandisten«. Letzteren wurde nachgesagt, daß sie Unterstützung von den Conversos erhielten.

1505 sollte sich als das Jahr der unerwarteten Wendungen erweisen. Ludwig XII., zum zweiten Mal in kurzer Zeit schwer erkrankt, änderte sein Testament, löste das Verlöbnis seiner Tochter Claude mit Karl von Österreich und legte ihre Heirat mit Franz von Angoulême fest, was zu einem Bruch mit Philipp dem Schönen führte. Ferdinand nützte diese Verschiebung im europäischen Bündnissystem und schlug eine Brükke zu seinem alten Widersacher: Er heiratete eilends eine Nichte des französischen Königs, Germaine von Foix. Wenn er mit ihr einen Sohn zeugte, wäre dem Burgunder der Griff nach der Krone von Aragon und Neapel verwehrt. Kastilien bestimmte er seinem Lieblingsenkel, dem Infanten Ferdinand. Man blieb unter sich.

Wider Erwarten protestierte Johanna vehement gegen das, was sie mit Recht eine Plünderung ihres Erbes nannte. Philipp sah ein, daß seine Rückkehr nach Spanien unvermeidbar wurde. Am 10. Januar 1506 schiffte er sich mit seiner Frau in Vlissingen ein. Von den Launen der Winterstürme hin und hergetrieben, landeten sie zunächst einmal in England.

Der Aufenthalt am Hof König Heinrichs gestaltete sich so angenehm, daß sie drei Monate blieben. Ohne Johannas Eifersuchtsszenen, ihre Unausgeglichenheit, ihr feindseliges Schweigen hätte man von einer gelösten Stimmung reden können. Während sie sich in ihren Gemächern verkroch, schloß der Erzherzog mit Heinrich VII. ein lukratives Handelsabkommen und verlobte den kleinen Karl mit der englischen Königstochter Maria. Diesem zweiten Verlöbnis war keine längere Dauer bestimmt als dem ersten.

Mit Eintreffen des Frühlings wurden die Segel gesetzt, und am 26. April landete das junge Herrscherpaar in La Coruña. Zur Begrüßung seiner Kinder hatte Ferdinand Truppen ausgehoben, die er an den Grenzen massierte, von schwerer Artillerie unterstützt. Diese kriegerischen Vorkehrungen nützten ihm nichts. Von der Partei der »Philippisten« in Stimmung versetzt, bereiteten die Kastilier dem blonden Märchenprinzen einen überschwenglichen Empfang und liefen ihm in Massen zu. Philipp besaß allerdings auch alle Eigenschaften, die ein Volk begeistern konnten. Aus der Feder des Botschafters Quirini kennen wir folgende Beschreibung:

»Er war von schönem, kräftigem Körperbau und strahlte Selbstvertrauen und Gesundheit aus. Er erwies sich als hervorragender Reiter, als geschickter, äußerst wachsamer Streiter auf dem Schlachtfeld, widerstandsfähig und unermüdlich. Von Natur aus liebenswürdig, freidenkend, großzügig und gutherzig, verstand er es mit allen Menschen ungeachtet seiner hohen Geburt schlicht und formlos umzugehen. Er war gottesfürchtig und stand zu seinem Wort. Er hatte Sinn für Gerechtigkeit und sorgte dafür, daß die Regeln der Gerichtsbarkeit strikt beachtet wurden. Er war hochintelligent, gegenüber jeder Materie, auch der schwierigsten, aufgeschlossen, aufnahmefähig für alles, was ihm begegnete. Aber er ließ sich Zeit mit seinen Antworten und zögerte lange, bis er seine Entschlüsse in die Tat umsetzte. Er hatte großes Vertrauen in seine Fähigkeiten und hörte sehr auf die Ratschläge der anderen (der Flamen natürlich), sofern er sie seiner Achtung für würdig hielt.«

Am 20. Juni fand in gespannter Atmosphäre das Wiedersehen von Schwiegervater und Schwiegersohn statt, das in einem zäh, auf Johannas Kosten errungenen Übereinkommen gipfelte. Dennoch ließ der machthungrige Aragonier nicht locker. Die sichere Beute aus der Hand zu geben, war ihm unerträglich. Ein neuer Erbfolgekrieg und damit die Zerstörung von Isabellas Lebenswerk drohte.

Dann änderte er plötzlich seine Taktik und schien des Kampfes überdrüssig. Nachdem er Philipp als Regenten von Kastilien anerkannt hatte, ließ er die Anker lichten und segelte mit seiner jungen Gattin nach Neapel; doch nicht, ohne vorher eine versiegelte Erklärung hinterlegt zu haben, daß ihm der Vertrag mit seinem Schwiegersohn abgepreßt worden und daher null und nichtig sei.

***

Philipp verwaltete sein Herzogtum mit Weisheit und Umsicht; in Flandern herrschten geordnete Verhältnisse. Von Kastilien dagegen, über das sich die Flamen nun hermachten, verstand er nichts. Die Rüpelhaftigkeit seiner Landsleute, ihre Habgier und ihre Respektlosigkeit gegenüber den örtlichen Gegebenheiten machten sie bald überall verhaßt. Als sie die Abgaben und Pfründe ausschließlich in den Taschen der ungebetenen Eindringlinge verschwinden sahen, begriffen die Feudalherren, daß ihre Rechnung nicht aufging. Hier und dort brachen Revolten aus. Die Inquisition nahm die Unruhen zum Vorwand, gegen »freidenkende« Gelehrte, Akademiker und Verwaltungsbeamte in Aragon, denen die schützende Hand des Königs entzogen war, vorzugehen, vor allem, wenn es sich um Conversos handelte. Johanna ließ es geschehen.

»Ihre Hoheit Johanna«, notierte Quirini in seinen Berichten nach Venedig, »möchte Königin sein, ohne zu regieren.«

Diese Wirren zogen sich über drei Monate hin, ohne daß sich eine Besserung abzeichnete. Man schrieb den 19. September 1506. Es war am Abend eines drückend heißen Spätsommertages in Burgos. Philipp der Schöne hatte ein Kartenspiel beendet, erhob sich und trank ein Glas Wasser, das von dem dafür bestimmten Bediensteten nicht vorgekostet worden war. Am nächsten Morgen fieberte er und erbrach sich. Das rätselhafte Leiden verschlimmerte sich. Am 25. starb er in den Armen seiner verzweifelten Frau.

Sommerhitze, ein Glas eisgekühltes Wasser, das genügte den Ärzten als Todesursache, die »unvermeidlichen Konsequenzen einer Unachtsamkeit« festzustellen. Um zu vermeiden, daß eine Autopsie ihre Diagnose widerlegen würde, ordneten sie die sofortige Einbalsamierung des Leichnams an und schafften die Gedärme beiseite.

Niemand ließ sich täuschen. Jedermann war überzeugt, daß Philipp der Schöne vergiftet worden war. Manche verdächtigten Johanna, in einem Anfall von Eifersucht gehandelt zu haben, doch läßt sich diese These kaum aufrechterhalten. Die meisten lasteten den Mord Ferdinand an. Sein Interesse am Tod des verhaßten Schwiegersohns war zu augenfällig, seine Übung in derartigen Kunstgriffen zur Lösung seiner Probleme zu groß, als daß sein Gewissen von der Last eines neuen Verbrechens erdrückt worden wäre. Trotz des Mangels an greifbaren Beweisen fällt es schwer, ihn nicht wenigstens zu verdächtigen.

Cisneros nahm die Dinge in die Hand. Der Kardinal war Isabellas Geschöpf. Er gehörte nicht dem Hochadel an. Zwischen den zerstrittenen Fraktionen stellte er so etwas wie eine dritte Partei dar, ein neutrales Bindeglied. Doch wenn ihm das tragische Ereignis die Regentschaft Kastiliens auch zuspielte, so sagte ihm sein politischer Spürsinn, daß er sie nicht auf Dauer ausüben konnte. Noch war Johanna im Besitz ihrer Rechte. Es schien ihm das Naheliegendste, Ferdinand zur Rückkehr in die Königreiche zu bewegen. Der schlaue Fuchs, der wahrscheinlich auf diese Aufforderung gewartet hatte, hütete sich, abzulehnen, er ließ sich aber Zeit in der Annahme, sich unentbehrlich zu machen.

In seiner Abwesenheit wurde Johanna von allen Seiten, von Freund und Feind, von Mitgliedern der Cortes und des Hochadels bestürmt zu handeln. Zum Glück ließ sie sich nicht drängen. Sei es auf Grund ihrer üblichen Entschlußlosigkeit, aus Trauer oder aus der Einsicht, daß jede Entscheidung einen Bürgerkrieg entfesseln konnte, weigerte sie sich, auch nur die kleinste Initiative zu ergreifen; sie verschanzte sich hinter den Worten: »Er (ihr Vater) wird schon wissen, was er tut.« Dabei blieb sie.

Andererseits kam es über die Bestattung ihres Mannes mit ihrem Vater zu einem Bruch, der nie mehr heilte. Die grotesk-tragische Episode, über die schon sehr viel geschrieben worden ist, begann nach den offiziellen Beisetzungsfeierlichkeiten für Philipp in Burgos, als sie sich von dem Sarg des geliebten Mannes nicht trennen wollte. Im übrigen fand sie Burgos seiner unwürdig und bestand auf seiner Grablegung in der Königsgruft von Granada. Ferdinand, der seinem Schwiegersohn nie den Titel eines Königs zuerkannt hatte, lehnte ab. Der Alcazar von Granada sollte für Philipp verschlossen bleiben.

Aber Johanna setzte sich über das väterliche Verbot hinweg, machte sich Ferdinands Abwesenheit zunutze und brach im Januar 1507 in Begleitung ihres jüngsten Sohnes, eines riesigen Trauerzugs und ihres einbalsamierten Gatten nach Granada auf. Ein mittelalterlicher Totentanz könnte nicht gespenstischer dargestellt sein als dieser trostlose Zug. Sie reisten nur während der Nacht, denn Johanna sagte: »Eine Witwe, die das Licht ihrer Seele verlor, vermag sich nicht dem Licht des Tages auszusetzen.« Keine Frau durfte auch nur in die Nähe des Sarges kommen. Als sie eines Tages erfuhr, daß sie in der Nähe eines Nonnenklosters haltgemacht hatten, brach sie sofort wieder auf. Am 14. Februar brachte sie unterwegs Philipps Tochter Katharina zur Welt.

Der Geisterzug erreichte Granada nie. Vielleicht war es Cisneros, der auf Geheiß des Königs eingriff, jedenfalls wurde Johanna zur Umkehr gezwungen. Sobald Ferdinand in Valencia spanischen Boden betrat, gab er Anweisung, sie mit ihrer jüngsten Tochter im Schloß von Tordesillas bei Valladolid gefangenzusetzen. Seinen Enkel nahm er zu sich. Dann griff er nach der Regentschaft Kastiliens.

Es ist eine absonderliche Situation. Johanna bleibt von Rechts wegen Königin. In ihrem Namen werden Entscheidungen getroffen, Gesetze erlassen, Urteile gefällt. Sie selbst aber, deren Name auf den Staatspapieren erscheint, vegetiert abgeschieden von Hof und Welt vor sich hin. Abgeschieden, doch unvergessen. Ihre Schattengestalt weckt sogar Heiratsgelüste bei einem Greis, der bereits mit einem Bein im Grabe steht, bei Heinrich VII. von England. Dabei handelt es sich nicht etwa um eine bloße Laune. Die Reichtümer Kastiliens und die Goldadern Westindiens machen es ihm leicht, über den Geisteszustand seiner Zukünftigen hinwegzusehen.

Die Idee fand bei seinen Ministern und beim aragonesischen Gesandten, De Puebla, eifrige Unterstützung. Letzterer richtete folgendes Schreiben an seinen Auftraggeber: »Wollen Eure Hoheit glauben, daß der englische Kronrat an dieser Heirat außerordentlich interessiert ist, ungeachtet der schlimmen Nachrichten, die über die Krankheit der Tochter Eurer Hoheit verbreitet werden. Dasselbe trifft auch auf den König von England persönlich zu.«*

Das Tauziehen der beiden Könige um die Braut konnte den Stoff zu einer Tragikomödie abgeben. Heinrich läßt verlauten, daß er gegen Bezahlung einer angemessenen Jahresrente auf die Regierung Kastiliens verzichte. Für Ferdinand ist die Verlockung groß, die Wahnsinnige loszuwerden, sich einen Bundesgenossen zu sichern und Kastilien zu behalten. Er hütet sich, den Freier abzuweisen, gibt vor zu zögern, beruft sich auf Johannas Leiden. Gleichzeitig beauftragt er einen Sonderbotschafter mit den Verhandlungen.

Die zweifach gedemütigte Infantin Katharina, verheiratet und doch nicht verheiratet, verlobt und doch nicht verlobt, die es sich nicht nehmen läßt, mit dem Titel »Prinzessin von Wales« zu unterzeichnen, wird eingespannt, um ihrem Vater und ihrer Schwester den Bräutigam schmackhaft zu machen. Sie versichert Johanna, daß König Heinrich »ein Mann von so großer Tugend ist, daß er sie zur mächtigsten Königin der Welt machen werde«. Allein die Gefangene von Tordesillas läßt

* *Calendar of State Papers*

311

sich auf das Spiel nicht ein. Sie sei nicht frei, antwortet sie, und warte darauf, daß ihr Mann erwache. Ein Mönch hatte ihr von einem Prinzen erzählt, der vierzehn Jahre nach seinem Begräbnis ins Leben zurückkehrte; nun lebt sie in dem Glauben, daß mit Philipp dasselbe Wunder geschehen könnte.

Was wirklich hinter den Mauern von Tordesillas vorging, blieb ein Geheimnis. Die widersprüchlichsten Gerüchte gelangten in Umlauf, und im Volk erzählte man sich, daß Kastiliens Königin verhext sei.

Aus einem Bericht, den der Bischof von Malaga verfaßte, geht hervor, daß sie zuerst an Tobsuchtsanfällen litt wie ihre Großmutter. Dann soll sie sich etwas beruhigt haben und umgänglicher geworden sein. Sie hörte auf, ihre Zofen zu mißhandeln. Ihr Anblick muß mitleiderregend gewesen sein, denn sie kämmte sich nicht mehr, wusch sich das Gesicht nicht und weigerte sich, ihre Wäsche zu wechseln. Sie schlief und aß auf dem Boden. Das schlimmste für den frommen Mann war jedoch, daß sie nicht mehr die Messe besuchte.

Die Herrscherin eines Weltreichs, das bald so groß wurde, daß in ihm die Sonne nicht unterging, scheute das Licht und verhüllte ihr Gesicht mit einem schwarzen Schleier, schwankte zwischen Raserei und Träumerei, blieb stundenlang unbewegt und schweigsam bis zur Selbstzerstörung. Das will nicht heißen, daß sie völlig von Sinnen war. Nur hatte ihre Familie ein größeres Interesse daran, die Welt eben das glauben zu machen, als zu versuchen, ihren Zustand durch ärztliche Behandlung zu bessern.

***

Ferdinand vertraute die Verwaltung Kastiliens Kardinal

Cisneros an und widmete sich ausschließlich der großen Politik. Bemerkenswert ist dabei, wie wenig Beachtung er den »indischen« Besitzungen Spaniens schenkte, die damals immerhin schon etwa zweihundertfünfzigtausend Quadratkilometer Land an den Küsten der Inseln umfaßten und von denen ihm die Mittel für seine anderen Unternehmungen zuflossen. Verbissen verfolgte er seine Pläne im Mittelmeer und rüstete mehrere Expeditionen gegen die Mauren Nordafrikas aus, deren Piratennester Handel und Schiffahrt bedrohten. Sein eklatantester Erfolg war die Einnahme von Oran durch Cisneros. Allerdings fand sein geplantes Mittelmeerabenteuer mit dem mißglückten Landungsversuch in Tripolis ein Ende.

Zum Glück bot ihm der italienische Kriegsschauplatz ein reizvolles Tätigkeitsfeld. Seit der Eroberung Neapels durch Karl VIII. im Jahr 1494 war das italienische Staatensystem zusammengebrochen, und die Eroberer von Nord und West hörten nicht auf, sich unter aktiver Teilnahme des Heiligen Stuhls um die Reste zu zanken. Dank seiner Gewissenlosigkeit hatte Ferdinand das Königreich Neapel annektieren können und damit den Grundstein zur spanisch-habsburgischen Herrschaft über Italien gelegt. Durch den Tod Philipps des Schönen wurde eine Annäherung an Frankreich überflüssig. Tochter und Schwiegersohn waren aus der Welt geschafft; Ferdinand konnte seinen machiavellistischen Neigungen freien Lauf lassen. Mit Hilfe der zwischen Papst Julius II., Venedig, England, Aragon und den Eidgenossen geschlossenen Heiligen Liga wurde Ludwig XII. im Jahr 1512 auch aus dem Herzogtum Mailand vertrieben.

Unterdessen war Ferdinand auf der Iberischen Halbinsel noch ein weiterer Schlag gelungen. Die Hoffnung eines Zusammenschlusses der spanischen Königreiche und Portugals fielen mit dem frühen Tod der Infantin Isabella und Don Miguels in sich zusammen. Einem einheitlichen Staatengebilde — außerhalb Portugals — auf spanischem Boden fehlte nur noch der südlich der Pyrenäen gelegene französische Teil Navarras. Ferdinand ließ seine Beziehungen zum englischen Königshaus spielen. Der vorsichtige Heinrich VII. war 1509 gestorben, ohne die Wahnsinnige geehelicht zu haben. Ihm folgte Heinrich VIII., weniger am Anhäufen von Reichtümern als an ihrer Verschwendung durch Prachtentfaltung und Schlachtenruhm interessiert. Nachdem er endlich die Ehe mit Katharina vollzogen hatte, glaubte er naiv, den Vorschlägen seines erfahrenen Schwiegervaters Vertrauen schenken zu dürfen. Während er sich von diesem in ein kostspieliges Landemanöver in Fontarabia hineinreißen ließ — als Ausgangspunkt zur Wiedereroberung Aquitaniens — und darauf wartete, daß die Spanier den Franzosen in den Rücken fallen würden, begnügte sich Ferdinand mit der Eroberung des südlichen Navarra und überließ den leichtsinnigen Bundesgenossen seinem Schicksal. Von Hunger, Durst und Ruhr dezimiert, mußte das englische Heer abziehen. Der spanische Machiavelli dagegen hatte erreicht, was er wollte. Die vier Königreiche Kastilien, León, Aragon und Navarra waren in seiner Hand vereinigt, Isabella konnte zufrieden sein.*

In diesem Erfolgsbild blieb nur ein dunkler Punkt. Das einzige aus seiner Ehe mit Germaine de Foix stammende Kind war nach wenigen Wochen gestorben. Damit fiel die Nachfolge des Imperiums von Rechts wegen

---

* Sowohl Karl V. wie Philipp II. war die Episode der Annexion Navarras durch Ferdinand von Aragon peinlich. Zurückerstattet haben sie es dennoch nicht.

seinem Enkel Karl zu, Karl von Gent, den er nicht mochte und der in Flandern unter dem Einfluß seines Vormunds Wilhelm von Chièvres stand.

Trotz seiner vielseitigen, soliden Eigenschaften genießt dieser mächtige, burgundische Adelsherr keinen guten Ruf in der Geschichte. Sein Unrecht bestand darin, daß er sein Mündel nach dem Vorbild seiner Vorfahren, der großen Herzöge von Burgund, und in den Vorstellungen des alten Burgunderreiches erzog. Aus seiner Sicht konnten die von Karl zu erbenden Königreiche bestenfalls lukrative Anhängsel für die Niederlande darstellen. Den Kernpunkt seiner Politik bildete das Bündnis mit Frankreich. Am Hof von Mechelen, wo Erzherzogin Margarethe von Österreich — zum zweiten Mal verwitwet — im Namen ihres Neffen die Regierungsgeschäfte führte, wimmelte es von Philippisten und anderen Intriganten, die Stimmung gegen Spanien machten.

Der kastilische Gesandte zum Beispiel arbeitete in aller Öffentlichkeit gegen den König von Aragon und verbreitete das Gerücht, daß dieser vorhabe, Karl zu Gunsten seines jüngeren Bruders Ferdinand zu enterben.

Er hatte nicht ganz unrecht. Der Katholische König dachte tatsächlich wiederholt daran, das Großreich zu teilen: den Norden — die Niederlande und das kaiserliche Erbe — für Karl, das Kind aus dem Norden, den Süden Spanien, Italien und die Länder jenseits der Meere — für Ferdinand, den er als Infanten erziehen ließ. Möglicherweise hätte diese Lösung Europa viel Blutvergießen erspart. Jedenfalls kam sie unter Karl V. begrenzt zur Anwendung.

Im Jahr 1515 entschied das Schicksal dann anders. Chièvres versuchte, dem König zuvorzukommen, indem er Karl am 5. Januar 1515 durch die flandrischen Generalstände für volljährig und damit erbberechtigt erklären ließ. Ferdinand konterte mit einem von den Cortes bestätigten Erlaß, der seinem Enkel die Thronbesteigung in Kastilien erst nach seinem vollendeten fünfundzwanzigsten Lebensjahr zuerkannte. Das gab ihm zehn Jahre Handlungsfreiheit, die er wohl zu nützen dachte.

Doch selbst der klügste Stratege seiner Zeit war nicht Herr aller Dinge. Adrian Floriszoon, Dekan der Universität von Utrecht und Karls asketischer Erzieher, der in aller Eile nach Aragon beordert worden war, um eine Einigung auszuhandeln, fand den Monarchen schwerkrank an der Schwelle des Todes. Es gelang ihm, den im Sterben liegenden Ferdinand daran zu hindern, Karl die Regentschaft über Kastilien, León, Navarra und Aragon zu entziehen. Dies betraf jedoch allein die Regentschaft. Der Königstitel von Kastilien lag nach wie vor bei der weltentrückten Gefangenen von Schloß Tordesillas. Dazu erhielt Johanna am 23. Januar 1516 mit dem Ableben ihres Vaters noch die Krone von Aragon.

***

Welche Riesenlast senkte sich auf die Schultern des Jünglings von knapp sechzehn Jahren, dem bislang seine Titel wohl kaum mehr Freude gebracht hatten als sein Familienleben.

Konnte er das Werk seiner Großeltern zusammenhalten, einen Aufstand seines Bruders Ferdinand vermeiden, den eine einflußreiche Clique um Don Pedro Nunez de Guzman und den Bischof von Astorga unterstützte? Konnte er die Einwilligung der legitimen Königin erhalten, um in ihrem Namen zu regieren?

Nach dem Tod ihres Mannes weigerte sich Johanna, auch

nur einen einzigen Buchstaben auf ein Dokument zu setzen, geschweige denn irgend jemandem für irgend etwas
ihre Unterschrift zu geben. An dieser Kleinigkeit scheiter-
ten alle Versuche derer, die ihre Geistesabwesenheit aus-
zunutzen gedachten. Zu Lebzeiten ihres Vaters wickelte
sich alles reibungslos ab. Jetzt aber? Zum Glück gab es
noch einen Mann, einziger Überlebender aus Isabellas
größten Ruhmesjahren, von ihrem Geist geprägt: den alten Kardinal von Spanien, Erzbischof von Toledo, Ximenés de Cisneros. Karl, oder besser gesagt Chièvres, beeilte
sich, ihm »bis zu seinem Eintreffen« die Regentschaft zu
übertragen.

Mit eiserner Hand schaffte Cisneros, wenigstens für
den Augenblick, Ruhe in den brodelnden Reichen. Der
Adel, die Geistlichkeit, Städte und Provinzverwaltungen
wurden in die Schranken gewiesen. Er nahm Verbindung
mit dem weisen Adrian Floriszoon in Utrecht auf. Das
paßte Chièvres, der sich nicht von Pfaffen gängeln lassen
wollte, keineswegs. Er wiederholte seinen Überra-
schungsstreich vom Vorjahr und ließ am 13. März 1516
sein Mündel Karl in der Kathedrale von Saint-Gudule zu
Brüssel unter dem jubelnden »Hoch leben unsere Katholischen Könige Johanna und Karl!« gemeinsam mit seiner
Mutter zum König ausrufen.

Die ehemalige Partei der »Philippisten« triumphierte,
der kastilische Adel grollte. Cisneros spöttelte über die
»flämischen Kindereien«. Aber schließlich fand man sich
in Kastilien mit den Gegebenheiten ab. Die aragonesischen Cortes dagegen forderten einen Eid auf ihre Verfassung in Saragossa, bevor sie zu einer Anerkennung des
jungen Monarchen bereit waren. Karls Anwesenheit in
Spanien wurde unvermeidlich. Cisneros drängte.

Wie hätte es zwischen dem Kardinal von Spanien und
dem starken Mann der Niederlande eine Verständigung

geben können? Chièvres hielt eisern an seiner politischen Linie der Bindung an Frankreich fest. Am 13. August 1516 brachte er ein neues Verlöbnis Karls mit der einjährigen Tochter Franz' I. zustande, der 1515 als Nachfolger Ludwigs XII. den französischen Thron bestiegen hatte. Cisneros dagegen sah in Karl einen rein spanischen König, dem Frankreich ein Erbfeind war und bleiben mußte. Für ihn lag der Schwerpunkt Europas künftig in Spanien, dem Herrscher über die Meere im Westen und Osten. Die Niederlande betrachtete er, wenn auch unersetzlich für Handel und Industrie, als Randgebiet des jungen Weltreiches.

»Der König wird wie eine Marionette zwischen seinen Ratgebern hin- und hergerissen«, notierte Petrus Martyr.

Anfang September 1517 lichtete eine Flotte von vierzig Schiffen die Anker, die Karl mit seiner ältesten Schwester Eleonore nach Kastilien bringen sollte. Wieder lauerten in der Biscaya orkanartige Stürme auf sie, die mehrere Karavellen mit hundertfünfzig Mann Besatzung und dem gesamten Reitstall auf den Grund des Meeres rissen und die Geschwister am 18. September in einer unwirtlichen Gegend bei Villa Viciosa in Asturien an Land warfen.

Der erste Kontakt des jungen Königs mit seinem Reich führte ihn in ein ärmliches Fischerdorf, in dem die Menschen barfuß herumliefen und von Betten nie etwas gehört hatten, auf holprige Pfade und steile Bergpässe, bis er endlich die Straße nach Valladolid erreichte.

In San Vicente wurde Karl krank. Der Zug wurde vierzehn Tage lang aufgehalten, setzte sich dann wieder in Bewegung und kroch fast zwei Monate lang in einer unerklärlich scheinenden Irrfahrt von Dorf zu Dorf.

Der Grund dafür war, daß Chièvres eine Begegnung des Königs mit den Ständen, den Würdenträgern, dem Adel und dem Volk vermeiden wollte, bevor er nicht die von seiner Mutter unterzeichnete Regierungsvollmacht in Händen hielt. Vielleicht lauerte er auch auf den Tod des achtzigjährigen Kardinals, der ihnen in Begleitung des Infanten Ferdinand und des kastilischen Rats entgegenritt und der nun seinerseits im Kloster von Aguilera aufs Krankenlager geworfen wurde. Ungeduldig wartete der alte Mann, der seit dreißig Jahren die Geschicke des Landes leitete, auf eine Botschaft von seinem neuen Souverän. Sie kam nicht oder nur als strenge Anweisung, ja nicht weiterzureiten.

Mitte November 1517 kamen die Befestigungswerke von Valladolid in Sicht. Der Zug bog in Richtung des nahegelegenen Schlosses Tordesillas ab, und der schlaue Chièvres brachte es fertig, das Vertrauen einiger Edelleute und das des Beichtvaters der Königin zu gewinnen.

Eines Tages, als Johanna wie gewöhnlich in der Dunkelheit vor sich hinträumte, wurde ihr der Seigneur von Chièvres gemeldet; ohne eine Antwort abzuwarten, trat er zu ihr und begann von diesem und jenem zu reden. Nach einer Weile ließ er nebenbei fallen, daß ihre ältesten Kinder sie mit Freuden begrüßen würden.

Karl und Eleonore, die im Nebenzimmer vor Unruhe vergingen, kamen näher und verneigten sich tief. Ein Kammerdiener eilte mit einer Fackel herbei.

»Wißt Ihr nicht, daß meine Mutter kein Licht vertragen kann?« wies der König ihn zurecht, wiederholte seine Verbeugung und sagte auf Französisch:

»Madame, Eure gehorsamen Kinder sind beglückt, Euch bei guter Gesundheit zu finden. Sie kommen,

Euch ihre tiefste Ehrerbietung und ihren kindlichen Gehorsam zu erweisen.«

Johanna verharrte lange in Schweigen. Dann brachte sie hervor:

»Ihr seid meine Kinder? Seid Ihr es wirklich? Ihr scheint sehr gewachsen in der kurzen Zeit. Die lange Reise muß Euch ermüdet haben. Wäre es nicht besser, wenn Ihr Euch eine Weile zurückziehen und Euch etwas Ruhe gönnen würdet?«

Die Geschwister gehorchten. Chièvres blieb und legte Johanna seine politischen Betrachtungen dar, denen sie zerstreut folgte. Sie kannte ihn und wußte, wen sie vor sich hatte. Und doch geschah das Wunder. Niemand weiß, was sie zu dieser entscheidenden Geste veranlaßte. War es die Erkenntnis der drohenden Anarchie, wenn dem Land ein legitimer Herrscher vorenthalten wurde? War es aus Liebe zu ihrem Mann, dessen Kinder vor ihr gestanden hatten? Aus Gleichgültigkeit, Überdruß oder innerer Erschöpfung? Sie, die seit elf Jahren keine Zeile geschrieben hatte, unterzeichnete den Akt, der es Karl erlaubte, ein Imperium zu regieren, in dem die Sonne nicht unterging.

Er hielt sich noch in Tordesillas auf, als er die Nachricht von Cisneros' Tod erhielt. Der Überbringer mußte Karls Boten mit einem Schreiben an den Kardinal gekreuzt haben, in welchem der König diesem mitteilte, daß er, Herrscher der spanischen Reiche, ihn gütigst von der schweren Last der Regierungsgeschäfte entbinde und ihm gestatte, sich zur wohlverdienten Ruhe zurückzuziehen. Gott allein sei in der Lage, ihm seine großen Dienste zu lohnen, so endete der Brief an den großen Kirchenfürsten.

Es wurde lange Zeit behauptet, daß der Greis an gebrochenem Herzen ob dieser unbegreiflichen Undank-

320

barkeit gestorben sei, was sicherlich nicht den Tatsachen entspricht. Die Lektüre des herzlosen Schreibens — wahrscheinlich ein Werk Chièvres' — blieb ihm erspart. Es erreichte Aguilera, als er sich bereits auf dem Weg in eine bessere Welt befand.

***

Das erste Regierungsjahr des jungen Königs war nicht sehr glücklich. Vor allem stand es wie zu Lebzeiten seines Vaters im Schatten der Übergriffe, die sich der burgundische Hof in seiner Raffgier zuschulden kommen ließ und die zu einer allgemeinen Unzufriedenheit führten. Am 16. Januar 1519 starb Maximilian I. in Wels. Die Kaiserkrone war herrenlos, und Karl brach nach Deutschland auf, um sich — als Gegenkandidat zu Franz I. von Frankreich und Heinrich VIII. von England — um die Nachfolge seines Großvaters zu bewerben.

Kaum hatte er den Spaniern den Rücken gekehrt, als sich diese gegen ihn erhoben, da sie sich verraten fühlten und von einer politischen Bindung an ein deutsches Kaisertum nichts wissen wollten. Mit allen Mitteln versuchten sie, die von Johanna unterzeichnete Legitimationsakte rückgängig zu machen, ohne daß es ihnen jedoch gelungen wäre. Der Aufstand, der das ganze Land erfaßte, mußte blutig niedergeschlagen werden.

Am 28. Juni 1519 ging Karl aus dem Wettstreit der drei Fürsten siegreich hervor. Aus dem spanischen König Karl I. wurde Kaiser Karl V. Innerdeutsche Schwierigkeiten, der Reichstag, die Anfänge von Luthers Reformbewegung und der Auftakt der Kriege mit Frankreich, von Franz I. angezettelt, hielten ihn bis Juli 1522 jenseits der Pyrenäen. Am 16. Juli 1522 kehrte er nach Spanien zurück, nicht ohne sich verpflichtet zu haben, die Unabhängigkeit der Königreiche für immer zu wahren.

Noch konnte er die wahren Beweggründe der Aufständischen, *comuneros* genannt, die Mißbräuche der Flamen und den Haß, den sie weckten, nicht klar erkennen. Er wußte nur, daß seine Untertanen, das Bürgertum und der Adel, ihren augenblicklichen politischen Eingebungen folgend, gegen ihren legitimen Herrscher rebelliert und das Schwert gegen die Krone erhoben hatten. Und er betrachtete diese Unruhen genauso, wie Isabella sie betrachtet hätte: als unsühnbares Sakrileg.

Das Strafgericht war unerbittlich. Auf keinen Fall durfte er es zulassen, daß lokale Intrigen der Verwirklichung höherer Interessen den Weg verstellten und seinen Plan zur Rettung der Kirche und des Abendlands behinderten.

Und dennoch erlag der Enkel der großen Königin dem Reiz, den Spanien auf ihn ausübte, der Faszination seiner Bewohner, die so stolz, heroisch, fromm und so ganz anders waren als alle anderen, die er kannte. Ganz Europa brodelte, aber Karl beschloß, in Spanien zu residieren und, getragen von dem Strom der Renaissanceideen, seine Königreiche in ein neues Zeitalter zu führen. Ein Trugbild, das er nie verwirklichte. Ohne sich dessen bewußt zu sein, verinnerlichte der Träger des christlichen Einheitsgedankens das unnachgiebige spanische Nationalgefühl seiner großen Vorfahrin.

Isabella die Katholische konnte in Frieden ruhen.

# Zeittafel

1451 Isabella, Tochter Juans II. von Kastilien und dessen zweiter Frau, Isabella von Portugal, wird am 22. April wahrscheinlich in Madrigal in Altkastilien geboren.
Geburtsjahr von Christoph Kolumbus und Amerigo Vespucci.

1452 Ferdinand, Sohn Juans II. von Aragon und dessen zweiter Frau, Joana Enriquez, wird in Saragossa geboren.

1453 Konstantinopel wird von den Türken erobert. Zusammenbruch des Byzantinischen Reiches.

1454 Isabellas Vater, Juan II. von Kastilien, stirbt. Sein Sohn Heinrich IV., Stiefbruder Isabellas, besteigt den Thron. Die Witwe Isabella von Portugal zieht sich mit ihren beiden Kindern, Isabella und Alfonso, in das Schloß von Arevalo zurück und verfällt dem Wahnsinn.

1455 Heinrich IV. erhält die Annulierung seiner ersten, kinderlosen Ehe mit Blanca von Aragon und heiratet die fünfzehnjährige Infantin Juana von Portugal.
Beginn der Rosenkriege in England, zu deren Ende, dreißig Jahre später, die Tudor (Heinrich VII.) die englische Krone an sich reißen.

1456 Die Türken erobern Griechenland.

1458 Isabella und Alfonso kehren an den Hof ihres Stiefbruders zurück.
Die Portugiesen unter Alfons V., »dem Afrikaner«, fassen in Nordafrika Fuß und dringen von dort aus weiter nach Süden vor.

1462 Die einzige Tochter Heinrichs IV. von Kastilien wird in Segovia geboren und auf den Namen Juana getauft. Zweifel an der Vaterschaft Heinrichs IV., aus denen Isabella später ihre Kronansprüche ableitet, geben ihr den Beinamen »la Beltraneja«.
Heinrich IV. vertreibt die Araber aus Gibraltar.

1464 Die Infantin Isabella wird mit dem verwitweten König Alfons V. von Portugal, dem »Afrikaner«, verlobt.

1464 Ein Aufstand des Adels gegen Heinrich IV. führt zu schweren Wirren in Kastilien. Die Rebellen rufen den Infanten Alfonso als Gegenkönig aus.

1467 Isabella geht beim Kampf um Segovia zur Partei ihres Bruders Alfonso über.

1468 Der Infant stirbt unerwartet. Isabella, mögliche Thronerbin von Kastilien, hält sich im Heiligkreuzkloster von Segovia auf, dem Thomas de Torquemada als Prior vorsteht.
18. September: Treffen und Versöhnung Isabellas mit Heinrich IV. in Los Toros de Guisando. Heinrich erkennt seine Halbschwester »zur Befriedung des Königreiches« als Erbin des Throns von Kastilien an. Isabella kehrt an den Hof zurück, ihre Verlobung mit Alfons V. von Portugal wird bestätigt.

1469 Der Bruder des französischen Königs, Herzog von Berry, und Ferdinand, jüngster Sohn des Königs von Aragon, halten um Isabellas Hand an.

18. Oktober: Isabella und Ferdinand, Vetter und Cousine dritten Grades, heiraten ohne die Zustimmung des Königs und des Papstes in Valladolid.

1470 Geburt der ältesten Tochter, Isabella.

1471 Wechsel auf dem Stuhl Petri. Der neue Papst, Sixtus IV., erteilt den Dispens für ihre Ehe.

1474 Isabella söhnt sich mit ihrem Halbbruder in Segovia aus.
Heinrich IV. von Kastilien stirbt am 12. Dezember in Madrid, wahrscheinlich an Gift.
Isabella krönt sich am 14. Dezember in Segovia selbst zur Königin von Kastilien und kommt damit ihrer Nichte Juana, der »Beltraneja«, zuvor. Auch Ferdinand, der sich in Aragon aufhält, wird erst drei Tage später unterrichtet. Kastiliens Adel und Geistlichkeit spalten sich in zwei Teile, die Anhänger Isabellas und die der »Beltraneja«.

1475 Alfons V. von Portugal ergreift die Partei Juanas und wirft Ferdinand und Isabella den Fehdehandschuh hin. Isabella läßt sich als Alleinherrscherin von Kastilien bestätigen, gesteht Ferdinand jedoch ein Mitspracherecht zu. Die Verbindung der beiden Königreiche legt den Grundstein des späteren spanischen Einheitsstaates.

1476 Alfons V. dringt mit seinem Heer bis nach Zamora vor, wird jedoch im März bei Toro von Ferdinand geschlagen. Die Portugiesen ziehen mit Juana, der »Beltraneja«, über die Grenze zurück.

1476 Befriedung Kastiliens durch äußerste Strenge (*Santa Hermandad*). Der Widerstand des Adels wird gebrochen, die Geistlichkeit einer Reform unterworfen.

1477 Karl der Kühne kommt in der Schlacht bei Nancy gegen die Eidgenossen um. Maximilian (I.) heiratet dessen Tochter Maria von Burgund.

1478 Geburt des kastilischen Infanten und Thronerben Don Juan.
Moulay Hassan, letzter großer Emir von Granada, verweigert den Tribut an Kastilien.

1479 Friedensschluß und Versöhnung mit Portugal. Juan II. von Aragon stirbt, Ferdinand wird nun selbst König. Durch ihn kommt es später zur Vereinigung der beiden Königreiche Kastilien und Aragon.
Geburt der zweiten Tochter, Johanna (der Wahnsinnigen).
Papst Sixtus IV. erteilt den Königen durch ein Breve die Erlaubnis, in Spanien die im vierzehnten Jahrhundert gegründete Inquisition neu zu ordnen. Verschärfung der Gesetze gegen die Juden: Ghettos, Judenabzeichen.

1480 Die Papstbulle wird in Medina del Campo öffentlich verlesen, die Neuordnung des Hl. Offiziums wird Thomás de Torquemada anvertraut. Erste Ketzergerichte in Segovia.

1481 Beginn der Judenverfolgung in Kastilien. Ziel: Bekehrung der Juden *(conversos)*. Widerstand führt zu »Läuterung durch Verbrennung«. Die ersten Scheiterhaufen flammen auf. Torquemada wird erster Großinquisitor, zuerst nur in Kastilien, später auch in Aragon.
Beginn der Reconquista.

1482 Eroberung von Alhama, einer der reichsten Städte des Königreiches von Granada, durch die Spanier.
Geburt der dritten Tochter, Maria.
1483 Ludwig XI. von Frankreich stirbt, sein Sohn besteigt als Karl VIII. den Thron.
1485 Die Spanier unter Ferdinand haben den westlichen Teil des Königreiches von Granada zurückerobert.
Geburt der vierten Tochter, Katharina.
Heinrich VII., der erste Tudorkönig, reißt die englische Krone an sich.
1486 Christoph Kolumbus wird von Isabella empfangen und unterbreitet seine Expeditionspläne. Einberufung eines Prüfungsrats.
1487 Die Spanier erobern Malaga.
1489 Die Städte Baza, Almeria und Guadix ergeben sich.
1492 Mit dem Fall von Granada am 2. Januar endet die arabische Besetzung der Iberischen Halbinsel. Viele flüchten nach Nordafrika, den Verbleibenden wird freie Religionsausübung zugesagt.
Am 31. März unterzeichnen die Könige das Gesetz zur Vertreibung der Juden aus Spanien. Bis zum 31. Juli müssen die bis dahin Nichtbekehrten das Land verlassen haben.
Am 3. August sticht Christoph Kolumbus im Auftrag Isabellas zu seiner ersten Entdeckungsfahrt auf der Suche nach dem westlichen Seeweg nach Indien in See. Am 11./12. Oktober kommt erstes Land (Bahamas) in Sicht.
Kardinal Roderigo Borgia besteigt als Alexander VI. den Papstthron.
1493 Alexander VI. teilt die Neue Welt zwischen Spanien und Portugal.
Maximilian I. wird deutscher Kaiser.
Kolumbus landet am 4. März in Lissabon, wenig später in Cadix.
Am 25. September segelt eine Armada von siebzehn Karavellen unter Kolumbus nach Amerika zur zweiten Expedition.
Karl VIII. erstattet mit dem Vertrag von Barcelona den spanischen Königen die Grafschaften des Roussillon und der Cerdagne zurück.
1494 Karl VIII. überquert mit einem französischen Heer die Alpen und besetzt nacheinander und sozusagen kampflos Mailand und Rom.
Auftakt zu den Italienkriegen zwischen Frankreich, Spanien, Habsburg.
1495 Trotz Ferdinands Einspruch erobert Karl VIII. das Königreich von Neapel und vertreibt den mit Aragon verwandten König Ferrandino. Sein Ziel, ein Kreuzzug ins Heilige Land, muß er unter dem Druck der zwischen dem Heiligen Stuhl, Venedig, den spanischen Königen und dem Kaiser geschlossenen Liga wieder aufgeben und abziehen.
1496 Doppelhochzeit des Infanten Don Juan mit Margarethe von Österreich und der Infantin Johanna (der Wahnsinnigen) mit Philipp (dem Schönen).
1497 Tod des Infanten Don Juan. Isabella, die älteste Tochter der Katholischen Könige, heiratet Manuel I. von Portugal.
24. September: Dank der Bemühungen Isabellas von Kastilien und

Annas von Frankreich kommt ein »immerwährender Waffenstillstand« zwischen Frankreich und Spanien zustande.

1498 Karl VIII. stirbt unerwartet im Alter von achtundzwanzig Jahren.
Kolumbus bricht zu seiner dritten Expedition nach Amerika auf und betritt zum ersten Mal das südamerikanische Festland (Venezuela).
Torquemada stirbt in Segovia.
Die älteste Tochter der Königin Isabella, Königin von Portugal, stirbt im Kindbett. Ihr Sohn Miguel überlebt nur kurze Zeit.

1499 Auf Betreiben von Ximenés de Cisneros wird eine Kampagne gegen die noch in Spanien lebenden Mauren gestartet, die sich entweder der Taufe unterziehen (*Moriskos*) oder auswandern müssen. Sie leisten ein Jahr lang Widerstand, bis es zum Ausweisungsdekret kommt.
Kolumbus fällt wegen »Mißwirtschaft und Tyrannei« in Ungnade und wird in Ketten nach Spanien gebracht.
Frankreich (Ludwig XII.) trifft mit Venedig ein Abkommen über die Teilung des Herzogtums Mailand.

1500 Der spätere Karl V. wird in Gent als erster Sohn Johannas (der Wahnsinnigen) geboren.

1501 Die Infantin Katharina heiratet Arthur, Prince of Wales, später dessen Bruder Heinrich VIII. von England.
Ferdinand von Aragon schlägt Ludwig XII. eine Teilung von Neapel vor, fällt ihm jedoch in den Rücken und vertreibt die Franzosen aus dem Königreich (1503).

1502 Philipp der Schöne und Johanna, an deren Verhalten bereits Anzeichen ihrer späteren Geistesgestörtheit spürbar werden, treffen in Spanien ein.
Christoph Kolumbus wird rehabilitiert. Er bricht zu seiner vierten und letzten Expedition auf, entdeckt die Länder Mittelamerikas und strandet auf Jamaika. Seine Rückkehr im Jahr 1504 bleibt fast unbeachtet.

1503 Ferdinand gliedert Neapel dem Königreich Sizilien an und läßt beide durch einen Vizekönig verwalten.

1504 Am 26. November stirbt Isabella die Katholische und wird in der Alhambra von Granada beigesetzt.

1506 Im September stirbt Philipp der Schöne, wahrscheinlich an Gift.
Tod des Christoph Kolumbus.

1516 Ferdinand von Aragon stirbt am 23. Januar, nachdem er — vergeblich — versucht hatte, seinen Enkel Karl von der Thronfolge auszuschließen.

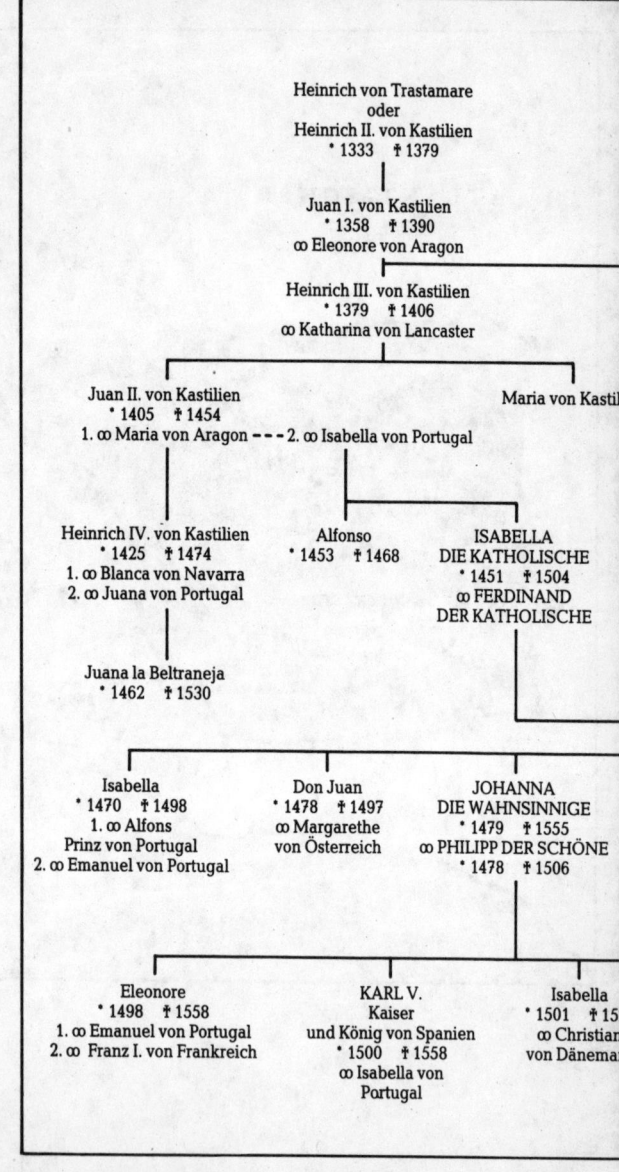

Heinrich von Trastamare
oder
Heinrich II. von Kastilien
* 1333   † 1379

Juan I. von Kastilien
* 1358   † 1390
∞ Eleonore von Aragon

Heinrich III. von Kastilien
* 1379   † 1406
∞ Katharina von Lancaster

Juan II. von Kastilien
* 1405   † 1454
1. ∞ Maria von Aragon --- 2. ∞ Isabella von Portugal

Maria von Kastili

Heinrich IV. von Kastilien
* 1425   † 1474
1. ∞ Blanca von Navarra
2. ∞ Juana von Portugal

Alfonso
* 1453   † 1468

ISABELLA
DIE KATHOLISCHE
* 1451   † 1504
∞ FERDINAND
DER KATHOLISCHE

Juana la Beltraneja
* 1462   † 1530

Isabella
* 1470   † 1498
1. ∞ Alfons
Prinz von Portugal
2. ∞ Emanuel von Portugal

Don Juan
* 1478   † 1497
∞ Margarethe
von Österreich

JOHANNA
DIE WAHNSINNIGE
* 1479   † 1555
∞ PHILIPP DER SCHÖNE
* 1478   † 1506

Eleonore
* 1498   † 1558
1. ∞ Emanuel von Portugal
2. ∞ Franz I. von Frankreich

KARL V.
Kaiser
und König von Spanien
* 1500   † 1558
∞ Isabella von
Portugal

Isabella
* 1501   † 152
∞ Christian
von Dänemar

# Das Geschlecht der Tastamare

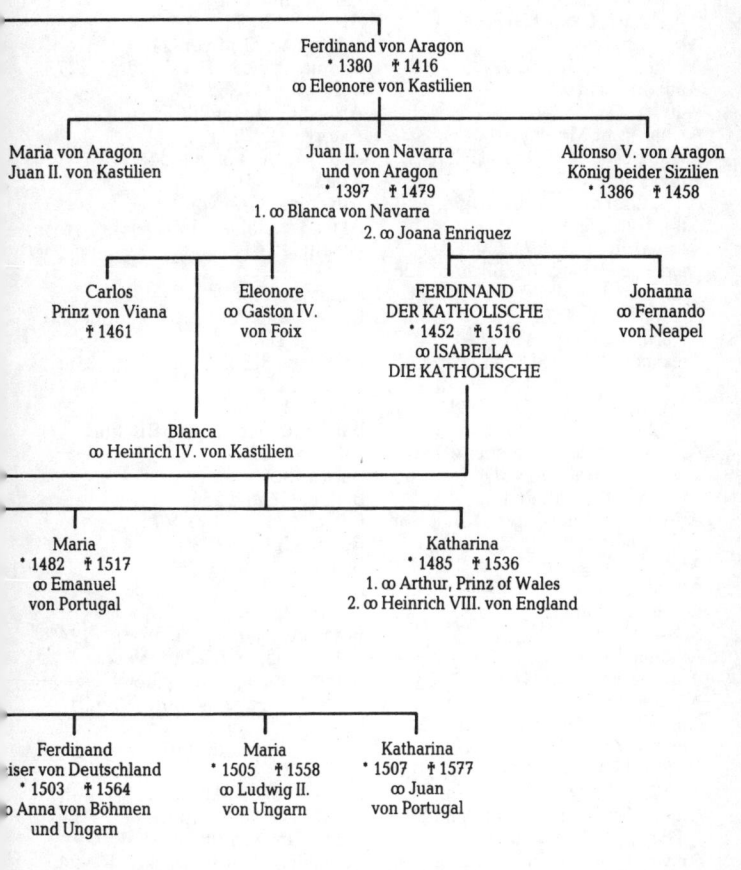

Ferdinand von Aragon
* 1380   † 1416
∞ Eleonore von Kastilien

Maria von Aragon
Juan II. von Kastilien

Juan II. von Navarra
und von Aragon
* 1397   † 1479
1. ∞ Blanca von Navarra
2. ∞ Joana Enriquez

Alfonso V. von Aragon
König beider Sizilien
* 1386   † 1458

Carlos
Prinz von Viana
† 1461

Eleonore
∞ Gaston IV.
von Foix

FERDINAND
DER KATHOLISCHE
* 1452   † 1516
∞ ISABELLA
DIE KATHOLISCHE

Johanna
∞ Fernando
von Neapel

Blanca
∞ Heinrich IV. von Kastilien

Maria
* 1482   † 1517
∞ Emanuel
von Portugal

Katharina
* 1485   † 1536
1. ∞ Arthur, Prinz of Wales
2. ∞ Heinrich VIII. von England

Ferdinand
iser von Deutschland
* 1503   † 1564
∞ Anna von Böhmen
und Ungarn

Maria
* 1505   † 1558
∞ Ludwig II.
von Ungarn

Katharina
* 1507   † 1577
∞ Juan
von Portugal

# Namens- und Ortsregister